HIGHLIGHTS
RUSSLAND

DIE 50 ZIELE, DIE SIE GESEHEN HABEN SOLLTEN

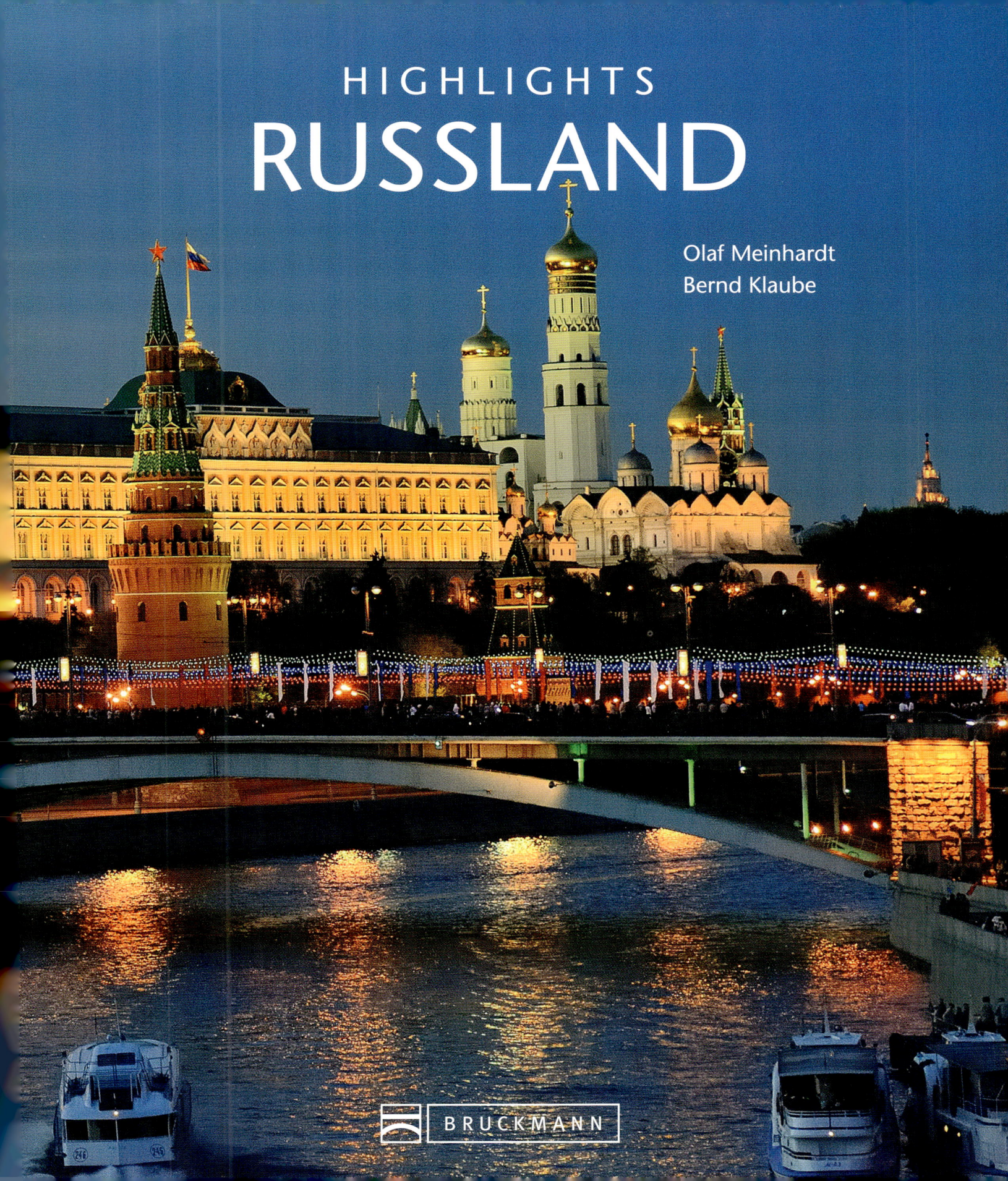
HIGHLIGHTS
RUSSLAND

Olaf Meinhardt
Bernd Klaube

BRUCKMANN

Portikus am festlich erleuchteten Schlossplatz in Sankt Petersburg, im Hintergrund die Kuppel der Isaaks-Kathedrale (oben). Hübsche Petersburgerinnen auf dem abendlichen Newski Prospekt, unterwegs in einen Nachtklub? (Mitte). Bar in der Petersburger Nobelherberge Grand Hotel Europa (unten).

Inhaltsverzeichnis

Russlands Schätze – eine Reise von Moskau zum Ural   12

Moskau und Umgebung   17

1. Der Kreml – Zentrum der Macht   18
2. Der Rote Platz – Ort der Machtdemonstrationen   22
3. Neujungfrauenkloster – Ruhe inmitten der Metropole   26
4. Galerien und Theater – große Namen, große Kunst   32
5. Moskaus Bahnhöfe – »Kilometer null« der russischen Eisenbahn   36
6. Kolomenskoje – Zarenresidenz und Weltwunder   40
7. Borodino – geschichtsträchtiges Terrain   42
8. Zaryzino, Kuskowo, Abramzewo – Landsitze für Zaren und Künstler   44
9. Sergijew Possad – Zentrum der russisch-orthodoxen Kirche   46

Der Goldene Ring   49

10. Jaroslawl – Juwel am Wolgastrand   50
11. Susdal – Hauptstadt des Goldenen Ringes   52
12. Wladimir – Stadt in Gegenwart und Vergangenheit   54
13. Uglitsch – die Wolga und die Glocke   56
14. Rostow Weliki – Stadt mit großem Beinamen   60
15. Kostroma – Heimat der Romanow-Dynastie   62

Sankt Petersburg und Umland   65

16. Peter-Pauls-Festung und Kathedrale – die Wiege von Sankt Petersburg   66
17. Schlossplatz von Sankt Petersburg – imposanter Schauplatz der Geschichte   68
18. Am Newski Prospekt – Prachtboulevard der Petersburger   70
19. Alexander-Newski-Kloster – Klöster und Friedhöfe der Fürsten   72
20. Peterhof – vom Holzhaus zum Palast   74
21. Zarskoje Selo – Katharinenpalast und Bernsteinzimmer   78
22. Pawlowsk – palladianischer Prunk   80

Karelien und der Norden   83

23. Solowezki-Inseln – Archipel der Religion und des Todes   84

8

24	Petrosawodsk – Kareliens Hauptstadt	86
25	Der Ladogasee – Ausflugsziel und religiöse Stätte	88
26	Der Onegasee und Kischi – einzigartiges Freiluftmuseum	90
27	Archangelsk – Stadt des Erzengels Michael	94

Der Westen 97

28	Weliki Nowgorod – Wiege des Russischen Reiches	98
29	Pskow und Peipsi-See – Nowgorods kleine Schwester	100
30	Smolensk – Russlands Tor zum Westen	102
31	Rjasan – Fürstenstadt an der Oka	106

Die Wolga 109

32	Nishni Nowgorod – die größte Stadt an der Wolga	110
33	Kasan – Hauptstadt der Tataren	114
34	Pljos – die Perle an der Wolga	116
35	Uljanowsk – Geburtsort der Revolutionäre	118
36	Samara – mediterrane Millionenstadt	120
37	Saratow – Stadt mit deutscher Vergangenheit	124
38	Wolgograd – Stalingrad – Mythos und Mahnmal	126

| 39 | Astrachan – Multikulturelle Metropole im Wolgadelta | 128 |
| 40 | Das Wolgadelta – Endpunkt von Europas längstem Strom | 130 |

Der Süden 133

41	Rostow am Don – Millionenstadt im Süden	134
42	Der Kaukasus – Hochgebirge an Europas Ostgrenze	136
43	Noworossijsk – Neurussland am Schwarzen Meer	140
44	Sotschi – Perle am Schwarzen Meer	142

Europäischer Osten – westlicher Ural 144

45	Jekaterinburg – Millionenstadt hinter dem Ural	146
46	Perm – die östlichste Großstadt Europas	148
47	Solikamsk – Russlands Salzfass	152
48	Kirow – drei Namen, eine Stadt	154
49	Kaluga und Tula – Raumfahrt, Autos und Lebkuchen	156
50	Kaliningrad – das ehemalige Königsberg	158

| Register | 162 |
| Impressum | 164 |

Ländliches Idyll im Norden Russlands: Holzkirchen auf der Insel Kischi im Onegasee (oben). Frischer Fisch ist auf allen Märkten in Russland erhältlich, wie hier in der Markthalle von Saratow an der Wolga (Mitte). Spätsommerliche Impressionen von der Wolga bei Astrachan (unten).

#		#	
1	Der Kreml	26	Der Onegasee und Kischi
2	Der Rote Platz	27	Archangelsk
3	Neujungfrauenkloster	28	Weliki Nowgorod
4	Galerien und Theater	29	Pskow und Peipsi-See
5	Moskaus Bahnhöfe	30	Smolensk
6	Kolomenskoje	31	Rjasan
7	Borodino	32	Nishni Nowgorod
8	Zaryzino, Kuskowo und Abramzewo	33	Kasan
9	Sergijew Possad	34	Pljos
10	Jaroslawl	35	Uljanowsk
11	Susdal	36	Samara
12	Wladimir	37	Saratow
13	Uglitsch	38	Wolgograd
14	Rostow Weliki	39	Astrachan
15	Kostroma	40	Das Wolgadelta
16	Peter-Pauls-Festung und Kathedrale	41	Rostow am Don
17	Schlossplatz von Sankt Petersburg	42	Der Kaukasus
18	Am Newski Prospekt	43	Noworossijsk
19	Alexander-Newski-Kloster	44	Sotschi
20	Peterhof	45	Jekaterinburg
21	Zarskoje Selo	46	Perm
22	Pawlowsk	47	Solikamsk
23	Solowezki-Inseln	48	Kirow
24	Petrosawodsk	49	Kaluga und Tula
25	Der Ladogasee	50	Kaliningrad

Die Kirche spielt in Russland wieder eine wichtige Rolle, orthodoxe Mönche sind ein häufiger Anblick (oben). Junge Frau in Moskau unter den Augen der Staatsmacht (Mitte). Am Newski Prospekt treffen sich das moderne und das historische Sankt Petersburg auf der Bankbrücke mit den berühmten Greifen und der Christi-Auferstehungs-Kirche im Hintergrund (rechts).

Russlands Schätze

Eine Reise von Moskau zum Ural

Hört man den Namen Russland, tauchen Bilder auf von vergoldeten Zwiebeltürmen, von Palästen an der Moskwa oder an der Newa. Wir denken an Matrjoschka-Puppen, an modebewusste Russinnen und an der Russen liebste Getränke, Tee und Wodka, oder an Personen der Geschichte wie Iwan den Schrecklichen, Zar Peter I., Katharina die Große, Nikolaus II., Lenin, Stalin, Breschnjew, Jelzin und Gorbatschow.

Russland, der mit mehr als 17 Millionen Quadratkilometern größte Flächenstaat der Erde, erstreckt sich über zwei Kontinente: Europa und Asien. Es reicht von Karelien bis zum Kaukasus und Schwarzen Meer, von der Wolga bis zum Ural. 140 Millionen Menschen bewohnen dieses Land, insgesamt 150 Völker mit verschiedenen Sprachen, Religionen und Mentalitäten. Im europäischen Teil Russlands leben auf einem Viertel der Gesamtfläche des Landes drei Viertel der Bevölkerung. Auf diesem Gebiet liegen die größten und ältesten Städte mit einer Vielzahl an historischen und kulturellen Sehenswürdigkeiten und einzigartigen Landschaften. Hier befindet sich im Kaukasus der höchste Berggipfel sowohl Russlands als auch Europas, der 5642 Meter hohe Elbrus. Durch Russland fließt der längste Strom Europas, die Wolga mit 3530 Kilometern Länge, der wiederum in den größten Binnensee der Erde, das Kaspische Meer, mündet. Russland hat sich einen Reichtum an Kunst, Kultur und Architektur erworben, der die Einflüsse der Griechen, der Byzantiner, der Tataren, des Orients, und des Westens aufnahm und zum eigenen, russischen Stil vereinigte.

Das unbesiegbare Russland

Die Historie des Landes ist vom frühen Mittelalter an auch eine Geschichte der Schlachten und Kriege, da das Land seit dem 12. Jahrhundert von großem Interesse für den Westen wie für den Osten war – ob Kreuzritter, Mongolen und Tataren, Franzosen unter Napoleon oder gleich zwei deutschen Armeen, die 1914 und 1941 versuchten, Russland zu erobern. Für die Angreifer endeten diese Kriege immer im Fiasko, für Russland jedoch stand nach unsäglichem Leid und Zerstörung immer die Besinnung auf die religiöse und weltliche Herrschaft. Unzählige Kirchen, Klöster und Denkmäler sind im Andenken dieses langen Kampfes der Russen um die Freiheit der Heimat entstanden und zählen heute zu wichtigsten Sehenswürdigkeiten des Landes. Russland und sein Volk befinden

Im Sommer sind die Nächte warm und die Röcke kurz in Sankt Petersburg (oben). Im Cafe des »Dom Knigi« (Haus des Buches), am Newski Prospekt in Sankt Petersburg (Mitte). Junger Künstler im Szenetreff »Winsawod« in Moskau (unten). In der Eremitage in Sankt Petersburg sind selbst die Korridore Kunstwerke (rechts oben).

Russlands Schätze

sich derzeit in einem Prozess der Rückbesinnung auf traditionelle moralische und religiöse Werte, was sich im Wiederaufbau verloren gegangener, in der Zeit der kommunistischen Diktatur zerstörter Baudenkmäler widerspiegelt. Zahlreiche Kirchen, Kathedralen, Klöster und Paläste werden renoviert oder nach alten Plänen neu erbaut.

Die zwei Hauptstädte

Die beiden großen Metropolen Moskau und Sankt Petersburg stehen als Ziele ganz oben auf der Wunschliste eines jeden Russland-Reisenden. Moskau als die alte und neue Hauptstadt des Landes putzt sich seit 20 Jahren zur »russischen Schönheit« heraus, besinnt sich dabei auf das Historische und verknüpft es mit dem Modernen. Moskau ist stolz auf seinen Kreml, den Roten Platz, die wiedererstandene Christi-Erlöser-Kathedrale und das restaurierte Bolschoi-Theater. Die Stadt bietet ein reiches und anspruchsvolles Kulturleben mit Theatern, Konzertsälen, Museen und Galerien – und der Dynamik, der Lebensfreude und etwas Verrücktheit einer Weltstadt mit selbstbewussten Weltbürgern.
Sankt Petersburg, das »Fenster zum Westen«, ist seit seinem 300-jährigen Stadtjubiläum im Jahr 2003 zu neuem Selbstbewusstsein erwacht. Eingedenk ihrer kurzen, aber glanzvollen Geschichte zeigt sich die Stadt heute von ihrer charmantesten Seite. Nach langer Leidenszeit während und nach dem Krieg ist die Stadt Peters des Großen schöner denn je. Davon zeugen das wiedererstandene Bernsteinzimmer im Jekaterinenpalais, der sich ständig verschönernde Newski-Prospekt, die nach altem

Vorbild restaurierten Parks sowie zahlreiche Paläste und Villen des Adels und reichen Bürgertums.

Entlang der Wolga

Die Wolga wird nicht von ungefähr als die »Mutter aller russischen Flüsse« bezeichnet. Sie ist mehr als nur der wichtigste Fluss im europäischen Russland oder der längste Strom Europas. Die Wolga ist das uralte Bindeglied in der religiösen und weltlichen Entwicklung Russlands. Die meisten Städte des Goldenen Rings liegen an der Wolga oder in ihrer Nähe. Sie war Handels- und Kommunikationsweg sowie natürliche Grenze für ein ab dem 11. Jahrhundert entstehendes mächtiges russisches Reich. Weiter südlich war der Fluss über Jahrhunderte ein Bollwerk gegen die Tataren. Mit dem Vordringen der Zaren ab Iwan dem Schrecklichen wurde die Wolga auf ihrer

Das Reich zwischen Wolga und Ural

gesamten Länge zum russischen Strom, an dem neue Städte entstanden, die heute zu den größten und wichtigsten Russlands gehören und die Wege bis zum Kaukasus und Schwarzen Meer ebneten und sicherten.

Abseits der großen Touristenströme
Russland bietet in seinem europäischen Teil, bis hin zum Ural, weit mehr Sehenswertes als die beiden Metropolen und die Wolga. Wenn man sich an Reisen innerhalb Russlands mit der Bahn oder auch mit dem Flugzeug gewöhnt hat, sind auch Entfernungen von 800 oder 1000 Kilometern kein Problem. Ehemals geschlossene Städte wie Perm und Jekaterinburg oder nicht so bekannte wie Kirow und Archangelsk haben alle ihren Platz in der russischen Geschichte – ob mit alten Festungen, Kirchen oder Klöstern, als literarische Schauplätze wie Perm in Pasternaks *Doktor Schiwago* oder als bedeutsame Stätten der jüngeren Geschichte wie Jekaterinburg.

Nahe an Europa und doch fast vergessen
Sie gehören zu Russland, waren wichtige Etappenziele an alten Handelsstraßen und sind doch heute fast in Vergessenheit geraten: die Städte im Westen Russlands und in der Umgebung von Moskau wie Pskow, Weliki Nowgorod, Smolensk, Rjasan, Tula und Kaluga. Die gepflegten Städte, eingebettet in typisch russische Landschaften mit Wäldern und Flusstälern, haben eine höchst interessante, über tausendjährige Geschichte hinter sich. Den Schlusspunkt unserer 50 Highlights setzt eine Stadt, die kaum russische Geschichte aufweist, aber seit 1945 zu Russland gehört: Kaliningrad, das ehemalige Königsberg.

Beschaulich geht es immer noch zu im Kaliningrader Gebiet (früher Königsberg) (oben). Gläubige im Dreifaltigkeits-Kloster des Heiligen Sergius in Sergijew Possad (Mitte). Pljos – die Perle an der Wolga, klein, beschaulich und einfach schön ist es hier. Ruhe und Erholung pur sind garantiert (unten). Abendstimmung an der Wolga (links).

15

Moskaus moderne Einkaufspassagen laden ein zum Shopping und zu einer Pause unterm schützenden Glasdach (oben). Eintauchen ins Moskauer Nachtleben (Mitte). Eingang des berühmtesten Kaufhauses Moskaus, des GUM, am Roten Platz (unten). Der Rote Platz am Abend, mit Basilius-Kathedrale, Spasski-Turm und Lenin-Mausoleum (rechts).

Moskau und Umgebung

Moskau und Umgebung

1 Der Kreml

Zentrum der Macht

Moskau ist wie ein riesiges Spinnennetz, alle Fäden dieses Netzes laufen auf einen Mittelpunkt zu: den Kreml. Von hier aus wurden die Fäden gesponnen, die Russland zu dem machten, was es heute ist: das größte Land der Erde. Am Anfang war der Kreml, er ist älter als Moskau und älter als Russland! Kreml und der Rote Platz stehen für Macht und Gewalt, aber auch für Kunst und Schönheit in Russland.

Wer schreckte im Westen während des Kalten Krieges nicht zusammen, wenn eine Nachricht mit den Worten begann: »Moskau. Der Kreml meldet ...« Bereits im Namen schwang immer etwas Mystisches, Geheimnisvolles, Drohendes mit, die Burganlage im Herzen Moskaus war über Jahrhunderte ein Ort der Macht, der Gewalt und der Intrigen. Aber der Kreml steht auch als Zentrum der Kunst, der Architektur in seiner Pracht und Schönheit als das russische Gesamtkunstwerk – heute schöner und strahlender denn je! Von unzähligen Dichtern und Malern beschrieben, gemalt und besungen, ist er das »Steinerne Herz Russlands«.

Burg für Fürsten, Großfürsten und Zaren

Seine Geschichte begann im Jahr 1156, als die frühe Anlage einer Fürstenburg unter Fürst Jurij Dolgorukij (1090–1157) erstmals erwähnt wurde. Aber bereits 1147 schrieb dieser an einen Freund: »Komm zu mir Bruder, nach Moskau«, es war die Geburtsstunde der Stadt und seiner Burg. 200 Jahre später war um die Palisadenburg eine Vorstadt (Possad) mit Ansiedlungen der Handwerker und Kaufleute entstanden. Aus dem kleinen Fürstentum wurde in geschichtlich kurzer Zeit ein Großfürstentum, ein Zentrum der politischen Macht sowie durch die Verlegung des Metropolitensitzes 1328 von Wladimir nach Moskau auch das Zentrum der kirchlichen Macht des aufstrebenden russischen Reiches.

Unter Großfürst Dmitrij Donskoj (1350 bis 1389) wurde 1367 der erste steinerne Kreml erbaut, umgeben von einer weißen Festungsmauer, die der Stadt Moskau den Beinamen »weiße Stadt« einbrachte. Zwischen 1397 und 1416 entstand mit der Mariä-Verkündigungs-Kathedrale die erste große Kirche des Kreml. Zwischen 1474 und 1530, unter den Großfürsten Iwan III. und Wassilij III., erhielt der Kreml im Wesentlichen seine bis heute erhaltene Größe und Form. Auf dem 40 Meter hohen Hügel über der Stadt, von Süden her durch die Moskwa,

Goldene Kuppeln, wie am Terempalast des Kreml, beeindrucken von nah und fern (Mitte). Die Uspenskij-Kathedrale im Kreml überwältigt durch reiche Ausstattung und wertvolle Ikonenmalerei (unten). Weißer Glanz mit goldenen Kuppeln, so präsentieren sich die Kreml-Kathedralen in der Wintersonne, im Hintergrund der Spasski-Turm (rechte Seite).

Moskau und Umgebung

Während der echte Lenin im Mausoleum ruht, posiert einer seiner »Nachfolger« am Roten Platz (oben). Die Zarenglocke im Kreml ist die größte und schwerste der Welt, 1730 gegossen, 1737 bei einem Brand zerbrochen (Mitte). Die einstmals größte Kanone der Welt (rechts oben). Blick über die winterliche Kremlmauer im Hintergrund das Außenministerium (rechts).

den Moskau-Fluss, natürlich begrenzt, wurde auf 28 Hektar eine Festungsanlage erbaut, die die Machtfülle Russlands verkörperte.

Zunächst holte man italienische Baumeister und Architekten nach Moskau, um die Burg durch eine höhere, stärkere, aber auch kunstvoll verzierte Mauer nach außen zu sichern. Es wurden insgesamt 20 Türme auf die Mauer gesetzt, jeder Einzelne davon ein Kunstwerk für sich. Die Kremlmauer mit ihrer Länge von 2235 Metern, einer Höhe bis zu 19 Metern und einer Dicke bis zu 6,50 Metern war wesentlicher Teil des Verteidigungssystems des Kreml mit Wällen, Gräben, Bastionen und Türmen. Im Inneren der Burg entstanden an der höchsten Stelle für die Großfürsten und später für die Zaren Paläste, die einen guten Blick auf Moskau, die Moskwa und das Umfeld garantierten.

Ende des 15. Jahrhunderts wurden am heutigen Kathedralenplatz die Uspensky-Kathedrale, die Verkündigungs- und die Erzengel-Kathedrale als Steinkirchen errichtet, zu Beginn des 16. Jahrhunderts folgte mit dem Glockenturm Iwan Weliki das höchste Bauwerk des Kreml und ganz Moskaus. Auch der Facettenpalast, der älteste des Kreml, entstand in dieser Zeit. An den Bauwerken wirkten sowohl norditalienische Baumeister der Mailänder Schule als auch russische Baumeister mit, die ihren eigenen Stil einbrachten.

Nach Bränden 1547 und Verwüstung durch die einfallenden Krimtataren 1571 erbaute man viele Bauwerke auf dem Kremlgelände im 17. Jahrhundert im »Russischen Märchenstil«, darunter der Patriarchenpalast, die Katharinen-Kirche und der Spassky- oder Erlöserturm, eines der markantesten Bauwerke des Roten Platzes.

Peter I. (1672–1725) verlegte die Hauptstadt in sein neues Sankt Petersburg und vernachlässigte die Moskauer Burg. Erst unter Katharina II. (die Große; 1729 bis 1796) sollte sich das wieder ändern. Ab 1773 wurde ein Generalumbau im klassizistischen Stil geplant, der aber nur in Form des Senatsgebäudes, der heutigen Präsidialresidenz, verwirklicht wurde. Unter Napoleon sollte der Kreml 1812 gesprengt werden, was jedoch nur in geringem Umfang gelang.

Der Kreml und die »Roten Zaren«

1918, unmittelbar nach der Oktoberrevolution, verlegte Lenin (1874–1924) seinen Amtssitz vom damaligen Petrograd (Sankt Petersburg) nach Moskau in den Kreml, und es dauerte nicht lange, bis Moskau wieder Hauptstadt und der Kreml Zentrum der Macht, der Bolschewiki, der Kommunisten, und ab 1922 der Sowjetunion wurde. Nach der Oktoberrevolution fanden auf dem Kremlgelände die größten Veränderungen in seiner Geschichte statt. Die Kirche musste ausziehen, das Tschudow- und das Himmelfahrts-Kloster wurden abgerissen. Gleichzeitig veranlasste Lenin umfassende, dringend notwendige Restaurierungsarbeiten für alle anderen Bauten. Ab 1937 strahlten auf allen Kremltürmen die roten Sterne der Sowjetmacht, gegenwärtig ist nur noch einer auf dem Spasskyturm übrig geblieben. Als markanter Neubau wurde 1960/1961 der neue Kremlpalast als Konzert- und Kongresszentrum, u. a. für die Parteitage der KPdSU, errichtet.

Der Kreml

Ein Rundgang durch den Kreml

»Nein, weder den Kreml noch seine starken Mauern, weder die dunklen Gänge noch seine üppigen Paläste lassen sich beschreiben … man muss alles sehen« –, so äußerte sich der russische Dichter Michail Lermontow (1814–1841) über den Kreml.

In den Kreml kommt man als Besucher nur durch den Kutafja-Turm, vom Manege-Platz aus. Über die Dreifaltigkeitsbrücke gelangt man zum Tor des 70 Meter hohen gleichnamigen Turmes. Rechter Hand befindet sich der neue Kongresspalast aus dem 20. Jahrhundert und links der Gebäudekomplex des Arsenals aus dem 18. Jahrhundert. Dem folgen die Residenz des Präsidenten im ehemaligen Senatsgebäude und das im neoklassizistischen Stil erbaute ehemalige Gebäude des Präsidiums des Obersten Sowjet mit dem Kreml-Theater. Zur Moskwa hin begrenzt der Kremlpark das Ensemble.

Wendet man sich nach rechts, gelangt man zum Kathedralenplatz, dem Highlight jeder Kremlbesichtigung. Überragt wird der Platz vom frei stehenden Glockenturm Iwan Weliki, mit 81 Metern das höchste Bauwerk im Kreml und einstmals ganz Moskaus. Den Platz säumen die Maria-Entschlafens-Kathedrale, die größte und bedeutendste Kremlkirche, die als Krönungskirche der Zaren und Inthronisationskirche der Metropoliten und Patriarchen bestimmt war. Daneben stehen die Kirche der Gewandniederlegung Mariä, die Zwölf-Apostel-Kathedrale und dazwischen der Patriarchenpalast. Daran schließen sich die Mariä-Verkündigungs-Kathedale und die Erzengel-Kathedrale an. Als Profanbauten bestechen in ihrer Erhabenheit der Große Kremlpalast (1838–1849), der Terem- und der Facettenpalast. Alle diese Gebäude dienten als Repräsentations- und Wohnräume der Zaren.

DIE STAATLICHE RÜSTKAMMER IM KREML

Das auch als Schatz- und Rüstkammer (Oruschejnaja palata) bezeichnete Museum ist das älteste Russlands und gehört mit seinen Exponaten zu einer der größten Schatzkammern der Welt. In dem Gebäude, das zwischen 1844 und 1851 im pseudorussischen Stil erbaut wurde, werden der Zarenschatz, eine Sammlung wertvoller und einzigartiger Juwelen und Diamanten sowie die Krönungsinsignien der Zaren präsentiert. In den Vitrinen befinden sich kostbare Gewänder, Porzellan, Uhren, Ikonen und der berühmte, mit mehr als 800 Edelsteinen verzierte »Diamantenthron«. Zu sehen sind außerdem Geschenke orientalischer und westeuropäischer Könige und Fürsten an das Zarenhaus, eine umfangreiche Waffen- und Rüstungssammlung sowie Kutschen, Staatskarossen und Schlitten.

WEITERE INFORMATIONEN

Staatliche Rüstkammer (donnerstags geschlossen), Eingang/Kasse über Manege Platz, Kutafja-Turm; Tickets, Besichtigungen, spezielle Führungen unter Tel. +7-495-6970349 oder +7-495-6974422. www.kreml.ru
Tipp: Karten unbedingt vorbestellen!

Moskau und Umgebung

2 Der Rote Platz

Ort der Machtdemonstrationen

Der Rote Platz – das ist Historie, das sind Legenden um Fürsten und Zaren und um die Sowjetunion und ihre »Roten Zaren«, Lenin, Stalin und der Generalsekretäre, mit ihren defilierenden Soldaten und Proletariern. Heute wie einst der schönste Platz Moskaus – aber weltoffener denn je für Menschen aus allen Himmelsrichtungen.

Der Rote Platz mit seinen rund 400 Metern Länge und einer Breite von 150 Metern ist einer der größten Parade- und Aufmarschplätze der Welt. Wenn sein Name fällt, denkt man zuerst an Militärparaden. Aber die Geschichte dieses Platzes ist die Geschichte Russlands seit seinen frühesten Tagen und die Farbe Rot kein Synonym für Kommunismus!

Der Schöne Platz

Der Platz entstand in seiner gegenwärtigen Abmessung gegen Ende des 15. Jahrhunderts, als Iwan III. (1440–1505) im Rahmen der Umbauarbeiten im Kreml vor der Festung die Häuser abreißen ließ, um Platz für einen Marktflecken zu gewinnen. Der Platz hieß zunächst also Markt- oder Handelsplatz. Später entstand in seiner Nähe die Dreifaltigkeitskirche, deren Namen er bald trug. 1571 brannten die Häuser um den Platz ab – und er wurde in »Feuerplatz« umbenannt. Aber als die abgebrannten Gebäude durch vornehme Geschäfts- und Handelshäuser ersetzt worden waren, setzte sich im 17. Jahrhundert die Bezeichnung Krasnaja Ploschtschad durch, was aus dem Altslawischen kommt und sowohl »schön« als auch »rot« bedeuten kann. Letztere Interpretation wurde unterstützt durch die rote Farbe der Ziegelsteine der Kremlmauer wie auch der Basilius-Kathedrale. Besonders im 20. Jahrhundert, nach der Oktoberrevolution, kam den kommunistischen Führern diese Zweideutigkeit zupass – und man sprach fast nur noch vom »Roten Platz«.

Der Platz und seine Bauten

Markantestes Bauwerk an der südwestlichen Längsseite ist die Kremlmauer mit einer Höhe von bis zu 19 Metern, überragt vom 70 Meter hohen Erlöser-Turm (Spasskyturm). In luftiger Höhe zeigt die größte Turmuhr Russlands die Zeit an, und auf der Turmspitze leuchtet noch immer ein roter Stern, der letzte des Kreml.
Das Lenin-Mausoleum, in der Sowjetzeit Heiligtum und Pilgerstätte Nummer eins für die Bürger des Landes, ist ein dunkel-

Im Alexandergarten, am Grabmal des Unbekannten Soldaten und bei den Gedenksteinen der Heldenstätte wird den Opfer des Großen Vaterländischen Krieges gedacht (unten). Roter Platz am Abend, mit Kasaner Kathedrale und GUM (unten). Zugang zum Roten Platz durch das wiedererrichtete Auferstehungstor, mit Basilius-Kathedrale (rechte Seite).

Moskau und Umgebung

Das Kaufhaus GUM, einstige Nummer 1, besticht heute durch seine Architektur (oben). Die Basilius-Kathedrale am Roten Platz mit ihren berühmten Zwiebeltürmen (unten). Der Rote Platz, im Winter auch ein Tummelplatz für Schlittschuhläufer, im Hintergrund das festlich beleuchtete Kaufhaus GUM (rechts unten). Roter Kaviar vom Lachs auf »Russischen Eiern« (oben rechts).

roter, 1930 errichteter Granitbau, in dem der Revolutionär und Staatsgründer Wladimir Iljitsch Lenin nach wie vor im Glassarg aufgebahrt ist, und in dem von 1953 bis 1961 auch Stalin beigesetzt war. Das stufenförmige Mausoleum dient bis heute als Tribüne für die Landesführer bei Militärparaden. Hinter dem Mausoleum befinden sich die Gräber zahlreicher Sowjetführer wie Stalin, Breschnjew, Frunse, Dscherschinski und in der Mauer selbst die Urnen berühmter Kommunisten wie Clara Zetkin, Kosmonauten wie Juri Gagarin und Literaten wie Maxim Gorki. Das nördliche Ende des Platzes dominiert das Historische Museum von 1883 mit seiner roten Fassade und den zahlreichen Türmen. Zwischen dem Museum und der 1992 wiedererbauten Kasaner Kathedrale, ursprünglich 1635/1636 errichtet, steht als Verbindung das Auferstehungstor. Es wurde auf Befehl Stalins abgerissen, um Platz für Paradetruppen und Panzer zu machen und zu Beginn der 1990er-Jahre wieder aufgebaut. Heute bilden die drei Gebäude ein einheitliches Ensemble und den feierlichen Zugang zum Roten Platz.

Weiter südlich beeindruckt die über 250 Meter lange Fassade des schönsten Kaufhauses Russlands, des GUM, 1888 bis 1894 im Stil der Neo-Renaissance mit Elementen russischer Volkskunst errichtet. Im Sozialismus war es das angesagteste Kaufhaus des ganzen Landes, weil es hier immer etwas Besonderes gab: Schuhe aus dem Westen oder Jeans etwa. Ein Besuch lohnt sich schon wegen der interessanten Innenarchitektur unter einer riesigen Glaskuppel.

Am südlichen Auslauf des Platzes, unweit des Moskwa-Flusses, steht eines der vollkommensten Kirchenbauwerke Russlands, die Basilius-Kathedrale, vollendet 1561. Den Auftrag zum Bau der Kirche gab Zar Iwan IV. (der Schreckliche; 1530–1587), nachdem er 1552 die Tataren in Kasan geschlagen hatte und große Teile des Wolgagebietes an Russland fielen. Vor der Kathedrale steht das Denkmal für Minin und Posharskij von 1818. Es erinnert an die zwei Patrioten, die 1612 den Aufstand der Russen gegen die polnisch-litauische Besatzung anführten und als Befreier Russlands gelten. An exponierter Stelle vor der Kathedrale liegt auf einer Rundtribüne der Richtplatz. Hier verlasen die Herolde die Erlasse der Zaren und Patriarchen, und hier wurde so manches Todesurteil vollstreckt.

Der Rote Platz und die Herrschenden

Seit Iwan III. und seine Nachfolger den Kreml zur steinernen Festung und prachtvollen Residenz ausbauen ließen, war er das alles überragende Bauwerk am Roten Platz. Von seinen Türmen und Tribünen beobachteten die Herrschenden argwöhnisch das Treiben auf dem belebten Platz. Das war bei Iwan dem Schrecklichen so und setzte sich fort bei Peter dem Großen, der am Richtplatz eigenhändig aufständische Strelitzen köpfte. Auf dem Platz zeigten sich an hohen kirchlichen Feiertagen die Zaren, Fürsten und Bojaren gemeinsam mit den Patriarchen, Würdenträgern der russisch-orthodoxen Kirche. Hier wurden Gesetze von der Obrigkeit verkündet und Urteile vollstreckt. Diese Traditionen setzten sich auch nach der Revolution fort. Ab 1930 fungierten Dach und Außenmauern des Lenin-Mausoleums als Tribünen für die Führer der Sowjetunion und ihre auslän-

Der Rote Platz

dischen Gäste. Stalin, Chruschtschow, Breschnjew, flankiert von den Politbüromitgliedern und ZK-Funktionären nahmen mit eisernen Gesichtern die Paraden des Militärs und Volkes ab und ließen sich huldigen wie einstmals die Zaren.

Der Rote Platz und das Volk

Für das Volk war der Rote Platz immer ein Handelsplatz, Ort für Neuigkeiten, später auch Flaniermeile. Hier durfte die Bevölkerung die Zaren, deren Hofstaat und die kirchlichen Würdenträger bestaunen. Hier erfuhr man offizielle Erlasse und Gesetze, und hier war der Mittelpunkt Russlands, wo die Handelswege zusammenliefen und Neuigkeiten aus dem ganzen Lande eintrafen.

Ähnlich, aber streng reglementiert war dies in der Sowjetzeit. Über den Platz defilierten am 7. November (Tag der Oktoberrevolution), am 1. Mai (Internationaler Kampf- und Feiertag der Werktätigen) und am 9. Mai (Tag des Sieges) zuerst die Paradetruppen der Roten Armee, gefolgt von 1,5 bis 2 Millionen Moskauern, die ihre Führer bejubelten. Hier versammelte man sich im Sommer 1945, um den Sieg über Hitlerdeutschland zu feiern, hier fand im April 1961 der Empfang für Juri Gagarin (1934–1968), den ersten Menschen im Weltall, statt, und hier begann im August 1991 der Protest gegen den Militärputsch. Hier stand man bis 1991 stundenlang in der Schlange, um Lenin in seinem Glassarg im Mausoleum zu ehren. In der jüngeren Vergangenheit wurde der Platz gern für Rock- und Sinfoniekonzerte genutzt. Seit 1990 ist der Rote Platz, gemeinsam mit dem Kreml, in die UNESCO-Weltkulturerbeliste aufgenommen.

SPEISEN WIE DIE ZAREN

Schon der Name des Restaurants, gleichzeitig seine Adresse, ist vielversprechend: *Roter Platz Nummer 1*! Im Untergeschoss des Historischen Museums befindet sich in einem Gewölbekeller das kleine (nur 80 Sitzplätze), aber sehr feine Lokal. Geboten werden hier eine anheimelnde Atmosphäre in kleinen Sitznischen, im Hintergrund dezent gezupfte Balalaika- und Gitarreklänge (live gespielt) sowie eine ausgezeichnete russische Küche.

Typische *Sakuski* (Vorspeisen) aus Gemüse, Fisch, Kaviar und Fleisch, die berühmten Suppen wie Borschtsch, Soljanka oder Schtschij und Hauptgerichte wie Bœuf Stroganof, Zander, Lachs oder Stör verwöhnen Gaumen und Magen. Danach gönnt man sich gern *Sto Gramm Wodka* (100 Gramm Wodka), ausgewählt aus einer Vielzahl hervorragender russischer Sorten. *Na Sdarowje!* Zum Wohl!

WEITERE INFORMATIONEN

Restaurant Roter Platz Nummer 1:
Tel. +7-495-692 11 96 oder 692 51 76.

Moskau und Umgebung

3 Neujungfrauenkloster

Ruhe inmitten der Metropole

Das Neujungfrauenkloster und der angrenzende Friedhof für Prominente gehören neben Kreml und Rotem Platz zu Moskaus Hauptattraktionen. Die Klosteranlage mit ihren Kirchen, Mauern und Wehrtürmen ist eine Oase der Ruhe zwischen pulsierendem Stadtleben und dem still dahinfließenden Moskwa-Fluss am Fuße der Sperlingsberge. Der geschichtlich und architektonisch höchst interessante und sehenswerte Komplex wurde 2004 in die UNESCO-Weltkulturerbeliste aufgenommen.

Im Neujungfrauenkloster wacht der Engel eines Grabmales auf dem alten Friedhof des Klosters (oben). Zu jeder Jahreszeit lohnt ein Spaziergang entlang der Außenmauern durch die Parklandschaft am Kloster (unten). Die Christi-Verklärungs-Torkirche ist Gotteshaus und Eingangstor zugleich und beeindruckt den Besucher beim Durchschreiten des Nordtores (rechte Seite).

Betritt man das Neujungfrauenkloster (Nowodewitschi-Kloster) durch das Haupttor, gelangt man in eine andere Welt, abseits von Lärm und Hektik der Hauptstadt. Hinter den weißen Mauern und backsteinroten Türmen taucht man ein in einen Kosmos der Ruhe und Abgeschiedenheit. Das Kloster zählt zu der wichtigsten Klöstern Russlands und reiht sich in den Ring von Wehrklöstern um Moskau ein. Das Kloster wurde 1524 vom Großfürsten Wassili III. (1479–1533) zu Ehren der Rückeroberung von Smolensk und seiner Eingliederung in die Moskauer Rus gegründet.

Kloster der Zarenwitwen und -schwestern

Wiederholt konnte das Kloster im 16. Jahrhundert seine Wehrhaftigkeit beweisen, wurde von den Krimtataren aber dennoch 1571 zerstört. Im Anschluss baute man es wieder auf, und es entwickelte sich durch Schenkungen der Fürsten- und Bojarenfamilien zu einem der reichsten und einflussreichsten Klöster Russlands. Wesentliche Quelle dafür waren das Eintreten von Witwen und Töchtern aus den angesehensten Familien Russlands, die umfangreiche Zuwendungen für das Nonnenkloster einbrachten.

Nach dem Tod des Zaren Fjodor Iwanowitsch (1557–1598), Sohn von Iwan dem Schrecklichen, zog seine Witwe Irina ins Kloster und lebte als Schwester Alexandra in seinen heiligen Mauern. Sie war die Schwester des Boris Godunow (1552–1605), der im gleichen Jahr im Kloster, in der Smolensker Kathedrale, zum Zaren gekrönt wurde.

Im 17. Jahrhundert kam es während der polnisch-litauischen Invasion mehrfach zu Besetzungen und 1611 sogar zur weitgehenden Zerstörung der Anlage. Mitte des 17. Jahrhunderts begann eine erneute Blütezeit unter den Zaren Alexej und Fjodor, das Kloster wurde ausgebaut

Moskau und Umgebung

Grab des russischen Schriftstellers Nikolaj Gogol auf dem Neuen Friedhof beim Neujungfrauenkloster, ab 1898 letzte Ruhestätte für Prominente (oben). Auch Raissa Gorbatschowa, Gattin des letzten Präsidenten der Sowjetunion, wurde hier beigesetzt (unten). Das Neujungfrauenkloster im abendlichen Moskau. (unten). Grabstätte von Nikita Chruschtschow (oben rechts).

und war bald das reichste Frauenkloster Russlands, mit Ländereien weit über die Stadtgrenze Moskaus hinaus, vom Onegasee im Norden bis an die untere Wolga im Süden, mit über 15000 männlichen Leibeigenen (weibliche wurden nicht gezählt!) in 36 Dörfern.

Kloster und Gefängnis

Im Jahr 1689, inzwischen hieß der Zar Peter I., ließ dieser seine Halbschwester Sofia Alexejewna zwangsweise ins Kloster verbringen – sie war eine zu ernste Rivalin für den jungen Zaren geworden. 1698, nach dem gescheiterten Aufstand der Strelitzen gegen Peter, wurde sie als Urheberin der Revolte auf des Zaren Geheiß zwangsweise zur Nonne geweiht, fortan lebte sie als Schwester Susanna bis an ihr Ende in den Mauern des Klosters. Der ersten Ehefrau Peters I., Jewdokija Lopuchina, erging es nicht anders: Auch sie wurde auf Lebenszeit ins Kloster verbannt, lebte dort bis zu ihrem Tod als Nonne Jelena.

Nach Verlegung der Hauptstadt von Moskau nach Sankt Petersburg 1712 verlor das Kloster an Bedeutung. Es diente als Frauengefängnis und als Waisenhaus für Mädchen und Findelkinder. 1764 wurde das Besitztum des Klosters säkularisiert, 1812 von den französischen Truppen geplündert und zur Sprengung vorbereitet, was jedoch durch das beherzte Eingreifen einiger Nonnen verhindert wurde. Fortan war dieser Ort eine Mischung aus Kloster, Waisenhaus und Gefangenenanstalt, betreut von den Nonnen und überwacht vom Staat.

1922, in der Sowjetzeit, wurde das Kloster geschlossen, 1929 nahm man die letzte Kirche außer Betrieb. In den 1930er-Jahren war es Außenstelle des Historischen Museums – aber ab 1944 wurden erste theologische Kurse eingerichtet, daraus entstand das Theologische Institut, in dem erstmals in der Sowjetunion wieder Priester ausgebildet wurden. 1945 wurde die Maria-Entschlafens-Kathedrale wieder für Gläubige geöffnet, und seit 1964 residiert im Kloster der Metropolit von Krutizy und Kolomna. Seit 1994 existiert das Neujungfrauenkloster wieder als Frauenkloster.

Die wichtigsten Gebäude

Umrahmt wird der festungsartige Komplex durch die mächtige weiße Klostermauer mit insgesamt 16 Wehrtürmen. Die Mauer und die Türme waren zum Schutz des Klosters mit 300 Strelitzen besetzt, außerdem wurde von hier aus der Übergang über die Moskwa, in Form einer Furt, kontrolliert und bewacht. Der zentrale und zugleich älteste Bau des Klosters ist die Kathedrale der Gottesmutter von Smolensk (Smolensker Kathedrale), die von Wassili III. in Auftrag gegeben und 1524/25 errichtet wurde. Außen besticht der Kirchenbau durch seine fünf Kuppeln. Den Innenraum dominieren die vergoldeten Ikonostase und Fresken, die im Auftrag von Peters Schwester Sofia von Meistern der Rüstkammer des Kreml ausgeführt wurden. Sehenswert ist auch die Ikone der Gottesmutter von Smolensk, die ob ihrer wundertätigen Kräfte besonders verehrt wird. Im Sockelgeschoss der Kirche befinden sich die Grablegen der Familie Iwans IV., der Zarenschwester Sofia sowie zahlreicher Äbtissinnen und Fürstinnen. Westlich der Kathedrale grenzt der Komplex des Refektoriums mit seinem impo-

Neujungfrauenkloster

santen Festsaal und der Mariä-Entschlafens-Kirche an. Dahinter stehen der Palast der Gattin des Zaren Boris Godunow, Irina Godunowa, sowie der Marienpalast. Überragt wird der gesamte Komplex durch den 72 Meter hohen, sechsgeschossigen Glockenturm. Auf dem Gelände des Klosters befinden sich weiterhin das Lopuchin-Palais neben der Christi-Verklärungs-Torkirche, die Zellen der Nonnen, das Spital, die Wachhäuser der Strelitzen sowie die Mariä-Schutz-Torkirche, hinter deren Tor sich der Neue Friedhof befindet.

Der Alte und der Neue Friedhof

Seit der Gründung des Klosters 1524 wurden auf dem Kirchhof, dem heutigen Alten Friedhof, zunächst ausnahmslos hohe kirchliche Würdenträger und Adlige beigesetzt. Da sich mit dem Verkauf von Grabstätten für das Kloster eine zusätzliche Einnahmequelle auftat, wurden hier zunehmend auch reiche Kaufleute, Feldherren, Künstler und Gelehrte beigesetzt. Bald reichte der Platz auf dem Areal innerhalb des Klosters nicht mehr aus, sodass 1898 südlich der Klostermauer ein neues Gelände für die Gräber prominenter Bürger und Adliger angelegt wurde – der Neue Friedhof. Dieser bekam eine eigene Einfriedung und wurde 1949 nochmals erweitert, nunmehr aber unter dem Entscheidungsrecht und der Kontrolle der Sowjetregierung.

Im 19. und frühen 20. Jahrhundert fanden Dichter, Komponisten, Musiker, Künstler, Politiker auf dem Neuen Friedhof eine letzte Ruhestätte, unter ihnen Gogol, Tolstoj, Tschechow, Tretjakow, Schaljapin und Majakowskij. In der Sowjetzeit wurde die Ehre der Beisetzung auf dem Prominentenfriedhof nur Ehrenbürgern, Helden der Sowjetunion oder besonderen Persönlichkeiten zuteil. Die Liste der Bestatteten ist schier unendlich, wurden doch bisher ca. 27000 Tote auf dem Friedhof begraben.

SPAZIERGANG ÜBER DEN NEUEN FRIEDHOF

Ein Spaziergang durch die Reihen der Gräber kommt einem Gang durch die russische und sowjetische Geschichte der letzten 120 Jahre gleich. Beeindruckende Grabmäler sollen die Bedeutung des Verstorbenen unterstreichen.

Hier ruhen u. a.: die Ehefrau Stalins, Nadjeshda; Pawel I. Beljajew und Georgi T. Beregowoi, Kosmonauten; Nikita S. Chruschtschow, ehemaliger Staatschef der UdSSR; Raissa Gorbatschowa, Ehefrau von Michail Gorbatschow; Andrej Gromyko, ehemaliger Außenminister; Nazim Hikmet, türkischer Dichter und Kommunist; Sergej Iljuschin, Flugzeugkonstrukteur; Boris Jelzin, ehemaliger russischer Präsident; Lew Kerbel, Bildhauer; Alexander Lebed, General, Politiker; David Oistrach, Pianist; Sergej Prokovjew, Komponist; Dmitri Schostakowitsch, Komponist; Andrej Tupoljew, Flugzeugkonstrukteur; Dmitri Uljanow, Lenins Bruder.

WEITERE INFORMATIONEN

Nowodewitschi-Kloster: Moskau, Novodevichnaja Nabereschnaja 1, Tel. +7-495-2452954 (Kasse am Kloster). Zu erreichen: Metro: rotbraune Linie, Richtung Jugo-Sapadnaja, bis Station Sportivnaja, dann 500 Meter Fußweg.

Blick über den Manegenplatz auf das Historische Museum, das rechts vom Alexandergarten und der Kremlmauer mit dem Arsenalturm (vorn) und dem Nikolaus-Turm (dahinter) begrenzt wird. Links vom Museum das Auferstehungstor, durch das der Zugang zum Roten Platz etwas wahrhaft Feierliches erhält.

Moskau und Umgebung

4 Galerien und Theater

Große Namen, große Kunst

Moskaus Kulturbetriebe, vor allem die Theaterhäuser und Kunstgalerien, gehören zu den künstlerisch hochwertigsten der Welt. Millionen Besucher alljährlich zeugen vom ungebrochenen Interesse der Moskauer und der ausländischen Gäste der russischen Hauptstadt an traditionellen und modernen Künsten der bildenden und darstellenden Genres.

Das Denkmal Pawel Tretjakows vor »seiner« Galerie (oben). Im Puschkin-Museum, Nachbildung von Michelangelos Pieta im Skulpturensaal der italienischen Meister (unten). Das Bolschoj-Theater erstrahlt nach seiner umfassenden Restaurierung in neuem Glanz (rechts oben). Konzertpause im großzügig gestalteten Stanislawski-Musiktheater (rechts unten).

Dank der Sammelleidenschaft der Zaren, Adligen und reichen Kaufleute verfügt Moskau über einen unvergleichlichen Fundus an Kunstschätzen aus der vorrevolutionären Epoche. In den Galerien der modernen Kunst des 20. und 21. Jahrhundert findet diese Tradition ihre Fortsetzung. Und die führende Rolle Moskaus als Heimstatt traditioneller und moderner Bühnenkunst kommt in der Vielfalt der Theaterlandschaft der Stadt zum Ausdruck.

Die Tretjakow-Galerie

Eine Moskauer Institution ist die Tretjakow-Galerie, liebevoll »Tretjakowka« genannt. Die Staatliche Tretjakow-Galerie gehört mit ihren 140 000 Werken aus Malerei, Grafik und Bildhauerei zu den größten Kunstsammlungen der Welt und ist das umfangreichste Museum russischer Kunst. Ihre Gründer waren der Textilkaufmann und Kunstsammler Pawel Tretjakow (1832–1898) und sein jüngerer Bruder Sergej (1834–1892). Ab 1851 entstand in ihrem Geschäftshaus in der Lawruschkinski-Gasse eine beachtliche Sammlung an Gemälden russischer Künstler. Bereits 1874 reichte der Platz nicht mehr aus, und sie errichteten in der Nachbarschaft ein Extragebäude. Nach dem Tod Sergej Tretjakows im Jahr 1892 wurde die Sammlung der Stadt Moskau vermacht. Der Fundus belief sich damals auf 1287 Gemälde, 518 Zeichnungen und einige Skulpturen russischer sowie 75 Gemälde deutscher und französischer Künstler. Darauf basierend wurde ein Kunstmuseum für die breite Öffentlichkeit geschaffen, ganz dem Wunsch des Stifters entsprechend. Nach Um- und Ausbau 1899–1906 erhielt die Galerie ihre jetzige Fassade. Nach der Revolution ließ Lenin die Galerie per Dekret verstaatlichen, und sie erhielt bedeutende Kunstwerke aus beschlagnahmten Privatsammlungen. 1936 folgte ein weiterer Anbau, um die ständig wachsende Zahl an Kunstwerken unterzubringen. Die Ausstellung im Hauptgebäude umfasst Kunstwerke vom 11. bis zum Anfang des 20. Jahrhunderts. Nahezu alle

Moskau und Umgebung

Orchesterprobe im Konservatorium (oben). Eine der modernen Galerien in Moskau, art4.ru (Mitte). Aufführung im Wachtangow-Theater (unten links). Die Erzengel-Michael-und-Metropolit-Alexej-Kirche im Erlöser-Andronikow-Kloster (rechts oben). Im Tschaikowski-Konzertsaal des Moskauer Konservatoriums, dem Schönsten der Stadt (rechts unten).

bekannten russischen Künstler dieses Zeitraums sind vertreten, ebenso zahlreiche internationale. Von der berühmtesten Ikone Russlands, der *Gottesmutter von Wladimir*, über die »wundertätige« Ikone der *Gottesmutter vom Don* bis hin zu Werken von Andrej Rubljow, wie *Die Dreifaltigkeit* nimmt die altrussische Abteilung einen gewichtigen Platz ein. Vertreten sind auch Künstler des 17., 18. und 19. Jahrhunderts wie Iwan Nikitin, Dmitri Lewizkij (Porträtmalerei) oder Karl Brüllow (Brjullow), Fjodor Bruni und Alexander Iwanow als wichtige Vertreter der Monumental- und Historienmalerei bis hin zu den bekanntesten Vertretern russischer Malerei des ausgehenden 19. Jahrhunderts wie Ilja Repin, Wassilij Surikow und Michail Wrubel. Die Kunst des 20. Jahrhunderts ist in der 1986 eröffneten Neuen Tretjakow-Galerie beim Gorki-Park sowie in einer weiteren Dependance im Wasnjezow-Haus untergebracht.

Puschkin-Museum

Das Puschkin-Museum der Bildenden Künste (nicht zu verwechseln mit dem Alexander-Puschkin-Museum) residiert in einem neoklassizistischen Prachtbau unweit des Kreml. Der 1912 eingeweihte Komplex begann recht bescheiden mit einer kleinen Münzsammlung, Gipsabgüssen antiker Skulpturen sowie ein paar historischen Gemälden. Durch Konfiszierungen ganzer Kunstsammlungen nach der Oktoberrevolution und durch Einlagern des sogenannten »Beuteguts« nach dem Zweiten Weltkrieg wuchsen die Bestände mengen- und wertmäßig ins Unermessliche. In den 1920er- und 1930er-Jahren kamen die Werke russischer Mäzene und Sammler wie Morosow, Schtschukin und Sergej Tretjakow ins Puschkin-Museum, das seinen Namen übrigens 1937 erhielt. Nach 1945 erweiterten Sammlungen aus Berliner Museen und deutschem Privatbesitz die Sammlung.

Heute präsentiert das Museum Exponate aus dem Vorderen Orient, Ägypten, Griechenland, Byzanz, vor allem aber nichtrussische europäische Malerei aus Frankreich, Belgien, den Niederlanden, Deutschland, Italien und Spanien. Die Palette reicht von Lucas Cranach, Rembrandt, Rubens, van Dyck, Tiepolo, Botticelli, Matisse, van Gogh, Gauguin, Cézanne, Manet, Monet, Renoir bis hin zu Courbet. Auch der berühmte Goldschatz des Königs Priamos aus Troja, von Heinrich Schliemann 1873 gefunden, wird im Puschkin-Museum aufbewahrt.

Neben den weltbekannten großen Galerien und Museen gibt es in Moskau viele private Kunstzentren aller Stilrichtungen. Zu den angesagtesten gehören die Galerie im Untergrund »Spider & Mouse«, »M'ARS«, »Regina«, Moskaus verrückteste und skandalträchtigste Galerie, die »Gelmann Galerie« von Marat Gelmann, einem der ersten Privatgaleristen in postsowjetischer Ära, und »S'ART«.

Das Bolschoi-Theater

Das Bolschoi-Theater ist das bekannteste und eines der größten Theaterhäuser Russlands. Während im 19. Jahrhundert der Spielplan geprägt war von italienischen und französischen Opern, ist das Ensemble des Bolschoi-Theaters heute in aller Welt für seine grandiosen Ballettaufführungen bekannt. Der erste Bau des »Großen Theaters«, russisch »Bolschoi«, entstand 1781, brannte aber 1805 ab.

Galerien und Theater

Der Nachfolgebau erlitt beim großen Stadtbrand von 1812 das gleiche Schicksal. Die heutige Spielstätte am Teatralnaja Ploschtschadj (Theaterplatz) wurde 1856 bezogen. Die klassizistische Fassade mit dem gewaltigen Portikus, getragen von acht mächtigen Säulen und gekrönt von einer bronzenen Quadriga, verbirgt eine prächtige Innenausstattung. Seit Oktober 2011 erstrahlt das Theater nach langer Umbau- und Rekonstruktionspause im neuen Glanz, mit modernster Bühnentechnik, allen Annehmlichkeiten für Zuschauer und Mitarbeiter sowie zwei neuen, kleinen Spielstätten für Kammeraufführungen, Proben und Sonderveranstaltungen.

Theater- und Musikszene

Neben dem »Großen Theater« steht in unmittelbarer Nähe das 1824 gegründete »Kleine Theater«, »Maly Theater«, das traditionsreichste Sprechtheater in Moskau. Die dritte bedeutende Bühne am Theaterplatz ist die »Neue Szene«, Spielstätte für moderne Opern und Schauspiel.

Die Moskauer Theater- und Bühnenszene reicht von den genannten großen Spielstätten über zahlreiche Schauspielhäuser wie dem Taganka-Theater, dem Tschechow-Theater, dem Wachtangow-Theater, dem Majakowski-Theater, dem Russischen Akademischen Jugendtheater über renommierte Konzerthäuser wie dem Tschaikowski-Konservatorium, dem der Staatlichen Moskauer Akademischen Philharmonie, dem Großen Kremlpalast, dem Operettentheater und der Neuen Oper bis zum Internationalen Haus der Musik, dem modernsten und größten Konzerthaus Europas. Es gibt zahlreiche Musical- und Varietébühnen, Kleinkunsttheater, das berühmte Theater der Tiere (Durow-Theater), zwei Puppentheater und zwei große Zirkusbauten.

ANDRONIKOW-KLOSTER MIT ANDREJ-RUBLJOW-MUSEUM

Das Erlöser-Andronikow-Kloster wurde nach 1370 von dem Mönch Andronik gegründet. Nach der Schlacht auf dem Schnepfenfeld 1380, als unter Dmitri Donskoj erstmalig die Mongolen geschlagen wurden, brachte man die Leichname der gefallenen Krieger nach Moskau ins Andronikow-Kloster. Auf dem Friedhof des Klosters wurden die toten Helden unter großer Anteilnahme der Bevölkerung beigesetzt. Zu dieser Zeit gab es am Kloster eine bedeutende Schule der Ikonenmalerei unter Leitung von Andrej Rubljow und Daniil Tschorny. Rubljow hat vermutlich von 1370 bis 1430 im Kloster gelebt und gewirkt, er wurde auch in der Erlöser-Kathedrale des Klosters beigesetzt. Seit 1947 befinden sich auf dem Klostergelände das Museum (Galerie) für Altrussische Kunst mit den wichtigsten Ikonen (Kopien) des Künstlers sowie weitere Ikonen und Skulpturen aus dem 14. bis 19. Jahrhundert.

WEITERE INFORMATIONEN

Adresse: Ploschtschadj Andrjonowskaja 10, Moskau; Anfahrt mit der Metro: Station Ploschtschadj Iljitsche, gelbe Linie »Kalininskaja«, Richtung Nowogireevo.

Moskau und Umgebung

5 Moskaus Bahnhöfe

»Kilometer null« der russischen Eisenbahn

Moskau ist das Herz Russlands, alle Wege beginnen hier. Auch der erste Schienenweg führte von Moskau nach Sankt Petersburg. Bis heute verlassen Züge die Stadt in alle Richtungen bei »Kilometer null«, aber von neun verschiedenen Fernbahnhöfen. Zeitig erkannte man, dass auch innerhalb Moskaus ein leistungsfähiges Verkehrsnetz nötig ist, und bereits 1931 begann der Bau der Metro.

Ein Blick auf den Stadtplan zeigt, dass Moskau ringförmig vom Kreml aus bebaut ist. Der innere Ring ist die Kremlmauer, es folgen der Boulevard-Ring anstelle der alten Stadtmauer und weiter der Gartenring, an dem sich bis Mitte des 19. Jahrhunderts die Gärten der begüterten Moskauer befanden. Die Stadt wuchs weiter, und mit der Industrialisierung begann der Eisenbahnbau.

Die großen Bahnhöfe

Die erste Fernbahnstrecke Russlands war technisch eine Meisterleistung, mit ihrer Länge von 640 Kilometern aber ebenso ein Prestigeobjekt, verband sie doch die junge Hauptstadt Sankt Petersburg mit der alten Hauptstadt Moskau. Aufgrund der urbanen Struktur war eine Streckenführung bis in die Stadtmitte nicht möglich, und so entstand 1851 einige Kilometer nordöstlich des Kreml der Nikolaibahnhof (nach Zar Nikolai I.). Heute ist er nach Umbauten 1930 und 1977 einer der neun Großbahnhöfe der Stadt. Nachdem Petersburg 1924 in Leningrad umbenannt wurde, erhielt auch der Bahnhof seinen bis heute gültigen Namen: Leningrader Bahnhof. Von hier fahren die Züge nach Petersburg, Helsinki und Tallinn, und die Vorortzüge »Elektritschkas« verkehren nach Norden und Nordwesten. Bahnreisende können am »Leningrader« auch bequem in die Metro umsteigen, denn bereits seit 1935 gibt es unter dem Bahnhof die Station »Komsolmolskaja«. Der Vorplatz des Bahnhofs trägt den gleichen Namen, wird im Volksmund aber »Platz der drei Bahnhöfe« genannt. Das ist weltweit einmalig: Neben dem Leningrader liegen in unmittelbarer Nachbarschaft der Kasaner und der Jaroslawler Bahnhof. Alle Stationen sind Kopfbahnhöfe und zählen zu den leistungsfähigsten des Landes.

Vom Kasaner Bahnhof fahren außer Vorortzügen Fernzüge in Richtung Kasan, südlicher Ural, Kaukasus sowie in die GUS-Staaten Kasachstan, Usbekistan, Kirgistan und Tadschikistan ab. Der Jaroslawler Bahnhof gegenüber ist der offi-

Kriegsveteranen in der Metro-Station »Park des Sieges« (oben). Vom Weißrussischen Bahnhof fahren die Züge nach Minsk, Warschau, Berlin und Paris ab (unten). Prunkvoll wie ein Palast, die Metrostation »Kiewskaja« tief unter dem Kiewer Bahnhof (rechts oben). Das rote M kennzeichnet den Eingang zur Metro (rechts unten).

МЕТРОПОЛИТЕН имени В.И.ЛЕНИНА

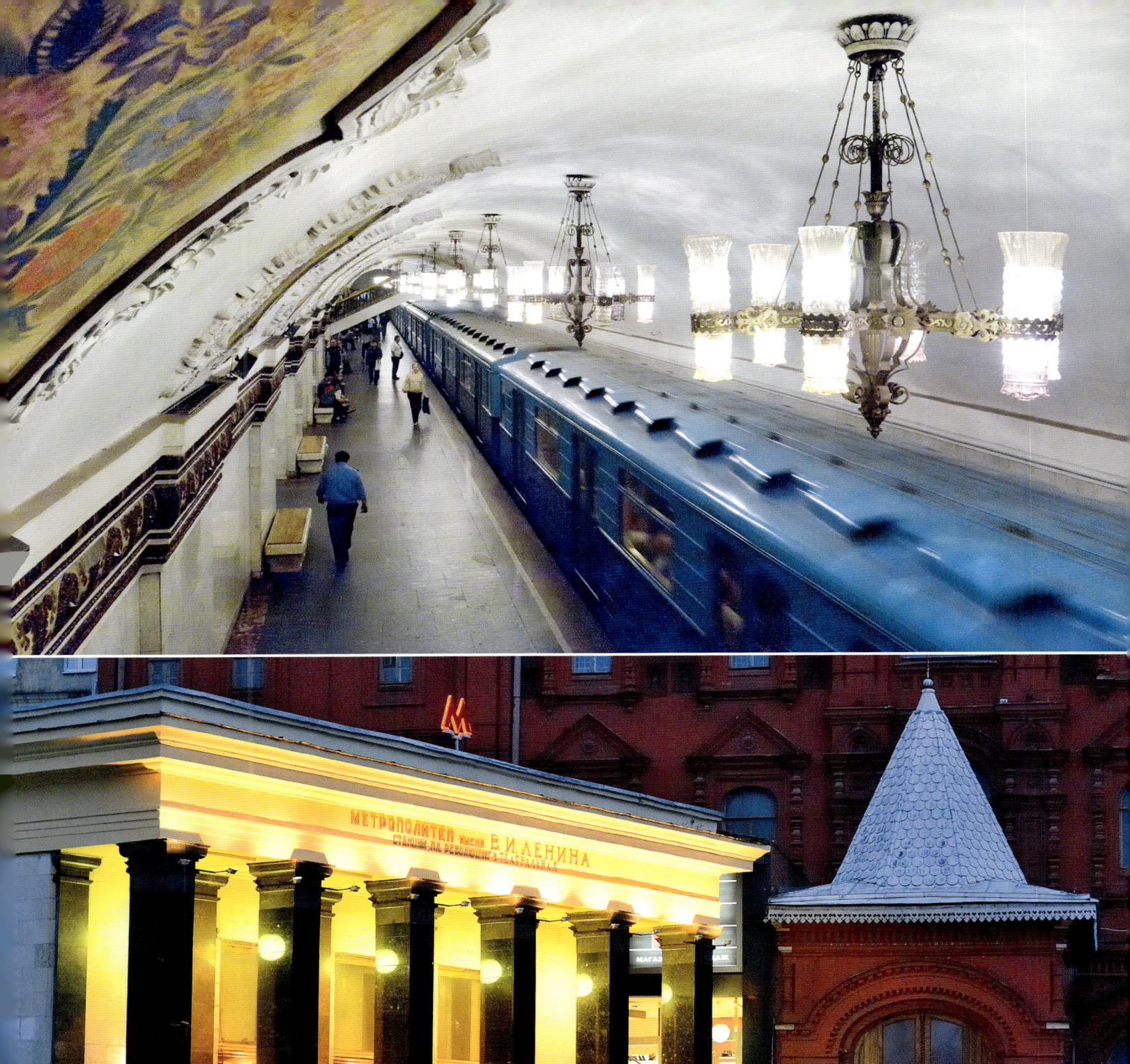

Moskau und Umgebung

Varieté und Show sind in Russland immer mit großem Dinner verbunden, hier im Restaurant »Jar« (oben). Moderne Architektur, 600 Meter hohe Glastürme, das ist die neue »Moscow City« (Mitte). Coole Moskauer Ladies auf coolen Bikes (unten). Panorama-Bar im Ararat Park Hyatt Hotel (rechts unten). Endlos erscheinen die Rolltreppen der Metro (rechts oben).

zielle Hauptbahnhof der Transsibirischen Eisenbahn, die von hier über Jaroslawl durch den Ural und ganz Sibirien bis nach Wladiwostok führt. Die 9288 Kilometer lange Strecke verfügt über Abzweigungen in die Mongolei und nach China. Auf dem Querbahnsteig markiert ein Granitobelisk mit Doppeladler den Kilometer »null« der Transsibirischen Eisenbahn.

Nordwestlich des Zentrums, nahe der Hauptstraße Tverskaja, befindet sich der Weißrussische Bahnhof und unweit des Gartenringes in nordöstliche Richtung, am Prospekt Mira, der Rigaer Bahnhof. Der Weißrussische Bahnhof ist Ausgangspunkt für Reisen in den Westen Russlands, nach Weißrussland, nach Polen, Deutschland und Westeuropa sowie nach Litauen und Kaliningrad (Königsberg). Unter dem Bahnhof befindet sich die Metrostation »Bjelorusskaja«. Vom Rigaer Bahnhof fahren Expresszüge nach Riga sowie Regionalzüge und »Elektritschkas« in Richtung Nordwesten. In der Nähe befindet sich die Metrostation »Rischskaja«.

Vom Kiewer Bahnhof aus fahren die Fernzüge in die Ukraine, nach Südosteuropa und ans Schwarze Meer. Tief unter dem Gebäudekomplex befindet sich eine der schönsten Metrostationen Moskaus, die »Kiewskaja«. Der Kursker Bahnhof mit seiner modernen Fassade wiederum ist einer der leistungsfähigsten der russischen Hauptstadt. Von hier fahren die Züge in Richtung Osten und Süden ab. Ziele sind u.a. die Städte an der unteren Wolga wie Wolgograd und Samara, die Krim (Ukraine) und Baku in Aserbaidschan. Unter dem Bahnhof befindet sich die Metrostation »Kurskaja«.

Vom Pawelezer Bahnhof verkehren Fernzüge nach Südrussland, an die mittlere Wolga und ans Schwarze Meer sowie Regionalzüge ins Moskauer Gebiet und zum internationalen Flughafen Domodedowo. Der Sawjolower Bahnhof schließlich fungierte bis 2005 als Fernbahnhof, gegenwärtig dient er ausschließlich dem Nahverkehr.

Die Moskauer Fernbahnhöfe gehen auf die Gründerjahre des russischen Eisenbahnwesens zwischen 1850 und 1890 zurück. Fast alle wurden in den 1930er-Jahren modernisiert, erweitert und den Anforderungen einer modernen Stadt angepasst. Sie liegen für Moskauer Verhältnisse nahe am Zentrum, werden täglich von ein bis zwei Millionen Passagieren benutzt und bilden eine unverzichtbare Säule der modernen Infrastruktur mit angeschlossener Gastronomie, Shopping, Kommunikation und Dienstleistung.

Die Moskauer Metro

Der Bau der U-Bahn ab 1930 war ein Projekt der Superlative: Moskaus Metro mit derzeit 185 Stationen auf einer Gesamtlänge von 305 Kilometern (Stand 2009) hat die tiefsten Stationen der Welt, bis zu 90 Meter unter der Erde, sie befördert täglich neun bis zehn Millionen Fahrgäste – und sie ist ein Gesamtkunstwerk!

Stalin forderte zu Beginn des Metrobaus die Ingenieure und Projektanten auf, neue, diesmal unterirdische Paläste und Kathedralen für das Volk zu errichten, nachdem er Kirchen und Kathedralen hatte sprengen lassen. Dieser Befehl wurde bis zu seinem Tod 1953 verwirklicht, es entstanden wahre Kunstwerke

Moskaus Bahnhöfe

unter der Erde, thematisch angelehnt an die Namen der Stationen und ihre Geschichte. An Material und Ausstattung wurde nicht gespart: Marmor, Granit, Bronze, Kristall fanden hier reichlich Verwendung.

Ab den 1960er-Jahren wurde weitergebaut, allerdings nicht mehr so tief und nicht mehr so prächtig. Die Stationen vor allem in den Außenbezirken fielen architektonisch einfacher und funktionell aus, aber das Netz der Metro wuchs und wächst bis heute weiter.

Das moderne Moskau

Das moderne Leben in Moskau hat besonders in den letzten 15 Jahren eine schier unaufhaltsame Dynamik und Geschwindigkeit entwickelt. Es ist geprägt von der Welt der Reichen und Schönen, mit Luxuskarossen, Nobelrestaurants, Nachtklubs, edlen Einkaufsgalerien und Eliteappartements, aber auch von immer mehr Armut unter der Moskauer Bevölkerung, die ebenso zum Stadtbild gehört. Es überwiegt eine Buntheit und Vielfalt im Leben des modernen Moskau, wie sie zu Sowjetzeiten nicht vorstellbar war. Die Zeit des chronischen Mangels an allem ist endgültig vorbei, und das wird gefeiert, ja zelebriert von stolzen und lebenslustigen Moskowitern und noch stolzeren Moskowiterinnen, schön, modebewusst und weltoffen.

Ähnliches zeigt sich in der neuen Architektur der Stadt: Altes, historisch Wertvolles taucht aus der grauen Vergangenheit restauriert, schöner denn je wieder auf, verbunden mit Neuem, geplant und verwirklicht von den besten Architekten aus Russland und aller Welt. Moskau ist schillernd und schrill, hat sich in kürzester Zeit zu einer modernen, offenen Weltstadt gemausert und in Sachen Stil und Niveau, aber auch Preisen so manche Weltstadt des Westens überholt.

EINE FAHRT MIT DER MOSKAUER METRO

»Einmal sehen ist besser als hundertmal hören«, besagt ein russisches Sprichwort, deshalb laden wir Sie ein zu einer Rundfahrt mit der Moskauer Metro, dem einzigartigen und größten unterirdischen Kunstwerk. Wir beginnen unsere Tour am Kiewer Bahnhof: einfach einen Jeton kaufen – er gilt für alle Fahrten ohne zeitliche Begrenzung, solange der Fahrgast die Stationen nicht verlässt, und kostet aktuell 5 Rubel. Schon die Fahrt auf der Rolltreppe erscheint unendlich, fast 80 Meter unter dem Fernbahnhof befindet sich die Station. Los geht es mit der braunen Linie, der Ringbahn, die alle Fernbahnhöfe verbindet, zur Station »Bjelorusskaja« unter dem Weißrussischen Bahnhof und weiter zur »Komsomolskaja«, zum Platz der drei Bahnhöfe. Die Weiterfahrt führt über die Station »Kurskaja« unter dem Kursker Bahnhof über »Pawelezkaja« unter dem Pawelezer Bahnhof zurück zum Ausgangspunkt, zur »Kiewskaja«. Hier empfiehlt sich ein Umstieg in die dunkelblaue Linie bis zur Station »Park Pobjedy«, Park des Sieges. Erst 1995 eröffnet, ist sie eine der eindrucksvollsten und zugleich tiefsten der Moskauer Metro.

WEITERE INFORMATIONEN

www.metro.ru

Moskau und Umgebung

6 Kolomenskoje

Zarenresidenz und Weltwunder

Gut 20 Kilometer außerhalb des Moskauer Zentrums, auf halbem Wege zum Flughafen Domodedowo, liegt Kolomenskoje, die alte Zarenresidenz und Landsitz der Moskauer Herrscher. Am Steilufer der Moskwa thront das Palast- und Kirchenensemble mit dem als »Achtes Weltwunder« bezeichneten großen Holzpalast und einem Freilichtmuseum der russischen Holzbaukunst.

Das Dorf Kolomenskoje fand seine erste Erwähnung bereits 1336 im Testament des Moskauer Großfürsten Iwan Kalita. Im Lauf der Zeit entwickelte sich der Ort am alten Handelsweg nach Kolomna zum beliebten Landsitz der Moskauer Großfürsten.

Die »Weiße Säule« von Kolomenskoje

Die Christi-Himmelfahrts-Kirche mit ihrem weithin sichtbaren, 62 Meter hohen Turm steht unweit des Steilufers. Diese seit Jahrhunderten als »Weiße Säule« bezeichnete Steinkirche ist ein einzigartiger und in der russischen Architektur des frühen 16. Jahrhunderts bahnbrechender Kirchenbau. Sie wurde beim Dorf Kolomenskoje um das Jahr 1532 errichtet, aus Dankbarkeit des Großfürsten Wassili über die Geburt seines Sohnes Iwan, des späteren Zaren Iwan IV. (der Schreckliche). Das Gebäude war in seiner Zeit revolutionär, weil erstmalig eine Zeltdachkirche dieser Größe aus Stein errichtet wurde, in einer Bauzeit von nur zwei Jahren. Die neuartige Dachkonstruktion war von den hölzernen Zeltdachkirchen des Nordens der Rus übernommen worden, doch niemals vorher wurde eine solche Kirche aus Stein vollendet. Dies stellte gleichzeitig einen Bruch mit der bis dahin vorherrschenden byzantinisch geprägten Kirchenarchitektur dar.

Bis in die Gegenwart ist die Kirche die größte und bedeutendste Zeltdachkirche Russlands. Aufgrund der einzigartigen Bedeutung wurde der Gesamtkomplex Kolomenskoje 1994 in die UNESCO-Weltkulturerbeliste aufgenommen.

Der Große Palast

Unter Zar Alexej I. (der Sanftmütigste; 1629–1676) entstand im 17. Jahrhundert ein weiteres einzigartiges Bauwerk in Kolomenskoje: der hölzerne Palast. Er bestand aus einem Labyrinth von Fluren und Gängen und verfügte über 250 Zimmer. Besucher und Untertanen staunten über den märchenhaft anmutenden Bau, der ohne Verwendung von Nägeln, Schrauben, Haken, Bolzen oder ähnlichen Hilfsmitteln gebaut wurde. Nicht

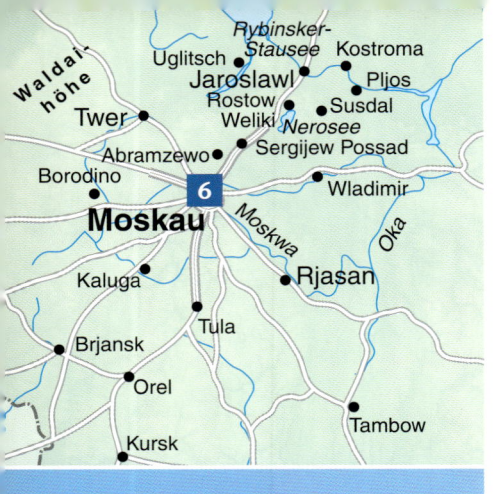

Das Wahrzeichen von Kolomenskoje: die Christi-Himmelfahrts-Kirche (oben). Der Pavillon von 1825, einziges Überbleibsel des Zarenpalastes (rechts unten). Es findet sich immer ein Plätzchen zum Ausruhen unter schattigen Bäumen in dieser Oase der Natur (rechts oben).

Kolomenskoje

einmal eine Säge soll als Werkzeug Verwendung gefunden haben.
Der Palast verfiel aus Geldmangel im 18. Jahrhundert, und 1768 veranlasste gar die Zarin Katharina II. seinen Abriss. Nur ein hölzernes Modell blieb erhalten, das im Museum von Kolomenskoje aufbewahrt wird. Nach diesem kleinen, hölzernen Vorbild erstand der »Märchenpalast« im Jahr 2011 neu, und auch im 21. Jahrhundert verursacht er bei seinen Besuchern Erstaunen und Entzücken.
In unmittelbarer Nähe des Holzpalastes befindet sich eine weitere Kirche, die der Gottesmutter von Kasan. Sie wurde unter Alexei I. 1649 als Palastkirche errichtet und besticht von außen durch ihre blauen, mit goldenen Sternen besetzten Himmelszeltkuppeln.
Folgt man dem Hauptweg, einer von Linden bestandenen Allee, gelangt man durch das Vordere Tor. Dahinter erschließt sich der Blick auf die Himmelfahrts-Kirche, die Kirche St. Georg »Unter den Glocken« sowie den markanten Wasserhebeturm, der seiner Zeit weit voraus war und die Zarenresidenz mit fließendem Wasser versorgte. Links und rechts des Hauptweges befinden sich mehrere Wirtschafts- und Verwaltungsgebäude der Residenz, in denen das Museum von Kolomenskoje untergebracht ist. Sehr schöne Beispiele der russischen Volkskunst wie Schnitzereien, Fliesen, Kacheln, Schmiedekunst und Ikonen werden hier ausgestellt.
In der Sowjetzeit wurden zahlreiche Holzbauten aus dem Norden Russlands und aus Sibirien auf das Gelände der Residenz verbracht, die heute das Freilichtmuseum für Holzbaukunst bilden. Originellstes Exponat ist ein kleines Holzhaus aus Archangelsk, in dem Zar Peter I. während seines Aufenthaltes in der Stadt am Weißen Meer wohnte.

NATURIDYLLE AM STADTRAND

Es ist nur ein kurzer Weg, wenn man beim Wasserhebeturm nach rechts abbiegt und den Fluss in Richtung Djakowo überquert. Hinter dem Steilufer der Moskwa liegt fast etwas versteckt in einer Senke die Kirche der Enthauptung Johannes des Täufers. Sie wurde im Jahre 1547 auf Befehl Iwans IV. anlässlich seiner Krönung zum Zaren erbaut. Die Kirche ähnelt in ihrer wuchtigen repräsentativen Architektur eher einer Festung als einem sakralen Bauwerk. Dieser Eindruck wird hervorgerufen durch den dominierenden achteckigen Zentralturm, der umgeben ist von vier weiteren Türmen. Vermutlich wurde die Kirche von italienischen Baumeistern errichtet. Obwohl Kolomenskoje bereits 1960 nach Moskau eingemeindet wurde, eröffnet sich beim Spaziergang nach Djakowo die typisch russische Landschaft: sanfte Hügel am Ufer der Moskwa, die gemächlich dahinfließt – ein Stück Natur vor den Toren der Zwölf-Millionen-Stadt.

WEITERE INFORMATIONEN

Kolmanskoje Moskau, Prospekt Andropowa 39, Tel. +7-499-6152768. Karten unbedingt vorbestellen! Zu erreichen: Metro, grüne Linie, Richtung Krasnogwardejskaja bis Station Kolomenskaja.
www.mgomz.ru

Moskau und Umgebung

7 Borodino

Geschichtsträchtiges Terrain

Das Dorf Borodino unweit der alten Handelsstraße zwischen Smolensk und Moskau steht in der Historie Russlands gleich zweimal als Synonym für den heldenhaften Kampf des russischen Volkes gegen feindliche Eroberer. Im September 1812 traf hier die Grande Armee Napoleons auf das zaristische Heer, und im Oktober 1941 begann am gleichen Ort die Schlacht um Moskau.

Im September 1812 war es mit der Ruhe im Dorf vorbei: Anfang des Monats bezogen Napoleons Truppen in der Nähe Stellung, ihnen gegenüber hatte sich die russische Armee unter General Kutusow (1745–1813) verschanzt. Auf beiden Seiten standen sich jeweils 128 000 Soldaten gegenüber. Die entscheidende Schlacht im Russlandfeldzug Bonapartes stand bevor. Für Kutusow ging es um die Rettung ganz Russlands, für Napoleon um die Einnahme Moskaus, der alten russischen Metropole sowie um den Einzug in ein sicheres Winterquartier für seine Armee.

Die Vaterländischen Kriege

Am 7. September 1812 entbrannten die Kämpfe zwischen den beiden Großmächten und ihren Verbündeten. Auf der Seite der Franzosen kämpften auch Polen, Württemberger, Westphalen, Sachsen, Kroaten und Bayern, während die russische Seite durch deutsche, schwedische, österreichische und sogar französische Offiziere unterstützt wurde.

Die Verluste waren immens hoch, insgesamt starben vermutlich 70 000 bis 80 000 Mann bei einer der grausamsten Schlachten des 19. Jahrhunderts. Einen wahren Sieger gab es nicht, wenngleich beide Seiten den Sieg deklarierten. Die Russen zogen sich weiter zurück, Napoleon marschierte in Moskau ein, fand es jedoch ohne Proviant und Nachschub vor und brandschatzte in den nächsten Tagen fast die gesamte Stadt. Dies war der Anfang vom Ende Kaiser Napoleons und seiner großen Armee.

Fast 120 Jahre später, im Oktober 1941, geriet der Feldzug der Hitlerwehrmacht in Richtung Moskau fast an gleicher Stelle ins Stocken. Es gab erbitterte Gefechte zwischen den Deutschen und der Roten Armee, in deren Verlauf die Wehrmacht zum Rückzug gezwungen wurde und sich eine erste Wende im Zweiten Weltkrieg abzeichnete. Mehr als eine Million Soldaten standen sich an diesem Frontabschnitt im Winter 1941/42 gegenüber, die Hälfte davon kam um, wurde verletzt oder geriet in Gefangenschaft.

Alles im Blick, Marschall Kutusow? »Wir Russen werden siegen!« (oben). Aufmarsch im Gleichschritt zur Schlacht gegen die Franzosen (unten). Die Kavallerie reitet voran, das alljährliche Spektakel ist im vollen Gange (rechts unten). Diorama der Schlacht gegen Napoleon im Museum von Borodino (rechts oben).

Borodino

Ort des stillen Gedenkens und lauter Kriegsspiele

Bereits fünf Jahre nach dem ersten Vaterländischen Krieg, 1817, gründete die Witwe eines gefallenen Generals das Erlöserkloster, ein Frauenkloster. Im Jahr 1874 entstand in Borodino unter der Herrschaft Alexanders II. (1818–1881) die Kirche der Hinrichtung Johannes des Täufers im Gedenken an die Zigtausende russischer Opfer im Vaterländischen Krieg. In der Umgebung Borodinos erinnern zahlreiche Denkmäler und Gedenksteine an die Schlacht und ihre Toten. Im alten Bahnhof, der 1869/70 errichtet wurde, befindet sich seit 2002 ein historisches Museum, das sich mit der Geschichte beider Kriege auseinandersetzt. An die Kämpfe von 1941 gemahnen heute Schützengräben und Bunkeranlagen sowie ein Panzerdenkmal mit dem legendären T-34.

Seit 1962 wird alljährlich am Jahrestag der Ereignisse von 1812 ein großes »Volksfest« veranstaltet, in dessen Rahmen die Schlacht mit Kostümen, Material und Tieren nachgestellt wird. Am Rande dieser Show, die von bis zu 100 000 Menschen besucht wird, trifft man sich bei Wodka und Bier, Schaschlik und Hamburger zu einer ausgelassenen Party. Fast gerät die Grausamkeit des Krieges und das Andenken an die Opfer dabei ein wenig in Vergessenheit.

Borodino wird auch als »Heiliger Ort für Russlands Kriegshelden« bezeichnet und wurde in Tolstois Roman *Krieg und Frieden*, in Theodor Fontanes Roman *Vor dem Sturm* verewigt. Es fand Eingang in die Werke von Puschkin und Tschaikowsky und wurde 1912 von Franz Roubaud in einem eindrucksvollen Gemälde festgehalten.

SCHLACHTENGEMÄLDE

Nicht zufällig befindet sich das *Panorama-Museum der Schlacht von Borodino* in Moskau an der breiten Ausfallstraße Richtung Westen, dem Kutusow-Prospekt, unweit des Triumphbogens, der ebenfalls Marschall Kutusow und dem Sieg im Vaterländischen Krieg geweiht ist. Außer dem Rundbau des Museums befinden sich auf dem Gelände die aus dem Jahr 1912 stammende Kapelle des Heiligen Michael sowie ein 1973 angefertigtes Denkmal für die Helden des Vaterländischen Krieges. Aber das Hauptaugenmerk richtet sich auf den 1962 geschaffenen Rundbau mit dem riesigen Panoramagemälde des Malers Franz Roubaud aus dem Jahr 1912. Im Inneren des Gebäudes wird der Besucher von einer zentralen Plattform aus wie ein Augenzeuge in die Kampfhandlungen des 7. September 1812 versetzt. Das nachgebildete Gelände des Schlachtfeldes, angefüllt mit zerstörtem Kriegsgerät, geht in die riesige bemalte Leinwand über und vermittelt so einen plastischen 360-Grad-Rundblick auf das Geschehen dieses denkwürdigen Tages.

WEITERE INFORMATIONEN

Panorama-Museum der Schlacht von Borodino 1812; Kutusowski-Prospekt 38, Moskau. www.1812panorama.ru (nur auf Russisch).

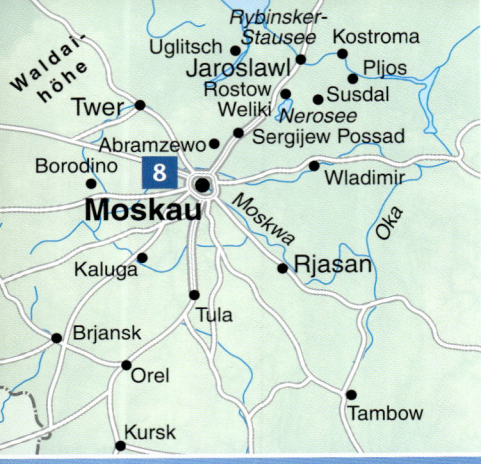

Moskau und Umgebung

8 Zaryzino, Kuskowo und Abramzewo

Landsitze für Zaren und Künstler

In drei Ortschaften unweit von Moskau wurden drei ländliche Residenzen für verschiedene Schichten der russischen Gesellschaft errichtet: Zaryzino war die (unvollendete) Residenz der Zarin Katharina II., Kuskowo der klassizistische Herrensitz der Sheremetjews, und Abramzewo galt als Moskaus ländliches Pendant für die Großen der russischen Kunst, Musik und Literatur des 19. Jahrhunderts.

Alle drei Orte liegen in ländlicher Umgebung nahe bei der Hauptstadt: Zaryzino befindet sich etwas südlich an der Moskwa, unweit der Hauptstraße zum Flughafen Domodedowo und nach Rjasan, Kuskuwo im Osten der Hauptstadt, und Abramzewo etwa 60 Kilometer nördlich von Moskau.

Die unvollendete Residenz der Zaren

Bereits Peter I. entspannte sich in Zaryzino auf einer einfachen Residenz. Auch Zarin Katharina II. hatte eine Vorliebe für diesen Ort. Hier wollte sie als einfache Gutsbesitzerin leben, abseits der Staatsgeschäfte. Sie hatte mit dem wunderschön gelegenen Anwesen große Pläne und beauftragte 1776 den Architekten Baschenow mit der Umgestaltung zu einer gotisch geprägten Zarenresidenz. Baschenow vergriff sich jedoch im Stil und baute eine verspielte Gartenanlage mit Pavillons, Brücken, Toren und sogar einem Opernhaus im Rokokostil. Er fiel in Ungnade, ein neuer Baumeister sollte das Werk vollenden, doch der Tod der Zarin 1796 stoppte das Vorhaben. Die Anlage verfiel, und erst nach 1980 wurde Zaryzino vollendet. Heute ist dies ein lohnenswertes Ziel für Ausflüge; das Schloss kann besichtigt werden, es gibt auch ein kleines Café. Spaziergänge durch die ausladende, gepflegte Parkanlage sind bei den Moskauern besonders im Sommer sehr beliebt.

Der klassizistische Herrensitz

Eine der reichsten Familien Russlands, die des Grafen Sheremetjew, ließ sich in Kuskowo 1749 einen Herrensitz errichten. Schon bald nach der Vollendung der Sommerresidenz sprach man vom »Moskauer Versailles«. Damit gemeint waren der Prunk der Ausstattung des Schlosses und die Parkanlagen, die streng nach französischem Vorbild geschaffen wurden. Eingebettet darin stehen das Holländische Häuschen mit einer Keramiksammlung, das Italienische Häuschen, die Orangerie mit einer Porzellansammlung, die Eremitage, die Menagerie sowie eine künstliche Grotte. Das Schloss

Aus Ruinen wiedererstanden ist die Sommerresidenz von Katharina II. in Zaryzino (oben). Im Herrensitz des Grafen Sheremetjew in Kuskowo, wird der Ballsaal von diesem grandiosen Deckengemälde geschmückt (unten). Prunkvolle Säle mit feinstem Interieur, das ist Kuskowo (rechts unten). Holzhaus in der Künstlerkolonie Abramzewo (rechts oben).

Zaryzino, Kuskowo und Abramzewo

ist nach russischer Tradition aus Holz errichtet, es bot auf seiner Terrasse und drinnen bis zu 25 000 Personen Platz – für die berühmten Bälle und rauschenden Feste der Sheremetjews. Bekannt waren auch die Bühnen- und Musikdarbietungen, aufgeführt von einer Theatertruppe aus 170 Leibeigenen des Grafen.

Die Künstlerkolonie

Auf dem Weg von Moskau nach Sergijew Possad liegt das Künstlerdorf Abramzewo. An einem See, idyllisch in die Hügellandschaft eingebettet, entstand um 1840 das Landgut des Schriftstellers Sergei T. Aksakow (1791–1859). Er zog mit seiner Frau und elf Kindern ein, und schon bald entwickelte sich hier ein reges Künstlerleben, mit Gästen wie Gogol und Turgenjew. Unter dem reichen Kaufmann Sawwa I. Mamontow (1841 bis 1918), der das Anwesen 1870 erwarb, entstand eine Künstlerkolonie mit malerischen Holzhäusern um den See herum. Gäste und Bewohner waren z. B. die Maler Repin, Polenow, Nesterow und Wasnezow und der berühmte Sänger Schaljapin – ein erlesener Kreis liberal und demokratisch gesinnter Intellektueller, die sich als Gegenpol zur Petersburger Akademie sahen und durch den Mäzen Mamontow unterstützt wurden. Heute ist ganz Abramzewo ein großes, lebendiges Museum. Viele der beschnitzten Holzhäuser (gebaut zwischen 1870 und 1985) tragen Merkmale des altslawischen Stils mit seiner soliden Holzkonstruktion. Sie beherbergen historische Möbel, Tonskulpturen und Kunsthandwerk sowie persönliche Gegenstände der Besitzer. Nach einem russischen Volksmärchen baute man hier auch die Hütte der Hexe »Baba Yaga« nach. Das auf einem »Hühnerbein« stehende Häuschen ist das originellste Gebäude in Abramzewo.

HERRENSITZ ARCHANGELSKOJE

Der Herrensitz Archangelskoje 20 Kilometer westlich des Stadtzentrums ist einer der prächtigsten Landsitze in der Umgebung Moskaus. Schloss und Parkanlagen entstanden zwischen 1780 und 1818 und sind ein typisches Beispiel für eine russische »Usadba«. Das Gut (Usadba) besteht aus einem Schloss, Wohnbauten, Wirtschaftsgebäuden, umgeben von kunstvoll gestalteten Park- und Gartenanlagen mit Pavillons und Teehäuschen, dem »Leibeigenentheater«, einer Kirche sowie dem Grabmal des Fürsten Jussupow, dem Besitzer von Archangelskoje. Der Fürst erwarb es 1810 und ließ es von italienischen, französischen und russischen Architekten künstlerisch vollenden. Sehenswert ist auch das Schloss, mit Bibliothek, dem Tiepolo-Saal und reicher Ausstattung an Gemälden und Skulpturen. Im Sommer erwarten den Besucher u. a. Jazz-Festivals, Theateraufführungen und klassische Konzerte im Park.

WEITERE INFORMATIONEN

Telefon: +7-495-3631375. Park täglich geöffnet, Museum Mo./Di. Ruhetag. Zu erreichen: mit Metro, violette Linie, Richtung Planernaja, bis Tuschinskaja, dann mit Marschrutnoje Taxi (Linientaxi) bis Haltestelle Sanatorii Iljinskoje Schosse.
www.arkhangelskoe.ru/info

Moskau und Umgebung

9 Sergijew Possad

Zentrum der russisch-orthodoxen Kirche

Sergijew Possad verkörpert wie keine andere Stadt die tiefe russische Frömmigkeit. Mit seinen weithin sichtbaren goldenen und blauen Kuppeln ist das Dreifaltigkeits-Kloster seit Jahrhunderten Anziehungspunkt für Pilger. Heute gesellen sich eine Vielzahl Touristen aus dem In- und Ausland dazu und bestimmen das äußerliche Bild der »Lavra«. Seit 1993 ist das Kloster UNESCO-Welterbestätte.

Die Klosteranlage wurde um 1340 vom Mönch (und späteren Abt) Sergius von Radonesh im dichten Wald als Einsiedelei gegründet. Bald folgten ihm andere Eremiten, und es entstand eine ansehnliche Klostergemeinde, die zu einem Gemeinschaftskloster reformiert wurde.

Patriarchensitz und Pilgerziel

Während der Besetzung durch die Tataren wurde das Kloster zum geistigen und kulturellen Zentrum der Rus, hier waren Buchillustratoren, Missionare und Künstler wie der berühmteste Ikonenmaler Russlands, Andrej Rubljow (1360–1430) tätig, der hier die berühmte Ikone der Dreifaltigkeit und zahlreiche Fresken schuf. Der Abt Sergius war ein anerkannter Kirchengelehrter und nutzte seine geistliche Autorität auch für politische Zwecke, so für die Einigung der Rus unter Moskaus Führung. Der Abt segnete Großfürst Dmitri Donskoi (1330–1389), bevor dieser gegen die Mongolen ins Feld zog. Der Sieg war auf seiner Seite, die Abtei wurde reich beschenkt und stieg in der Gunst der Herrscher. 1392 starb Sergius, und bereits 1422 wurde er heiliggesprochen, und im Jahr 1423 ließ sein Nachfolger, Abt Nikon, über seinem Grab die Dreifaltigkeits-Kathedrale errichten.

Zu Beginn des 17. Jahrhunderts standen 30000 polnische und litauische Soldaten vor den Toren des Possad. Das Kloster

Auch orthodoxe Mönche gehen mit der Zeit (oben). Stelldichein vor dem Refektorium des Klosters (unten). Großer Andrang am heiligen Brunnen des Klosters (rechts unten). Durch das Heilige Tor strömen die Besucher in die Lawra (rechte Seite unten). Matrjoschkas und anderes Spielzeug aus der Stadt verkaufen sich gut vor dem Kloster (rechte Seite oben).

Sergijew Possad

hielt der Belagerung dank seiner mutigen Besatzung und mächtigen Bollwerke 16 Monate stand und wurde dadurch zum Symbol des nationalen Widerstands. Geschickte politische Schachzüge der Äbte, wie das zweimalige Gewähren von Schutz und Unterschlupf für den jungen Zaren Peter I., 1682 und 1689, führten zu großen Gesten der Dankbarkeit des Herrschers. Im 18. Jahrhundert bekam das Heiligtum nicht nur den Ehrentitel »Lavra« als eines der wichtigsten Klöster in Russland, es verfügte neben dem Zaren über die größten Besitztümer im Lande: 120000 Leibeigene auf 17000 Bauernhöfen in 2700 Siedlungen.

Bis zur Oktoberrevolution kamen jährlich Zehntausende Pilger ans Grab des Heiligen Sergius. 1920 wurde das Kloster jedoch geschlossen und sein Besitz verstaatlicht. Der tiefe Glaube des russischen Volkes und eine Zuwendung zur Kirche unter Stalin, als die deutschen Truppen vor Moskau standen, führte bereits während des Zweiten Weltkrieges zur Wiedereröffnung. Schnell wurde Sagorsk, wie die Stadt von 1930 bis 1991 hieß, wieder das Zentrum der russisch-orthodoxen Kirche, mit Priesterseminar und dem Sitz des Patriarchen (bis 1988).

Die Bauten des Dreifaltigkeits-Klosters

Der Besucher betritt die Anlage durch das Heilige Tor und die angrenzende Torkirche Johannes des Täufers (1692–1699). Der Blick verharrt an der 1559–1585 erbauten Mariä-Entschlafens-Kathedrale mit ihren Kuppeln, dem Wahrzeichen von Sergijew Possad. Unmittelbar dahinter befinden sich das Grab des Zaren Boris Godunow und seiner Familie sowie die Brunnenkapelle mit dem Klosterbrunnen, aus dem Gläubige das heilige Wasser für Heilzwecke schöpfen. Links stehen die Heilig-Geist Kirche, die Dreifaltigkeits-Kathedrale sowie die Nikon-Kapelle. Daran schließen sich das Refektorium und der Metropoliten-Palast an.

Führt man den Rundgang im Uhrzeigersinn fort, gelangt man zur Schatzkammer und zum Museum (mit Ikonen, Stickereien, Trachten, Gold- und Silberschmiedearbeiten), zum Spital und zur Kirche der Gottesmutter von Smolensk (1746 bis 1748). Der 88 Meter hohe Glockenturm, der höchste Russlands, überragt den gesamten Komplex. An der Nordseite befinden sich der Zarenpalast und die Klosterschule. Umkränzt wird die Lavra von einer 1400 Meter langen und bis zu 15 Meter hohen, weißen Festungsmauer mit elf Wehrtürmen.

DIE SPIELZEUGSTADT

Die Stadt mit 110000 Einwohnern lebt gut vom Tourismus, der Leichtindustrie und der Spielzeugherstellung. Das Spielzeugmuseum Sergijew Possad wurde 1918 von einem Sammler gegründet und zeigt interessante Exponate zur Geschichte der Spielzeugherstellung und Holzschnitzerei aus der Umgebung und verschiedenen Regionen Russlands.

Präsentiert werden Spielzeuge, die ihren Ursprung in Sibirien haben, wie die beliebten Tonpfeifen, die zumeist die Form von Tieren oder lustigen Bauernfiguren haben. Das klassische Holzspielzeug nimmt einen bedeutenden Platz in der Sammlung ein, gibt es doch in Sergijew Possad zwei große Fabriken für Holzspielzeug. Zu sehen sind das klassische Holzpferd, Bauer und Bäuerin, Hahn und Henne, andere Tierfiguren, Vögel und natürlich Matrjoschkas. Die dicken »Großmutterfiguren« mit ihren vielen »kleinen Kindern«, die ineinanderstecken, sind heute in der ganzen Welt als beliebtestes Russland-Souvenir bekannt, ursprünglich aber ein typisch russisches Kinderspielzeug.

WEITERE INFORMATIONEN

Spielzeugmuseum: Prospekt Krasnoj Armii 123 in Sergijew Possad, Tel. +7/496/44101.

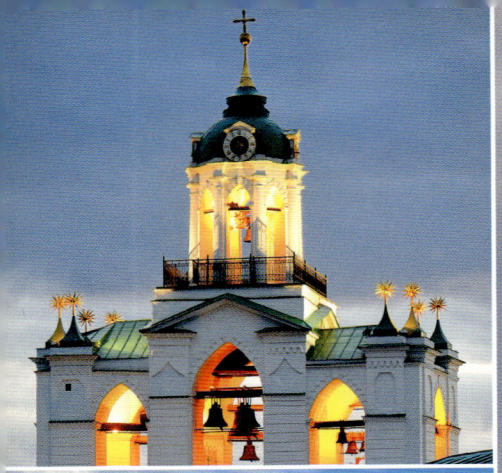

Der Glockenturm der Johannes-Chrysostomos-Kirche in Jaroslawl (oben). Hochzeitsbrauch in Susdal: die Braut über die Brücke tragen (Mitte). Die Demetrius-Kirche strahlend schön in Uglitsch (unten). Jaroslawl, Blick über den Kotorosl-Fluss zum Stadtteil Korowniki mit Glockenturm und Kirche der Gottesmutter von Wladimir (rechts).

Der Goldene Ring

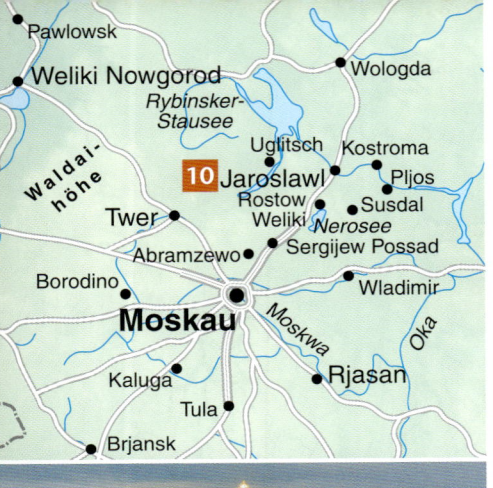

Der Goldene Ring

10 Jaroslawl

Juwel am Wolgastrand

Jaroslawl, die mit über einer halben Million Einwohnern größte Stadt am Goldenen Ring, ist eine der schönsten und ältesten Ortschaften Russlands. 2005 wurde die Altstadt in die Weltkulturerbeliste der UNESCO aufgenommen, und 2010 feierte die Stadt ihr 1000-jähriges Bestehen. Sie gehört zum festen Programmpunkt der Wolgaschiffsreisen und ist eines der beliebtesten Touristenziele in Russland.

Steigt man in Moskau am Jaroslawler Bahnhof in den Zug der Transsibirischen Eisenbahn, kommt man nach genau 282 Kilometern in Jaroslawl an. Die Eisenbahn gibt es hier seit 1870, heute ist der Hauptbahnhof wichtiger Haltepunkt für alle Züge der »Transsib«.

Die Stadt und ihre 1000-jährige Geschichte

Weit älter als die Eisenbahn ist die Geschichte der Stadt, die im Jahr 1010 gegründet wurde. Doch bereits vorher gab es in dieser Gegend Siedlungen finno-ugrischer Stämme, die durch Zuwanderung von Slawen aus der Kiewer Rusj, zunächst noch Heiden, assimiliert wurden. Als Lebensgrundlage der Zuwanderer dienten die Wälder mit ihrem Holz und Wild sowie die Flüsse und Seen mit ihrem Fischreichtum.

Die Gründung Jaroslawls schließlich geht auf eine Legende zurück, nach der im Jahr 1010 der Kiewer Fürst Jaroslaw der Weise zu der Stelle kam, wo die Kotorosl in die Wolga mündet. Dort, wo der Fürst einen Bären tötete, wurde auf seinen Befehl hin eine Festung errichtet. Priester kamen, tauften das Volk, es entstanden erste hölzerne Kirchen- und Klosterbauten. Festung und Siedlung bekamen den Namen des Fürsten: Jaroslawl.

Von hier aus konnte man die Warentransporte auf Wolga und Kotorosl kontrollieren, außerdem befand sich in Rostow Weliki am Oberlauf des Kotorosl die Residenz des Fürsten. Neben der hölzernen Festung entstand im frühen 13. Jahrhun-

---

Weithin sichtbar: die goldenen Kuppeln der Christi-Verklärungs-Stadtkirche (oben). Auf der »Strjelka«, einer Landzunge zwischen Kotorosl und Wolga, steht der Ostrowski-Pavillon (unten). Wie eine Festung wirken die Mauern des Christi-Verklärungs-Klosters (rechts unten). Interessante Reflexionen der Prophet-Elias-Kirche (rechte Seite unten). Handelsreihen (rechts oben).

Jaroslawl

dert das Christi-Verklärungs-Kloster. Im gleichen Jahrhundert kam es durch Erbteilung zur Gründung des Fürstentums Jaroslawl. Einer kurzen Blütezeit folgten verheerende Feuersbrünste, und ab 1257 fielen regelmäßig mongolische Reiterarmeen der Golden Horde in die Stadt ein, plünderten und zerstörten sie. Viele Einwohner wurden getötet, unter ihnen auch Fürst Konstantin, der jüngste Sohn von Jaroslawl.
1463 fielen Stadt und Fürstentum an das Großfürstentum Moskau, das von nun an den Lauf der russischen Geschichte bestimmen sollte. Mit Beginn des 16. Jahrhunderts begann in Jaroslawl nach mehreren Stadtbränden der Bau steinerner Kirchen, Klöster und Festungsanlagen. Die Stadt kam durch den florierenden Handel auf der Wolga zu Wohlstand, war wichtiger Handelshafen mit Niederlassungen deutscher und englischer Kaufleute. Unter Zar Iwan IV., dem Schrecklichen, blühte die Stadt weiter auf. Nach Belagerung und Plünderungen durch polnisch-litauische Eroberer setzte im 17. Jahrhundert eine neue wirtschaftliche Blüte ein, denn durch die Stadt führte nun auch der neue Handelsweg von Sibirien nach Moskau. Handel und Handwerk florierten, Lederwaren, Silberschmuck, Stoffe, Kosmetik und Parfüms aus Jaroslawl waren im ganzen Land gefragt.

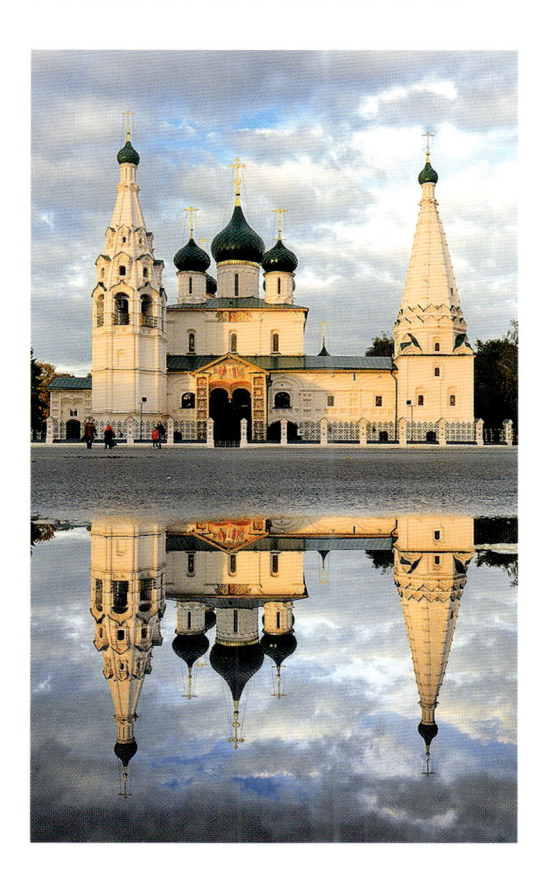

Die Altstadt von Jaroslawl

Vom Fürsten und Kaufleuten finanziert entstand ein einzigartiges Ensemble russischer Baukunst, mit dem Erlöser-Kloster, dem heiligem Tor, dem Refektorium sowie dem Haus des Abtes und der Kirche des Refektoriums. In der Nähe stehen auch die Christi-Verklärungs-Kathedrale von 1516, die älteste Kirche in Jaroslawl, und die Erzengel-Michael-Kirche. Von Kirchenbaukunst in höchster Vollendung zeugt die Prophet-Elija-Kirche am gleichnamigen Platz, eine der schönsten Kirchen Russlands. Nahebei findet man auch das ehemalige Haus des Gouverneurs, heute Kunstmuseum der Stadt, sowie die Christi-Geburts-Kirche. Finanziert wurden all diese Bauten von vermögenden Handwerkern und von Kaufleuten, die am Pelz-, Schmuck- und Brillantenhandel gut verdienten. Im Metropolitenpalast befindet sich heute die Sammlung altrussischer Malerei mit wertvollen Ikonen der Jaroslawler Malschule. Sehenswert sind auch der Arsenalturm am Wolgakai, die Handelsreihen und der Kaufhof.

SPAZIERGANG VOM STADTZENTRUM NACH KOROWNIKI

Zwischen dem Christi-Erlöser-Kloster und der gegenüberliegenden, aus dunkelrotem Backstein errichteten Kirche der Erscheinung Christi führt die Brücke über den Kotorosl nach Korwoniki. Bereits von der Brücke bieten sich malerische Bilder von der Altstadt als auch der Vorstadt der Handwerker und Gerber, die auf dieser Seite des Flusses ihre Werkstätten und Geschäfte hatten und sich imposante Kirchenbauten leisten konnten.
Von der Brücke führt nach links ein gemütlicher Spazierweg am Kotorosl-Ufer entlang, mit Ausblicken auf Jaroslawl und die Flussmündung in die Wolga. Nach ca. 500 Metern zeigt sich die Johannes-Chrysostomos-Kirche (1649-1654) mit ihren fünf Kuppeln und dem typischen Zeltdach. Durch das Heilige Tor ist diese Kirche mit dem benachbarten Gotteshaus, der Kirche der Heiligen Mutter Gottes von Wladimir verbunden. Beide Kirchen werden überragt von dem eleganten Glockenturm. Dieser misst 37 Meter und wird im Volksmund als die »Jaroslawler Kerze« bezeichnet.

WEITERE INFORMATIONEN

Jartur-Info, ul. Swobody 24, Jaroslwal, Tel.: +7-4852-301763. www.adm.yar.ru

Der Goldene Ring

11 Susdal

Hauptstadt des Goldenen Ringes

Das etwa 220 Kilometer nordöstlich von Moskau gelegene Susdal (ca. 11000 Einwohner) ist vielleicht die typischste aller russischen Kleinstädte. Es gehört zu den ältesten Städten des Landes, und wegen der fehlenden Industrie und weil sie abseits großer Hauptverkehrsadern liegt, konnte sie ihr historisches Stadtbild großenteils erhalten.

Die Besiedlung begann hier bereits im 9. Jahrhundert durch finnougrische Stämme, im 10. Jahrhundert folgten slawische Siedler aus Smolensk. Erstmals urkundlich erwähnt wurde Susdal im Jahr 1024 in der »Laurentius-Chronik«, es wird dort neben Rostow Weliki als bedeutendes Handelszentrum der Rus genannt.

»Stadt der Herrgottsmaler«

Bereits zu Beginn des 12. Jahrhunderts stand auf dem Hügel oberhalb des Flüsschens Kamenka der Kreml, eine Festung. Im Jahr 1152 wird Susdal unter Fürst Jurij Dolgorukij (1090–1157), dem späteren Gründer Moskaus, zur Hauptstadt des Fürstentums. Ein halbes Jahrhundert später wurde die Hauptstadt durch Dolgorukijs Sohn Andrei Bogoljubskij (1111–1174) nach Wladimir verlegt, was aber die Bedeutung Susdals als Handelszentrum nicht beeinträchtigte.

Eine Zäsur erfuhr dies jedoch 1238, als das gesamte Fürstentum Susdal-Wladimir vom Anführer der Goldenen Horde, Batu Khan (1205–1255), erobert, geplündert und zerstört wurde. Um den Machtansprüchen Moskaus zu trotzen, vereinigten sich die Susdaler mit Nishnij Nowgorod Mitte des 14. Jahrhunderts, aber bereits 1392 wurde es von Moskau unterworfen.

Politisch war Susdal zur Bedeutungslosigkeit verdammt, aber es blieb Bischofssitz und entwickelte sich zu einem bedeutenden geistlich-religiösen Zentrum. So blieb es auch unter dem Schutz und Wohlwollen der Zaren, und so entstanden bis ins 17. Jahrhundert Klöster, Kirchen, Wohngebäude und Paläste aus Stein, die dieser Perle altrussischer Architektur ihr Gepräge gaben. Viele Baumeister und Handwerker zog es in die Stadt, und es entstand in Verbindung mit dem Kirchenbau eine eigene Schule der Ikonenmalerei. Susdal war fortan die »Stadt der Hergottsmaler«.

Die Industrialisierung Russlands wie auch der Eisenbahnbau machten um Susdal einen Bogen. Bis heute gibt es kaum Industrie in der Stadt, und eine Bahnstrecke wurde nie gebaut.

Vielmehr entwickelte sich Susdal im 19. und bis ins 20. Jahrhundert hinein weiter

Blick auf die Mariä-Geburts-Kathedrale auf dem Kremlgelände (oben). Das Holzhaus in Susdal mit filigranen Schnitzereien vom Fußboden bis zum Dach ist typisch für die kleinen Orte am Goldenen Ring (unten). Malerisch liegen das Kloster der Gewandniederlegung Mariä und die kleine Lazarus-Kirche (rechts unten).

Susdal

zum religiösen Zentrum und zur Pilgerstätte der russisch-orthodoxen Kirche. Auch 70 Jahre kommunistische Herrschaft konnten das nur bedingt ändern oder aufhalten. In der Stadt und Umgebung gab es gegen Ende des Zweiten Weltkrieges zahlreiche Kriegsgefangenenlager und Gefängnisse des Gulag. So waren u. a. unmittelbar nach der Kapitulation in Stalingrad Generalfeldmarschall Paulus und seine Generäle in dem zum Gefängnis umgewandelten Erlöser-Jewfimi-Kloster in Susdal für einige Monate interniert. Nach dem Krieg wurde Susdal offiziell zur Hauptstadt des Goldenen Ringes erklärt.

Ein Spaziergang durch Susdal

Vom ehemaligen Kreml ist außer ein paar Erdwällen nichts übrig geblieben – aber dafür die erste Steinkirche von Susdal, die Muttergottes-Geburts-Kathedrale (1222–1225) mit ihren weithin leuchtenden blauen Kuppeln sowie der Glockenturm von 1635 und das erzbischöfliche Palais, in dem sich heute u. a. ein Museum altrussischer Ikonenmalerei befindet.

Nett anzuschauen ist die Nikolaus-Kirche, eine Holzkirche, die 1960 aus dem Nachbardorf Glotowo nach Susdal gebracht und wieder aufgebaut wurde. In der Possad, der Vorstadt, stehen mehrere Kirchen aus der Zeit um 1720. Den Handelsplatz mit weiß getünchten Häuserreihen dominiert die Christi-Auferstehungs-Kirche, 1720 als Hauptkirche der Stadt errichtet. Folgt man der Uliza Lenina (Leninstraße), der Hauptstraße durch den malerischen Ort, passiert man zunächst wieder mehrere Kirchen sowie das Erlöser-Euthymios-Kloster, mit seiner Wehrmauer samt Wehrtürmen der architektonische Höhepunkt des Spaziergangs. Vom Vorplatz des Klosters überblickt man das schöne Tal der Kamenka.

IM RESTAURANT TRAPESNAJA IM KREML

Unbedingt lohnend ist eine Rast im Restaurant Trapesnaja im erzbischöflichen Palais. Das Lokal erinnert an den Speisesaal eines mittelalterlichen Klosters. Die Küche birgt viele russische Köstlichkeiten wie Borschtsch (mit Roten Rüben), Schtschij (Weißkohlsuppe), Ucha (Fischsuppe) oder Okroschka (kalte Gurkensuppe mit Dill und Joghurt), Schuljen, eine Art Ragout fin von Pilzen oder Geflügel, köstliche Salate wie Seljodka pod Schuboij mit Hering, Roten Beeten, Kartoffeln und Majonaise, typisch für die Gegend sind Fischgerichte mit Zander oder Hecht mit (russischen) Bratkartoffeln und sauer eingemachtem Gemüse. Zu empfehlende Nachspeisen sind Pfannkuchen mit hausgemachter Marmelade und Honig oder frischer Hefekuchen mit Blaubeeren. Zur Verdauung den Wodka nicht vergessen, 50 Gramm »Wladimirskaja«! Unbedingt probieren sollte man auch den regionalen Honigwein (»Mjedowucha«). Ebenso empfehlenswert ist Moosbeerensaft (Mors), Kwas oder Moosbeerenlikör (Klukwa) – alles hausgemacht! Na sdarowje!

WEITERE INFORMATIONEN

Restaurant Trapesnaja, ul. Kremljowskaja 20, Susdal, Tel. +7-49231-21763.

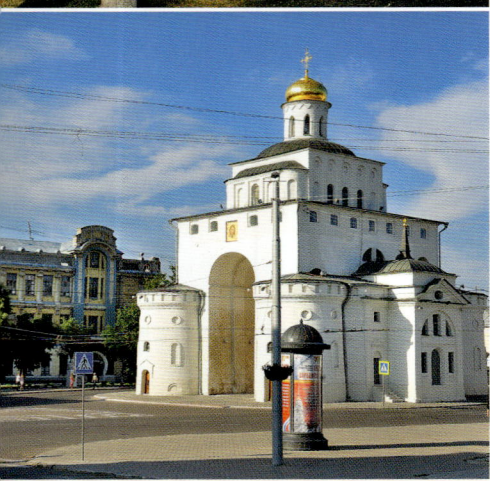

Der Goldene Ring

12 Wladimir

Stadt in Gegenwart und Vergangenheit

Heute ist Wladimir, rund 200 Kilometer östlich von Moskau, eine quirlige, typisch russische Provinzstadt, der 70 Jahre Sozialismus ihren Stempel aufgedrückt haben. Die über 300 000 Einwohner zählende Stadt profitiert von ihrer Lage am Goldenen Ring und lebt gut vom Tourismus. Im alten Zentrum glänzen die goldenen Kuppeln und Türme der Kirchen, die nach wie vor die Stadtsilhouette bestimmen.

Die Stadt liegt an der wichtigen Fernstraße M-7 von Moskau in den Ural und nach Sibirien. Mit dem Zug ist Wladimir gut erreichbar, von Moskau aus dauert die Fahrt gut zwei Stunden. Das Stadtbild heute ist geprägt von einer Mischung aus stalinistischer Architektur der 1950er- und 1960er-Jahre, in den Vororten dominieren die typischen Plattenbauten der 1970er- und 1980er-Jahre.

Die Goldene Zeit ...

Wladimir besitzt gleich zwei Gründungsjahre: Laut der Hypatiuschronik wurde es im Jahr 990 durch den Kiewer Fürsten Wladimir Swjatoslawitsch gegründet, die zweite Gründung erfolgte 1108 durch den Fürsten von Tschernigow, Wladimir II. Monomach (1053–1125). Die an dem Flüsschen Kljasma errichtete Festung diente hauptsächlich handelspolitischen Interessen, die nahe Wolga war schnell und nun auch sicher zu erreichen. Der Enkel Monomachs, Andrei Bogojubskij verlegte 1157 seinen Fürstensitz von Susdal-Rostow nach Wladimir mit dem Ziel, seine Macht gegenüber Kiew einerseits und den Bojaren von Rostow und Susdal andererseits zu behaupten und auszubauen. Sichtbarer Beweis dafür war die Errichtung einer starken Befestigung rund um die Stadt, gekrönt durch das aus Stein gebaute Goldene Tor mit einer Kirche und goldener Kuppel. Damit wollte der Fürst sich und sein Bauwerk einreihen in die Geschichte von Konstantinopel und Kiew mit ihren goldenen Toren. In dieser Zeit holte der Herrscher die besten Baumeister aus Russland und dem Ausland nach Wladimir, um Kathedralen, Klöster, Kirchen und Paläste in seiner Hauptstadt zu bauen. 1155 ließ er aus einem Kloster bei Kiew eine berühmte Ikone »entführen«: die später von allen Russen angebetete »Gottesmutter von Wladimir«.

Das Erblühen der Stadt geriet ins Stocken, als 1238 die Mongolen Wladimir und das umliegende Land eroberten. Doch durch die ausgleichende Politik des

Blick auf die Umgebung von Wladimir vom Puschkin Park aus (oben). Das Goldene Tor von Wladimir, in dem sich auch die Torkirche der Gewandniederlegung Mariä befindet (unten). Auf einem Hügel über dem Kljasma Fluss überragt die Mariä-Himmelfahrts- (Entschlafens) Kathedrale in ihrer majestätischen Schönheit die Stadt (rechts unten).

Wladimir

Alexander Newskij (1220–1263), dem späteren Großfürsten von Wladimir, konnte sich das Großfürstentum weiter politisch und wirtschaftlich entwickeln und erstarken. Der Metropolit verlegte seinen Sitz 1299 von Kiew nach Wladimir, und die Stadt erlebte zwischen 1252 und 1364 ein goldenes Jahrhundert, bis Wladimir an das aufstrebende Großfürstentum Moskau fiel.

… und das Goldene Tor

Vom Westen her ist das Goldene Tor noch immer der Zugang in die innere Stadt und die Zitadelle. Das 1158–1164 aus Stein errichtete Bauwerk war zugleich ein heiliger Ort, gekrönt von der Torkirche der Gewandniederlegung Mariä mit ihrer goldenen Kuppel. Der Moskauer Straße folgend, erreicht man die Handelsreihen und das Gebäude der ehemaligen Stadtduma (Parlament), gefolgt vom Gebäude der ehemaligen Adelsversammlung und dem Kunsthistorischen Museum. In einem sanft ansteigenden Park in der Nähe überragt die Mariä-Entschlafens-Kathedrale alle Bauten. Sie wurde 1158–1160 im Auftrag des Herrschers, Andrei Bogoljubskij, errichtet mit dem Ziel, eine Nachfolgekirche für die Kiewer Sophien-Kathedrale zu schaffen und sie zur Hauptkirche der nordöstlichen Rus zu weihen. Sie wurde mit der Ikone der »Gottesmutter von Wladimir« geschmückt und später von den berühmten Ikonenmalern Andrej Rubljow und Daniil Tschornyj mit Fresken ausgemalt. Ein kurzer Weg ist es zur Hauptkirche des Fürstenhofes, der Demetrius-Kathedrale (1194–1197), die durch ihre genialen Proportionen und den einzigartigen Reliefschmuck schon von Weitem die Blicke auf sich zieht. Im Zentrum Wladimirs findet man außerdem die im Fürstinnenkloster stehende Mariä-Entschlafens-Kirche (16. Jh.), die Nikita-Kirche und die Kirche der Gottesmutter.

BOGOLJUBOWO UND DIE »NERLKIRCHE«

Zehn Kilometer nordöstlich von Wladimirs Zentrum thront auf einem Hügel die Fürstenresidenz Bogoljubowo (Gottesliebe), nach der ihr Gründer Andrei seinen Beinamen erhielt – der allerdings 1174 an dieser Stelle von Aufständischen ermordet wurde. Die Residenz steht unweit der Mündung des Nerl-Flusses in die Kljasma und diente u. a. der Kontrolle des Wasserweges zwischen Susdal und Wladimir. Heute befindet sich hier das Kloster Bogoljubowo mit einer fünfkuppeligen Kirche, die im pseudobyzantinischen Stil 1866 errichtet wurde. Nachdem man die Gleise der Eisenbahnstrecke Wladimir–Nishnij Nowgorod überquert hat, gelangt man durch eine märchenhafte Fluss- und Wiesenlandschaft zur Mariä-Schutz-Kirche am Nerl. Die 1165 in nur einem Sommer errichtete »Nerlkirche« ist für viele die schönste Kirche Russlands – wegen ihrer Harmonie mit der Umgebung aus sanften Hügeln mit Wiesen, dem sanft dahinfließenden Nerl, und einem Weiher unweit der Kirche.

WEITERE INFORMATIONEN

Kloster Bogoljubowo und Nerlkirche, Tel.: +7-4922-300534.
www.vladimir-russia.info;
Englisch: www.vldimir-city.ru/welcome

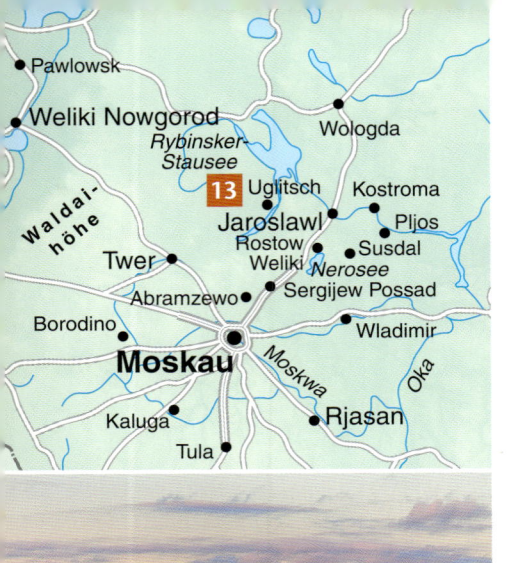

Der Goldene Ring

13 Uglitsch

Die Wolga und die Glocke

Die Stadt am Oberlauf der Wolga hat neben altrussischen Kirchen einige Besonderheiten, sodass sie sich von anderen am Goldenen Ring unterscheidet. Uglitsch liegt am Damm des Wolgastausees, es hat eine Glocke mit einer einzigartigen Geschichte, ein Wodka-Museum, ein Puppenmuseum und ein Gefängnismuseum. Die Stadt mit 35 000 Einwohnern liegt 200 Kilometer nördlich von Moskau.

Uglitsch ist heute geprägt durch den Stausee mit Kraftwerk, Schleuse und Staumauer aus den 1930er-Jahren. Es liegt dadurch am schiffbaren Wasserweg zwischen Sankt Petersburg und Moskau. Dank ihrer interessanten Sehenswürdigkeiten ist die Stadt fester Bestandteil der beliebten Wolgaschiffsreisen zwischen den beiden russischen Metropolen und wird alljährlich von Zehntausenden Touristen aus Russland und aller Welt besichtigt.

Die Stadt und ihre Glocke

Uglitsch wurde im Jahr 937 zum ersten Mal als Siedlungsort eines Warägerstammes urkundlich erwähnt. Im 13. Jahrhundert wurde die Stadt Sitz eines kleinen Fürstentums von vorerst regionaler Bedeutung, ab dem 14. Jahrhundert gehörte sie zum Fürstentum Moskau. Mitte des 15. Jahrhunderts war sie bereits ein bedeutendes Handelszentrum mit eigenem Münzrecht.

Uglitsch entwickelte sich schnell zu einem wirtschaftlichen, politischen und kulturellen Zentrum Russlands. Es war Metropole eines Teilfürstentums unter der Führung Moskaus, hier wurden eigene Chroniken geführt sowie Bücher geschrieben und vervielfältigt. Unter Fürst Andrei Bolschoi (der Große; 1462

Kreuzfahrtschiff in der Wolgaschleuse von Uglitsch (oben). Angler am Wolgaufer, im Hintergrund Uglitsch (unten). Einmal Prinzessin oder Bojarin sein, wenigstens fürs Foto (rechts unten). Die berühmte Glocke von Uglitsch, zurück nach 300 Jahren Verbannung in Sibirien (rechte Seite unten). Altes Reklameschild für Wodka, im Wodka-Museum (rechte Seite oben).

Uglitsch

bis 1491) gewann die Stadt weiter an Bedeutung. Unter seiner Führung wurde sie mit einer gut bewehrten Festung (Kreml) sowie ersten Kirchen- und Klosterbauten aus Stein ausgebaut.

Ab Mitte des 16. Jahrhunderts herrschte Iwan der IV. (der Schreckliche) als erster Zar über ganz Russland. Nach seinem Tod, 1584, kam seine Gemahlin Maria mit dem jüngsten Zarensohn, Dmitrij, nach Uglitsch. In Moskau herrschte zu dieser Zeit Zar Fjodor Iwanowitsch, unter dem starken Einfluss des Schwagers Boris Godunow.

Waren die Geschehnisse in Uglitsch ein Unfall oder ein Mord? Beim Spielen erlitt der kleine Zarewitsch einen epileptischen Anfall. Er stürzte dabei in ein Messer und verblutete. Die Uglitscher witterten Mord im Auftrag des Moskauer Despoten Boris Godunow, ließen von der Kremlglocke Sturm läuten und erschlugen die verhassten Moskauer Statthalter. Godunow rächte sich, indem er 200 Uglitscher Bürger enthaupten ließ, Die Glocke des Kreml wurde zur Strafe ausgepeitscht, den Klöppel, die »böse Zunge«, riss man ihr heraus, und schließlich verbannte man die Glocke für 300 Jahre nach Tobolsk in Sibirien. Dies geschah am 15.Mai 1591. Nach genau 300 Jahren kam die Glocke wieder in die Stadt Uglitsch zurück.

Mit Dmitrijs Tod erlosch die Dynastie der Rjurikiden in Russland. An seiner Todesstelle wurde 100 Jahre später, 1692, die Demetrius-Kirche »Dmitrij auf dem Blute« errichtet.

Daneben befindet sich der älteste Gebäudekomplex des Kreml von Uglitsch, die 1480 errichteten Zarengemächer, heute ein Museum, sowie unweit davon die Christi-Erlöser-Kathedrale von 1713. Daneben gibt es in der Stadt weitere Sakralbauten: das restaurierte Alexejewski-Frauen-Kloster, das Mariä-Schutz-und-Fürbitte-Kloster sowie die Kasaner Kirche.

Lohnenswert ist ein Blick auf die Wolgaschleuse von Uglitsch, einen typischen Stalinbau der 1930er-Jahre, durch den alle Schiffe auf der Wolgapassage elf Meter auf- oder abwärts geschleust werden. In der Stadt selbst gibt es interessante Museen wie das Kunstgewerbemuseum, das Puppenmuseum, ein Gefängnismuseum und das berühmte Wodkamuseum P.A. Smirnow. Ein Spaziergang durch die Straßen der Stadt mit zahlreichen gut erhaltenen Holzhäusern ist auch für Besucher immer ein Vergnügen.

DAS RUSSISCHE WÄSSERCHEN

Eines der interessantesten Museen in Uglitsch ist das Wodkamuseum. Es widmet sich zum einen Pjotr Arsenevich Smirnoff, der 1831 hier geboren wurde, und zum anderen dem Wodka. Im Museum kann man über 1000 Wodkasorten bestaunen, die in mehr als 100 Brennereien des Landes hergestellt werden. Wodka bedeutet »Wässerchen«, schon diese Verniedlichungsform spricht für die besondere Beziehung der Russen zu ihrem Lieblingsgetränk. Anhand zahlreicher Exponate und Dokumente wird die Geschichte der Branntweinherstellung seit Ende des 15. Jahrhunderts aufgezeigt. Pjotr Smirnoff entwickelte seine Technologie der »doppelten Destillation und des zehnfachen Filterns über Holzkohle« 1864, ließ diese patentieren und avancierte im Jahre 1886 zum Hoflieferanten des Zaren. Der Chemiker Mendelejew entwickelte 1894 das ideale Mischungsverhältnis von Wasser und Alkohol – so entstand der 40-prozentige Wodka »Moskovskaja Osobaja«. Das Patent gilt bis heute als Gesetz für den Alkoholgehalt des Wodkas: nicht mehr und nicht weniger als 40 Prozent!

WEITERE INFORMATIONEN

Wodkamuseum: ul. Berggolza 9
Tel. +7-48532-23558 oder 41319.
www.uglich.ru

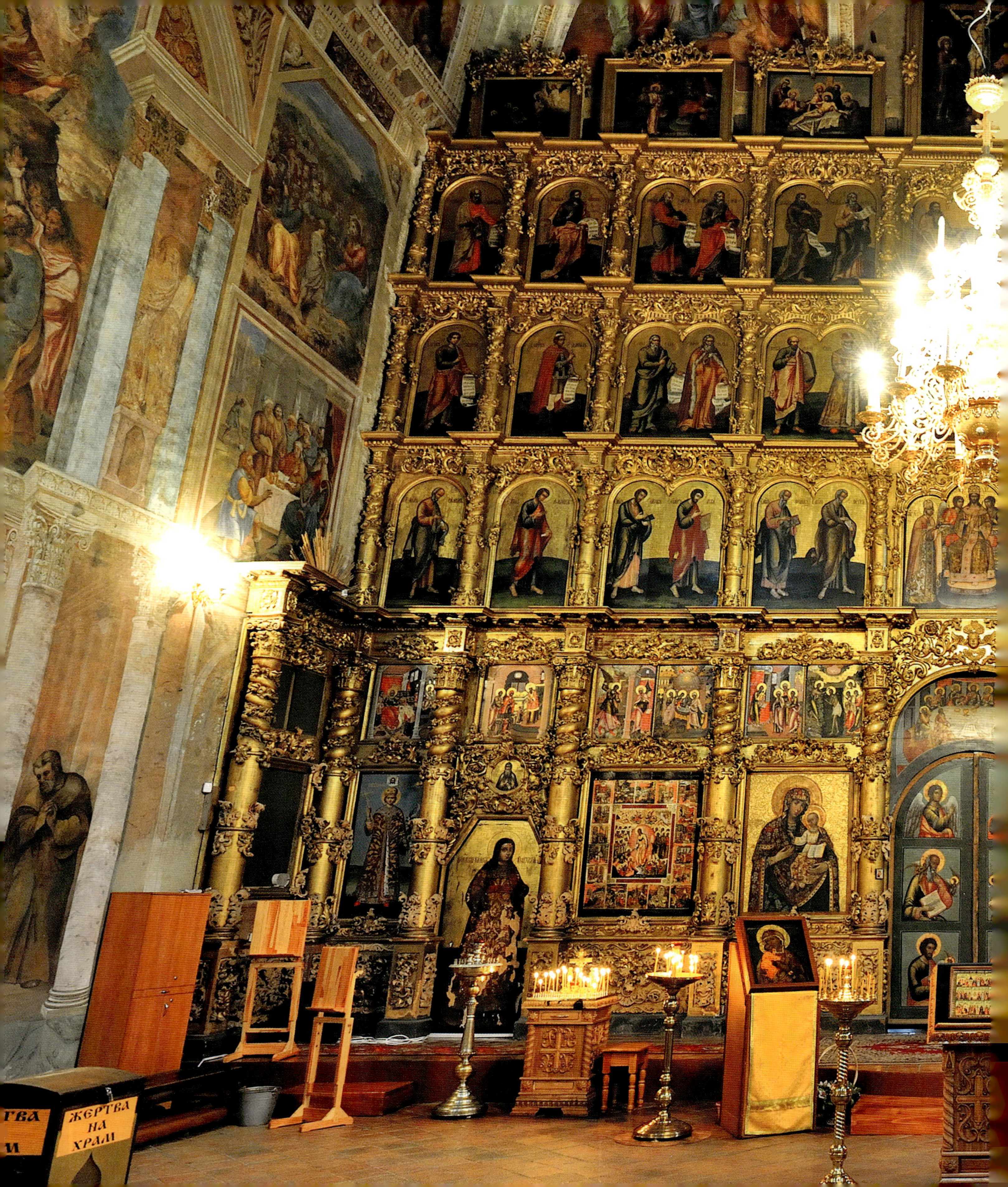
ЖЕРТВА
НА
ХРАМ

In der Erlöser-Verklärungs-Kathedrale von Uglitsch besticht der Innenraum durch großflächige Fresken mit Szenen aus dem Evangelium und eine monumentale Ikonenwand des Malers Timofej Medwedjew aus dem Jahre 1860. Die Kathedrale ist im Innern ohne tragende Pfeiler errichtet und verfügt über eine hervorragende Akustik.

Der Goldene Ring

14 Rostow Weliki

Stadt mit großem Beinamen

Rostow Weliki am Ufer des Nerosees ist mit seiner mehr als 1000-jährigen Geschichte eine der ältesten und zugleich beeindruckendsten Städte am Goldenen Ring. Nähert man sich der Stadt, kann man schon von Weitem die grandiose Kuppelsilhouette des Rostower Kreml und die zahlreichen Kirchtürme ausmachen.

Blick auf die Auferstehungs-Torkirche im Kreml (oben). Im Kostüm von Fürsten und Bojaren lässt es sich gut vor der Kamera posieren (unten). Gesamtansicht des Kreml: die Festung mit Wehrtürmen, Kathedralen und Palästen (rechte Seite unten). Blick über den Nerosee zum Erlöser-Jakob-Kloster (rechte Seite oben).

Rostow Weliki, Rostow das Große, trug diesen Beinamen offiziell bis ins 18. Jahrhundert. Die Stadt, nicht zu verwechseln mit der Millionenstadt Rostow am Don, wird auch als Rostow am Nerosee oder Rostow Jaroslawskij bezeichnet. Die gleichnamige Gebietshauptstadt befindet sich rund 60 Kilometer nordöstlich von Rostow.

Blüte im Mittelalter

In der Nestorchronik wird Rostow das erste Mal 862 erwähnt – damit ist es eine der ältesten russischen Ortschaften. Besiedelt war das Gebiet am Nerosee bereits vorher vom finnougrischen Stamm der Merjanen. Rostow ist über den Nerosee mit der nahen Wolga verbunden, was bereits im 9. Jahrhundert den Handel ankurbelte. 988 wurde Jaroslaw der Weise Fürst von Rostow, etwa zur gleichen Zeit begann die Christianisierung. Weitverbreitet war die Taufe der heidnischen Bevölkerung am Seeufer oder in Kähnen auf dem See.
Die Geschicke der Stadt wurden nicht nur vom Fürsten bestimmt, sondern auch von den einflussreichen Bojaren und ihrer Volksversammlung, der »Wetsche«, die sich von der freiheitlichen Verfassung der Stadt Nowgorod ableitete. Nach Ankäufen großer Ländereien ab dem 12. Jahrhundert erhielt die Stadt den Namenszusatz »Weliki« – »die Große«. Diesen Beinamen trug in der russischen Geschichte nur noch Nowgorod, die Handelsstadt am Ilmensee. Die Mongolenherrschaft hemmte die erfolgreiche wirtschaftliche und kulturelle Entwicklung von Rostow weniger als in anderen russischen Städten, und so erlebte das Fürstentum vom 13. bis Mitte des 15. Jahrhunderts eine ungeahnte Blütezeit. 1474 kam Rostow mit seinen Ländereien unter die Herrschaft von Iwan III., dem Großfürsten von Moskau – damit war es mit Selbstbestimmung durch die Bojaren vorbei. Politisch verlor die Stadt an Bedeutung, blieb jedoch als Erzbistum und Metropolitensitz ein wichtiger Ort in der Kirchenhierarchie. Diese besaß Tausende Hektar Land, mit den dazugehörigen Dörfern und Bewohnern. Auch durch den Handel kam die Stadt

Rostow Weliki

weiterhin zu beträchtlichem Reichtum, nur kurz unterbrochen durch die Einfälle und Plünderungen der polnisch-litauischen Heere zu Beginn des 17. Jahrhunderts. Allein durch den Kirchenbesitz hatte Rostow immense finanzielle Mittel für den Bau des Metropolitenhofes mit seinen Palästen und Kirchen. In dieser Zeit wuchs auch die Bedeutung der »Rostower Handelsmessen«, denn die Stadt lag sehr günstig am wichtigen Handelsweg von Moskau nach Archangelsk.

Der Kreml und die Stadt

Der Kreml von Rostow Weliki mit seinen dicken, weißen Mauern und Zwiebeltürmen thront wie ein Märchenschloss am Ufer des Nerosees. Hier residierten ausnahmslos Erzbischöfe und Metropoliten. Der heutige Kreml geht zurück auf die Zeit ab 1670: Nach der »Zeit der Wirren« und der Zerstörung durch polnische Invasoren wurde eines der schönsten Architekturensembles russischer Baukunst geschaffen. Das dominierende und älteste Gebäude ist die Mariä-Himmelfahrts-Kathedrale mit fünf Kuppeln. Die benachbarte »Glockenwand« mit ihren drei Kuppeln beherbergt heute ein Geläut mit 13 Glocken, die schwerste wiegt 33 Tonnen.

Auf dem Kremlgelände befinden sich der erzbischöfliche Palast, das Samuel-Palais, der Rote Palast, der Marstall, die Christi-Auferstehungs-Torkirche, die Torkirche Johannes des Evangelisten, die Hodegetria-Kirche, die Erlöser-Kirche und die Kirche Grigorijs des Gottesgelehrten. Die klassizistisch geprägte Altstadt schmiegt sich hufeisenförmig an den Kreml. Am zentralen Markt dominieren die Handelsreihen mit ihren Arkaden und die städtische Erlöser-Kirche mit leuchtend blauen Kuppeln, besetzt mit goldenen Sternen.

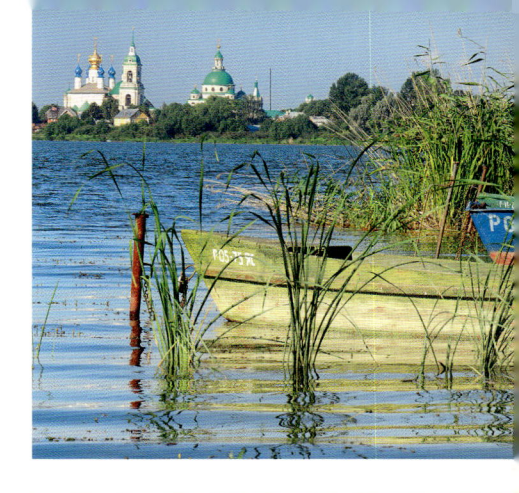

KLÖSTER, KIRCHEN UND LEGENDEN

Unweit der Altstadt von Rostow steht am Nerosee das Erlöser-Jakob-Kloster (1389), weithin sichtbar zeigt sich hier die Symbiose von Baukunst und Landschaft. Ebenfalls am Nerosee liegt das Abraham-Kloster, das vermutlich auf das 11. Jahrhundert zurückgeht. Der Legende nach kam der Mönch Abraham an den See, um Heiden zu christianisieren. Mithilfe eines »Wunderstabes«, der sich angeblich schon in den Händen des Evangelisten Johannes befunden hatte, tötete er eine heidnische Gottheit und bekehrte das Volk zum Christentum. Auch Zar Iwan IV. soll sich der Wunderkraft des Stabes bedient haben, als er an der Wolga vor Kasan die heidnischen Tataren schlug. Der Stab wird heute noch im Kloster verwahrt. Im Dörfchen Bogoslaw steht eine gut erhaltene Holzkirche, die Johannes dem Gottgelehrten geweiht ist. Die Holzkirche soll auf dem Fluss Ustje dahergeschwommen sein. Nahe dem Dorf Borisoglebsk an der Ustje erblickt man in der Hügellandschaft die Wehrtürme, Mauern und Kirchen des Klosters Boris und Gleb aus dem späten 14. Jahrhundert.

WEITERE INFORMATIONEN

www.rostmuseum.ru;
www.v-rostove.ru (russisch)

Der Goldene Ring

15 Kostroma

Heimat der Romanow-Dynastie

Kostroma an der oberen Wolga ist die nördlichste Stadt am Goldenen Ring. Die Siedlung entstand an der Stelle, wo die Kostroma, der die Stadt ihren Namen verdankt, in die Wolga mündet. Kostroma mit seinen Klöstern, Kirchen, zahlreichen Handelsreihen und Holzhäusern ist ein lebendiges Freilichtmuseum für russische Architektur, Kunst und Lebensweise.

Aufgrund der günstigen Lage an der oberen Wolga entwickelte sich Kostroma seit seiner Gründung im Jahr 1152 durch Fürst Jurij Dolgorukij (1090–1157) schnell zu einem wichtigen Handelsplatz. Die Siedlung, die bis 1364 Teil des Fürstentums Wladimir war und danach zum Großfürstentum Moskau gehörte, entwickelte sich zu einer prosperierenden Handels- und Handwerkerstadt.

Stadt der Handwerker und Zaren

Feuersbrünste, Überfälle der Tataren und die Besetzung durch die Polen zwischen dem 13. und 16. Jahrhundert verhinderten den Aufstieg zu einen der wichtigsten Städte in Russland nicht. Das letzte verheerende Feuer zerstörte 1773 zahlreiche Gebäude. Auf Anordnung der Zarin Katharina der Großen wurde die gesamte Stadtanlage nach klassizistischem Vorbild neu geplant. Es entstand eine vom Zentralplatz ausgehende fächerförmige Anordnung der Straßen, die sich bis in die Gegenwart erhalten hat. Am Susanin-Platz entstanden die Fischreihen, die Pfefferkuchenreihen, die Ölreihen und die Tabakreihen sowie gegenüber die Mehlhändlerreihen und die Schönen (Roten) Reihen (als »Reihen« bezeichnet man im Russischen die arkadenförmigen Handelshäuser).

Gegenüber stehen im Halbkreis die Feuerwache, die Hauptwache, das Kunstmuseum (ehemaliges Romanow-Museum), das Haus der Adelsversammlung, das Haus des Generals Borschtschow, das Gerichtsgebäude und die Gouvernementverwaltung. Die hellgelb und leuchtend weiß getünchten Gebäude verleihen der Altstadt eine mondäne Atmosphäre. Die zwischen den Bauten auseinanderführen-

Am Zusammenfluss von Kostroma und Wolga liegt das Ipatiew-Kloster (Hypathios-Kloster) (oben). Allee im städtischen Puschkin-Park (links unten). Frische Steinpilze auf dem Markt von Kostroma (rechts). Die historische Feuerwache aus dem Jahre 1825 ist ein Wahrzeichen der Stadt (rechte Seite unten). Blick über die Altstadt zum Freilichtmuseum (rechte Seite oben).

Kostroma

den Straßen mit ihren klassizistischen Bürgerhäusern setzen diesen Eindruck fort.
Die Geschichte der Stadt ist eng verbunden mit der Zarendynastie der Romanows. Der Familienspross Michail Romanow (1596–1645) wurde in der Nähe, im Dorf Domino geboren und 1613 in Kostroma feierlich zum Thronfolger bestimmt.
Ab 1778 war Kostroma Hauptstadt des gleichnamigen Gouvernements und zog viele Händler, Handwerker und Baumeister an, die sich hier niederließen und rege tätig waren. Auf den Feldern um die Stadt wurde Flachs angebaut – ein guter Broterwerb für die Bauern und die Weber der Stadt, denn Segeltuch aus Kostroma war in ganz Russland bekannt und gefragt.

Kirchen und Klöster

Am Zusammenfluss von Kostroma und Wolga befindet sich das religiöse Wahrzeichen der Stadt, das Ipatiew-Kloster (Hypathios-Kloster). Der Legende nach hat der schwer erkrankte tatarische Fürst Tschet geschworen, sich im Falle der Heilung taufen zu lassen und ein Kloster zu stiften – so geschehen gegen Ende des 13. Jahrhunderts. Unter Boris Godunow blühte das Kloster Mitte des 16. Jahrhunderts als geistliches und kulturelles Zentrum auf und gehörte zu den reichsten Russlands. Im Palais des Klosters wurde 1613 Michail Romanow zum Zaren gekrönt. Überragendes Bauwerk im Kloster ist die Dreifaltigkeitskathedrale von 1652 mit Gold- und Kupferarbeiten, wertvollen Heiligenbildern sowie Fresken der Ikonenmaler Nikitin und Sawin. Das Katharinentor wurde anlässlich des Besuches von Zarin Katharina II. 1767 erbaut. In seiner Gesamtheit wirkt das Kloster wie eine weiße Festung, überragt von den goldenen Kuppeln der Kathedrale und anderen Klosterbauten.
In Nachbarschaft zum Kloster steht die Kirche Johannes des Gottesgelehrten (1681–1687). Die Fünfkuppelkirche mit hohem Glockenturm ist typisch für die Kirchenbaukunst an der oberen Wolga. Zum Stadtbild gehören auch das kunsthistorisch wertvollste und zugleich schönste Gotteshaus der Stadt, die Auferstehungskirche im Walde aus dem Jahr 1651, und außerdem das Christi-Erscheinen-Kloster.

EIN SPAZIERGANG ZUM FREILICHTMUSEUM

Schön ist ein Spaziergang vom alten Zentrum der Stadt, dem Susanin-Platz, an der Wolga entlang in Richtung Kostroma-Mündung. Man genießt malerische Blicke über die Wolga zum Ipatios-Kloster und die Kirche Johannes des Gottesgelehrten, überquert die Kostroma-Brücke und erreicht schließlich das ethnografische Freilichtmuseum. Eingebettet in die Uferlandschaft der beiden Flüsse entstand hier in den 1960er-Jahren ein einzigartiges Museum der Holzbaukunst. Bauernhäuser, Mühlen, Kornspeicher und andere für das Landleben zwischen dem 16. und 19. Jahrhundert typische Holzbauten geben Aufschluss über die Lebensweise des Volkes in der Region. Den Komplex schmücken zwei typische Holzkirchen: die Muttergottes-Kathedrale aus dem Dorf Chom und die Christi-Verklärungs-Kirche aus dem Dorf Spas-Weschi. Beide Orte wurden durch das Aufstauen der Wolga überflutet, die schönsten und kulturhistorisch wertvollsten Holzbauten wurden demontiert und später in diesem einzigartigen Museum wieder aufgebaut.

WEITERE INFORMATIONEN

www.kostroma.ru;
www.kostroma-info.ru;
www.kostroma.net

Die Fassade des Winterpalais dominiert die Nordseite des Schlossplatzes (oben). Junge Models beim Photoshooting an der Newa (Mitte). In einem von über 1000 Sälen der Eremitage (unten). Die geöffnete Schlossbrücke von Sankt Petersburg ist das Symbol der Weißen Nächte der Stadt (rechts).

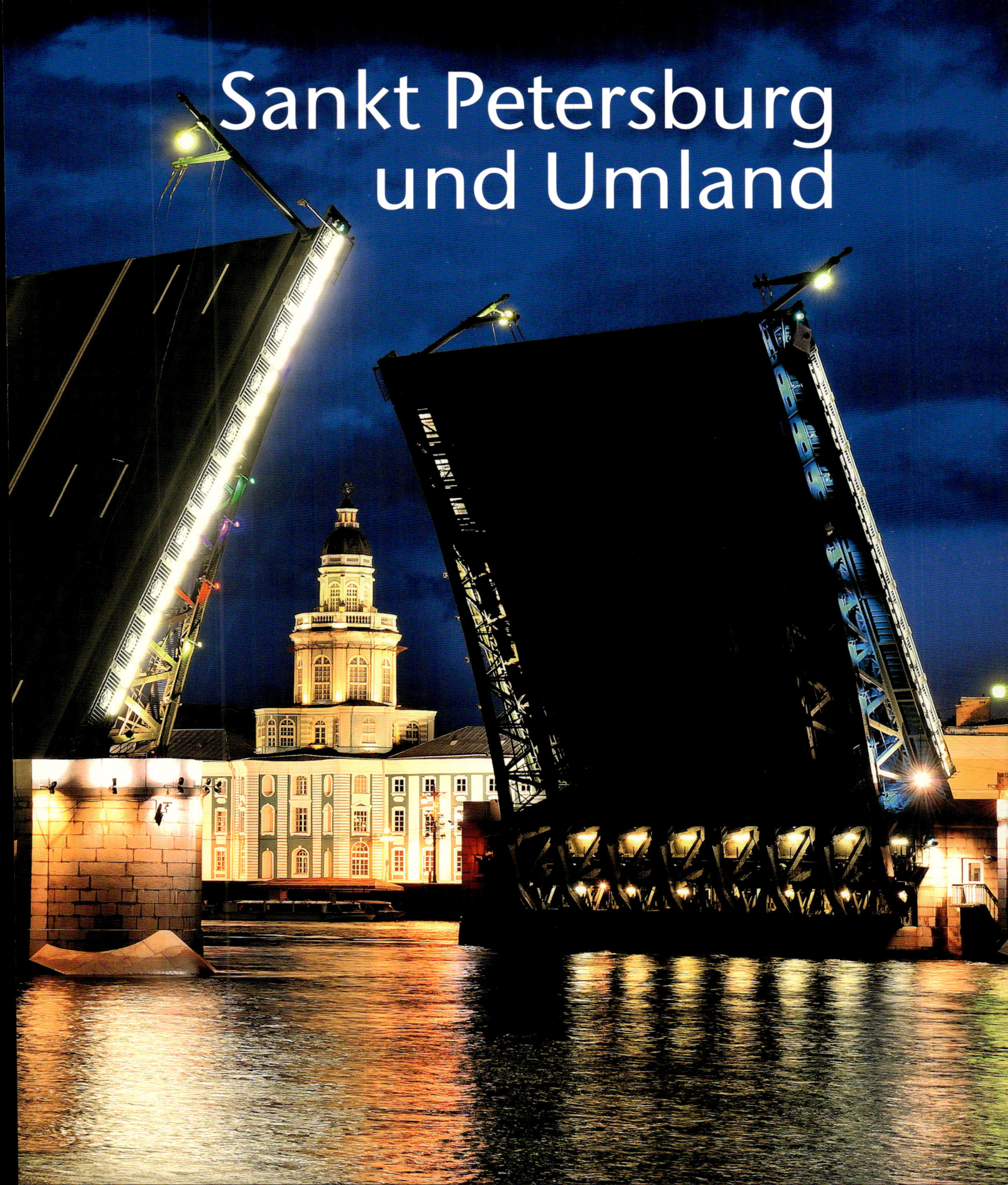

Sankt Petersburg und Umland

Sankt Petersburg und Umland

16 Peter-Pauls-Festung und Kathedrale

Die Wiege von Sankt Petersburg

Die Bewohner der Stadt nennen ihre Festung gern »Herz und Wiege« Sankt Petersburgs. Das 1703 unter Peter I. als Bollwerk gegen die Schweden aus Holz errichtete Bauwerk war Feste, Kathedrale, Münze, Begräbnisstätte der Zaren, Gefängnis, Kaserne und 1917 Ort des Aufstandes. Heute ist es Museum, Touristenmagnet und Badestrand der Stadt und ihrer Besucher.

Der Ursprung von Sankt Petersburg lag auf der kleinen Haseninsel, wo heute die Peter-Pauls-Festung, das älteste Wahrzeichen der Stadt, steht. Am 16. Mai 1703 wurde unter Peter I. der Grundstein für eine Festungsanlage, zunächst aus Holz, gelegt. Zar Peter und sein Land befanden sich im Nordischen Krieg gegen Schweden, und gerade erst war die Newa-Mündung für Russland freigekämpft, der strategisch wichtige Zugang zur Ostsee war erreicht. Die Festung sollte gegen Einfälle der Feinde aus dem Norden schützen, aber sie wurde nie belagert. Schon 1706 begann der steinerne Ausbau der Anlage unter dem Schweizer Architekten Trezzini, die Festung erhielt dicke Mauern, Bastionen, Türme und solide Tore.

Berühmte Insassen

Ab 1704 trug sich der junge Zar mit dem Gedanken, in dem sumpfigen Gelände seine neue Hauptstadt zu errichten, nach westlichem Vorbild. So geschah es dann auch im Jahr 1712, als Peter I. die Residenz von Moskau nach Petersburg verlegte. Ab 1720 diente die Festung als Kaserne und zeitgleich (bereits seit 1717) als Gefängnis. Einer der ersten Insassen war Peters eigener Sohn, Alexei, der noch vor der Vollstreckung des vom Vater ausgesprochenen Todesurteils 1718 an den Folgen der Folter starb. In den nächsten zwei Jahrhunderten sollten noch viele Gefangene hier darben, wie etwa Teilnehmer des Dekabristenaufstandes von 1825, auch Fjodor M. Dostojewski, Maxim Gorki, der Bruder Lenins und nach der Februarrevolution von 1917 hohe Beamte des Zaren. Nach der Oktoberrevolution saßen hier die Mitglieder der bürgerlichen Kerenski-Regierung und »Feinde« der Bolschewiki ein.

Die Festung

Die Peter-Pauls-Festung betritt man über die Johannes-Brücke vom Dreifaltigkeitsplatz her, die als erste Stadtbrücke gilt, die älteste Verbindung zwischen der Haseninsel und der Stadt. Durch das Johannes-Tor und das Peters-Tor, das als

Blick über die Newa zur Peter-Pauls-Festung während der Weißen Nächte (oben). Grablege der Zaren in der Peter-Pauls-Kathedrale: Marmorsarkophag von Katharina II. (unten). Die Isaaks-Kathedrale, überragendes Bauwerk unweit des Newaufers (rechts unten). Eckbastion und Turm der Peter-Pauls-Festung (rechts oben).

Peter-Pauls-Festung und Kathedrale

Triumphbogen an Peters Sieg über die Schweden erinnert, betritt man die eigentliche Festung. Links steht das Ingenieurshaus, heute ein Museum, ihm gegenüber das Zeughaus der Artillerie. Vor der Hauptwache steht das umstrittene Denkmal für Peter I. von 1972. Das Gebäude der Münze, in dem seit 1798 Münzen, Orden und Medaillen geprägt werden, und das kleine Bootshaus befinden sich hinter der Kathedrale. Letzteres beherbergt ein Segelboot aus der Jugendzeit des Zaren, das als »Urschiff« der russischen Marine gilt und zum Fundus des Kriegsmarinemuseums gehört.
Am südwestlichen, von der Newa umspülten Ende der Festung liegt die Trubezkoj-Bastion, die bis 1924 als Gefängnis diente und für viele Gegner des Zarenregimes zur Endstation wurde. Das Innere der Festung ist heute fest in der Hand von Touristen, das Äußere, entlang der Mauern an der Wasserseite, okkupieren im Sommer Badelustige.

Die Kathedrale

Den Mittelpunkt der Festung bildet die 1712–1733 erbaute Peter-Pauls-Kathedrale mit ihrem 122,50 Meter hohen Glockenturm. Die Spitze mit dem goldenen Engel ist das weithin sichtbare Wahrzeichen der Stadt. Die Kathedrale besticht durch eine prunkvolle Innenausstattung, die im vergoldeten Ikonostas ihren künstlerischen Höhepunkt findet. Sie war von Beginn an als Begräbniskirche für die Zaren konzipiert und so vom Architekten Trezzini ausgeführt worden. Hier befinden sich die weißen Marmorsärge der Romanow-Dynastie. Im Jahr 1998 wurden die sterblichen Überreste von Nikolaus II., dem letzten russischen Zaren, und seiner Familie beigesetzt, die 1918 in Jekaterinburg ermordet worden waren. In der Nähe der Kathedrale befindet sich die von 1896–1908 errichtete Grabkapelle, in der Verwandte verschiedener Zaren beigesetzt sind.

BESUCH DES ARTILLERIEMUSEUMS IN KRONWERK

In unmittelbarer Nähe des Eingangs in die Festung liegt unübersehbar der hufeisenförmige Komplex des Kronwerks, eine Befestigungsanlage, die 1707/08 zum Schutz der Peter-Pauls-Festung errichtet wurde. Nach Umbauten Mitte des 19. Jahrhunderts entstand im Kronwerk das Artilleriearsenal, das aber bereits 1872 zum Artilleriemuseum umgestaltet wurde. In dem markanten Backsteinbau wird die Geschichte der Artillerie vom Mittelalter bis zur Gegenwart gezeigt, zu den Exponaten gehören Kanonen, Mörser und Haubitzen. Auf dem Freigelände vor dem Museum gibt es eine umfangreiche Sammlung von Artilleriewaffen, Panzern, Kanonen und Raketenwaffen des 20. Jahrhunderts.

WEITERE INFORMATIONEN

Artilleriemuseum: Tel. +7-812-2380704, Alexandrowski Park 7, Sankt Petersburg. Eingang von: Kronwerkskaja Nabereschnaja, gegenüber Peter-Pauls-Festung, Mo./Di. Ruhetag.

Sankt Petersburg und Umland

17 Schlossplatz von Sankt Petersburg

Imposanter Schauplatz der Geschichte

Der Schlossplatz mit dem Winterpalais, der Eremitage und dem Generalstabsgebäude ist das erdachte Gegenstück zum Roten Platz in Moskau. Hier wurde architektonisch nichts dem Zufall überlassen, nichts ist organisch gewachsen. Es ging um die Eigeninszenierung einer imperialen Macht, die ausgerechnet an diesem Platz und in seinen Prachtbauten ihr Ende fand.

Viel Platz ist auf dem Schlossplatz für Kleinkünstler, im Hintergrund das Generalstabsgebäude (oben). In einem der prunkvollen Treppenhäuser der Eremitage (unten). Kleiner Plausch in der Galerie der Generäle (rechts unten). Für die Besichtigung braucht man Zeit, die Eremitage ist ein schier unerschöpflicher Kunstgenuss (rechts oben).

Das Winterpalais ist das älteste und bedeutendste von fünf Gebäuden, die sich am Newa-Ufer im Herzen Sankt Petersburgs aneinanderreihen und mit ihrer eindrucksvollen, fast 500 Meter langen Fassade eine einmalige Kulisse bilden.

Ausgeklügeltes Ensemble

Den Schlossplatz dominiert das Winterpalais mit seiner türkisgrünen Fassade, den weißen Säulen, Fenstereinrahmungen und Gesimsen. Bereits 1711 gab Zar Peter einen ersten, bescheidenen Palast in Auftrag. Zehn Jahre später wurde dieser durch einen Neubau ersetzt, in dem 1725 Peter I. verstarb. Von der Zarin Anna erhielt der Architekt Trezzini den Auftrag zum Weiterbau am Palast, und die Tochter Peters, Zarin Elisabeth I., beauftragte den Baumeister Rastrelli ab 1754 mit der Schaffung eines dritten Winterpalais, das unter anderem einer in Deutschland angekauften Gemäldesammlung Platz bieten sollte. 1762 erfolgte die Fertigstellung des Gebäudes, das als Hauptwerk des russischen Barock gilt. Unter Katharina II. folgte 1764 der Anbau der Kleinen Eremitage, 1771 der Bau der Alten Eremitage und des Eremitagetheaters. Der deutsche Architekt Leo von Klenze (1784–1864) führte 1842 den Bau der neuen Eremitage aus.
Das Pendant zum Winterpalais und zur Eremitage bildet der aus zwei Halbbogen bestehende Komplex des Generalstabes. Vereinigt werden beide Gebäudeteile im Zentrum durch einen monumentalen Triumphbogen, der an den Sieg über Napoleon im Jahr 1812 erinnert. Mit der Fertigstellung des Generalstabes erhielt der Schlossplatz seine architektonische Ausgewogenheit. Die gedachte Zentralachse zwischen Triumphbogen und Hauptportal des Winterpalais wird in der Mitte durch die Alexandersäule dominiert. Sie ist Zar Alexander I. (1777 bis 1825) gewidmet, der im Krieg gegen Napoleon als Triumphator und Befreier Europas in die Geschichte einging. Die Säule ist 47,50 Meter hoch und trägt an der Spitze einen Engel, der eine Schlange, den »Feind«, zertritt.

Schlossplatz von Sankt Petersburg

Der Schlossplatz und die ihn umgebenden Paläste sind Schauplatz der bewegten Geschichte Russlands zu Beginn des 20. Jahrhunderts. 1905 wurde bei einer friedlichen Demonstration hungernder Bürger ohne Warnung auf Befehl des Zaren das Feuer eröffnet, 130 unschuldige Menschen starben. Dieser »Blutsonntag« läutete das Ende der Zarenzeit ein. Im Herbst 1917 stürmten revolutionäre Arbeiter, Matrosen und Soldaten über den Platz, nahmen das Winterpalais ein, was den Endpunkt der Monarchie und Beginn von Revolution, Bürgerkrieg und letztendlich einer neuen Gesellschaftsordnung bedeutete.

Alle fünf Gebäude am Newa-Ufer sind durch Korridore, Übergänge oder Brücken miteinander verbunden. Architektonisch interessant ist etwa der Übergang von der alten Eremitage über den Winterkanal zum Eremitagetheater. Im Winterpalais wird dem Besucher der Prunk und Reichtum des Zarenhofs im 18. und 19. Jahrhundert nahegebracht – die Treppenhäuser und Palasträume bestechen durch Eleganz und Pracht. Die berühmtesten Räume sind der große Thronsaal (St. Georgssaal), der Wappensaal, der Malachitsaal, der große Ballsaal und das weiße Esszimmer. Jeder Raum beherbergt eine große Sammlung an historischen Gemälden, Möbelstücken, Porzellan und Gobelins.

Die benachbarte Eremitage hingegen gehört heute zu den größten und berühmtesten Kunstsammlungen der Welt. In 350 Räumen werden hier Kunstwerke aus aller Welt, von der Steinzeit bis zur Gegenwart, gezeigt. Die weltberühmte Gemäldesammlung europäischer Meister vom 15. bis 20. Jahrhundert ist der Magnet für jährlich mehrere Millionen Besucher aus dem In- und Ausland.

SPAZIERGANG DURCH KUNSTEPOCHEN

Für die gesamte Eremitage mit insgesamt 2,7 Millionen gesammelten Kunstwerken bräuchte man wohl über eine Woche Zeit. Es empfiehlt sich deshalb der Besuch der Hauptgebäude, die vom Schlossplatz her über das Zentralfoyer erreichbar sind. Im Erdgeschoss befinden sich die Sammlungen der Antike und des Alten Orients sowie die Abteilung über prähistorische Kulturen. In die darüber befindlichen Etagen gelangt man über die weltberühmte Jordan-Treppe, einst auch Gesandtentreppe genannt. Sie führt zu den Sälen der niederländischen und flämischen, der italienischen, spanischen, französischen, deutschen, englischen und russischen Kunst – eine einzigartige »Wanderung« durch die wichtigsten Epochen und Stilrichtungen der europäischen Kunst.

WEITERE INFORMATIONEN

Eremitage, 2, Dvortsovaya Ploshchad, montags geschlossen. Karten vorbestellen über www.hermitagemuseum.org
Am ersten Donnerstag im Monat ist der Eintritt frei.

Sankt Petersburg und Umland

18 Am Newski Prospekt

Prachtboulevard der Petersburger

Die Admiralität mit ihrer weithin sichtbaren, vergoldeten Turmspitze schließt sich an die Fassade des Winterpalais an der Newa-Seite an. In unmittelbarer Nachbarschaft steht der imposanteste Kirchenbau der Stadt, die Isaakskathedrale. Der Newski Prospekt, die 4,5 Kilometer lange Prachtstraße der ehemaligen Hauptstadt, erstreckt sich von der Admiralität bis zum Alexander-Newski-Kloster.

Die Kirche der Heiligen Alexandrinischen Katharina am Newski Prospekt (oben). Die gewaltige Kuppel der Isaaks-Kathedrale besitzt Stilelemente der Antike, der Renaissance und des Barock (unten). Nächtlicher Blick über die Admiralität, Winterpalais und Newa zur Peter-Pauls-Festung (rechts unten). Das »Literaturnoje Kafe« am Newski (rechts oben).

Die Admiralität steht auf dem Gelände einer von Zar Peter I. 1704 gegründeten Schiffswerft und markiert somit einen der ältesten Plätze der Stadt. Nach mehreren Umbauten entstand sie in ihren heutigen Ausmaßen zwischen 1806 und 1823. Überragt wird das Bauwerk von der vergoldeten, 72,50 Meter hohen Turmspitze mit einer Wetterfahne in Form einer Karavelle. Der Turm korrespondiert als »goldene Nadel« mit dem der Peter-Pauls-Kathedrale auf der Haseninsel sowie mit der imposanten Kuppel der Isaakskathedrale. Ausgerichtet auf die Turmnadel laufen die drei wichtigsten Hauptstraßen von Petersburg – darunter der Newski Prospekt – strahlenförmig aufeinander zu und enden vor der Admiralität. In der Mitte des Gebäudekomplexes befindet sich der Torbogen mit dem Relieffries, der die Gründung der russischen Flotte thematisiert. Im Alexandergarten vor der Admiralität stehen einträchtig die Denkmäler von Gogol, Lermontow, Glinka sowie dem Geografen Prschewalski nebeneinander.

Die Kathedrale

Ein kurzer Weg führt zum Senatsplatz, den das von Katharina II. in Auftrag gegebene Reiterstandbild Peters des Großen dominiert. Bereits unter Zar Peter entstand in der Nähe eine kleine Holzkirche zu Ehren des heiligen Isaak von Dalmatien. 1816 regte Zar Alexander I. einen Neubau an, der erst nach 40 Jahren vollendet wurde, die heutige Isaakskathedrale. Sie ist einer der größten Kuppelbauten der Welt: 111 Meter lang, 97 Meter breit und 101,50 Meter hoch. 1848 wurde die Fassade fertiggestellt, der Innenausbau dauerte nochmals zehn Jahre. In diesem Kunstwerk aus Gold, Bronze, Malachit und Lapislazuli finden 14000 Personen Platz. Das Innere der Kuppel ist mit einem riesigen Deckengemälde ausgemalt. Es stellt die Mutter Gottes, umrahmt von Heiligen, Aposteln und Evangelisten, in überwältigender Schönheit dar. Über 262 Stufen kann man zur Säulengalerie hinaufsteigen und einen grandiosen Ausblick auf die Stadt genießen.

Am Newski Prospekt

Flanieren auf dem »Newski«

Der Newski Prospekt wurde nach Plänen Peters I. 1712 als »Große Perspektive« angelegt und führt von der Admiralität bis zum Alexander-Newski-Kloster. Er war und ist wieder der Boulevard von Sankt Petersburg. Hier konzentriert sich das gesellschaftliche Leben der Petersburger in Cafés, Konditoreien, Restaurants, Hotels, Kaufhäusern, Boutiquen, Buchhandlungen und Banken. Flaniert man von der Admiralität über den Newski, fällt der Blick auf das Haus Nr. 18, das Kotomin-Haus (siehe rechts). Nach Überquerung des Moika-Kanals stößt man auf das Stroganow-Palais (Nr. 17), es gehörte einst den Stroganows, einer der reichsten Familien Russlands. Nach dem Überqueren des Gribojedow-Kanals an der Bankbrücke sieht man links die im altrussischen Stil erbaute Christi-Auferstehungs-Kathedrale, auch Kirche »auf dem Blut« genannt. Sie steht an der Stelle, wo 1883 Zar Alexander II. bei einem Attentat ermordet wurde. Ganz in der Nähe befindet sich das »Grand Hotel Europa«, Nobelherberge Nummer eins in der Stadt. Die Arkaden des Großen Kaufhofes locken zum Einkaufen und Verweilen in Cafés. Im »Kleinen Saal der Philharmonie« (Glinka-Saal) in der Nähe gaben schon Franz Liszt, Johann Strauß, Richard Wagner und Hector Berlioz Konzerte.

Es folgen das Gebäude der Stadtduma, die Nationalbibliothek, das Denkmal für Katharina II. sowie das Haus des Delikatessenhändlers Jelissejew. Am dritten zu überquerenden Kanal, der Fontanka, liegen das Anitschkow-Palais und die gleichnamige Brücke mit den gewaltigen Skulpturen der Rossebändiger. Nach weiteren Geschäftshäusern, Cafés, Restaurants, Kinos und dem Moskauer Bahnhof erreicht man das Alexander-Newski-Kloster.

STAMMLOKAL DER LITERATEN

Im Kotomin-Haus befindet sich im linken Flügel des Gebäudes ein interessantes Bücherantiquariat und im rechten das *Literaturnoje Kafe*, das Literaturcafé. Es galt schon immer als Treffpunkt der Intellektuellen und der Boheme. Im 19. Jahrhundert war es unter dem Namen Wolff & Beranger die führende Adresse für Confiserie aller Art. Zu den bekanntesten Stammgästen gehörten Literaten wie Dostojewski, Lermontow und Tschernyschewskiy. Auch Puschkin weilte hier regelmäßig, zum letzten Mal kurz vor seinem Duell im Jahr 1837, das er nicht überlebte. 1893 vergiftete sich Tschaikowsky im Café, er wählte den Freitod vor großer Kulisse, bedrängt vom Ehrenkodex der damaligen Zeit aufgrund seiner Homosexualität. Heute kann man hier in gediegener Atmosphäre zu moderaten Preisen gute russische Küche und allerlei Leckereien aus der hauseigenen Konditorei probieren. Gelegentlich gibt es literarische Abende und Lesungen.

WEITERE INFORMATIONEN

Literaturnoje Kafe: Newski Prospekt Nr. 18, Tel. +7-812-312 60 57.

Sankt Petersburg und Umland

19 Alexander-Newski-Kloster

Klöster und Friedhöfe der Fürsten

Das Alexander-Newski-Kloster am Ende der gleichnamigen Prachtstraße ist historisch eng verknüpft mit der Gründung Sankt Petersburgs. Alexander Newski gilt als russischer Nationalheld. Er gilt als Schutzheiliger der Stadt, und das Kloster ist für ihre Einwohner ein heiliger Ort. Das Smolny-Kloster wie auch das Taurische Palais – ganz in der Nähe – sind zwei weitere Perlen der Petersburger Architektur.

Der Spaziergang über den Newski Prospekt endet am gleichnamigen Kloster, an einem der wichtigsten geistlichen Orte in Sankt Petersburg, liegt doch der geschichtliche Ursprung der Stadt hier, am »heiligen Ort« des Alexander-Newski-Klosters.

Ein Kloster für einen Fürsten

Am 15. Juli 1240 schlug der junge Fürst Alexander Jaroslawitsch (ca. 1220–1263) von Nowgorod an der Newa das schwedische Heer. Dies war der erste Sieg der Russen, der russisch-orthodoxen Kirche über den Westen und ein Sieg, der die Stellung Nowgorods als Handelsstadt festigte (siehe Highlight 32). Nach der Schlacht wurde dem Fürsten der Beiname »Newski« verliehen, »der von der Newa«. 1710, nach dem Sieg über die Schweden bei Poltawa, schuf Zar Peter I. mit der Gründung des Klosters einen historischen und religiösen Bezugspunkt seiner bisher geschichtslosen jungen Stadt im Newa-Delta. Den Auftrag für den Klosterbau erhielt Domenico Trezzini. Zwischen 1717 und 1722 entstand die Mariä-Verkündigungs-Kirche, die älteste des Klosters. Hier ruhen u. a. der Sohn Peters und eine Schwester des Zaren. Die Torkirche, die Fjodor-Kirche und das prachtvolle Metropoliten-Haus kamen dazu. Auf Geheiß des Zaren wurden die sterblichen Überreste Alexander Newskis 1724, ein Jahr vor dem Tod von Peter I. aus Wladimir in das Kloster überführt. 1776–90 wurde unter dem Architekten Iwan Stassow im Zentrum des Klosters die Dreifaltigkeits-Kathedrale erbaut, eine mächtige Kuppelkirche im Stil des Neoklassizismus. Sie war bis zum Bau der Isaakskathedrale die größte Kirche der Stadt und besticht durch eine reiche Ausstattung aus weißem Marmor und rotem Achat und durch Malereien des italienischen Meisters Giacomo Quarenghi in der Kuppel und den Gewölben. Im Reliquienschrein werden die Gebeine Alexander Newskis aufbewahrt.

Auf dem Klostergelände wurde 1716 der älteste Friedhof der Stadt, der Lazarus-Friedhof, eingeweiht. Es folgten 1823

Das Taurische Palais ist ein Meisterwerk des russischen Klassizismus (oben). Beliebt ist der große Park zwischen Smolny Institut und Smolny-Kloster (unten). Das Smolny-Kloster mit der im Zentrum stehenden Auferstehungs-Kathedrale ist ein Meisterwerk des Baumeisters Rastrelli (rechts unten). Newafahrt entlang des Schlossufers (rechts oben).

Alexander-Newski-Kloster

der Tichwiner-Friedhof und 1861 der Nikolaus-Friedhof. Sie gelten bis heute als Ruhestätten der Prominenz, der Geistlichkeit und des Adels.

Smolny-Kloster und Taurisches Palais

Nördlich des Alexander-Newski-Klosters entstand ebenfalls am Ufer der Newa das Smolny-Auferstehungs-Kloster. Es wurde ab 1748 auf Wunsch der Zarin Elisabeth I. (1709–1762) vom Hofarchitekten Rastrelli in leuchtendem Blau erbaut. Es sollte der Zarin als Alterssitz dienen. Doch als diese starb, waren weder Kirche noch Klosteranlagen fertig. Ihre Nachfolgerin, Katharina II., hatte kein großes Interesse am Weiterbau, erst 1835 unter Zar Nikolaus I. wurde vom Architekten Stassow die fünfkuppelige Auferstehungs-Kathedrale fertiggestellt. Sie dient heute als Konzert- und Ausstellungshalle. Beim Kloster befindet sich auch das Smolny-Institut, eine ehemalige Schule für junge Damen des Adels, in der sich während der Oktoberrevolution 1917 der Sitz der ersten Sowjetregierung unter Lenin befand, heute ist sie Museum und Gedenkstätte.

Wiederum nur einen kurzen Weg muss man vom Smolny zurücklegen, um zum Taurischen Palais, inmitten eines Landschaftsparks mit Hügeln, Teichen und Bächen, zu gelangen. Katharina II. ließ diese Anlage ab 1783 für ihren Liebhaber, den Grafen Grigori A. Potjomkin (1739–1791), bauen. Dieser avancierte nach der Annektierung der Krim durch die Russen zum »Fürsten von Taurien«, wie die einstmals von den Griechen beherrschte Halbinsel im Schwarzen Meer bezeichnet wurde. Das Gebäude ist ein klassizistischer Bau mit sechssäuligem Portikus, von einer Kuppel gekrönt, die Fassade in leuchtendem Gelb fügt sich sanft in die grüne Parkidylle ein.

STADTBESICHTIGUNG VOM BOOT AUS

An der Newa gibt es zahlreiche Anleger für Boote und größere Ausflugsschiffe. Eine Bootsfahrt ist besonders während der Weißen Nächte von Ende Mai bis Ende Juli eine wunderbare Erfahrung. Zwischen Admiralität und Winterpalais eröffnen sich von der Wasserseite aus atemberaubende Perspektiven vom Ensemble Winterpalais/Eremitage auf der rechten Seite sowie von der Spitze der Wassiljew-Insel, mit Strelka, den Rostra-Säulen des alten Hafens, der Börse und der Kunstkammer. Zwischen der Palsat-Brücke und der Troizki-Brücke durchquert man das Newa-Becken mit Blick links auf die Peter-Pauls-Festung und rechts auf das Marmorpalais. Es folgen das Sommerpalais rechts und der Liegeplatz des Kreuzers »Aurora« links sowie der Finnische Bahnhof. Am Newa-Bogen erscheinen in der Ferne die Kuppel des Taurischen Palais sowie hinter der Flussbiegung das Smolny-Kloster. Nach Passieren der Alexander-Newski-Brücke kommt rechts am Ende der Tour das gleichnamige Kloster ins Bild. Dauer: ca. 1–1,5 Stunden.

WEITERE INFORMATIONEN

Bootsfahrten: E-Mail: info@petersburg-guide.net, Tel. +7-921-384 94 25.

Sankt Petersburg und Umland

20 Peterhof

Vom Holzhaus zum Palast

Im westlichen Umland von Sankt Petersburg entstanden ab 1713 zahlreiche Sommerresidenzen, umgeben von eindrucksvollen Parks und Gärten. Peterhof mit seinem Palast und den Wasserspielen verkörpert wie kein anderes dieser Anwesen den Sinn für Prunk und Pracht als Zeichen des Reichtums der russischen Zaren. Nach Plänen Peters I. sollte hier ein russisches Versailles entstehen.

Zunächst wurde Peterhof 1704 als einfaches Holzhaus erbaut, das der Zar als Rastplatz auf seinen Reisen nach Kronstadt nutzte. Doch zwischen 1713 und 1714 reiften die Pläne Peters zur Schaffung einer Paraderesidenz am Finnischen Meerbusen.
Auf den Hügeln oberhalb der Ostsee begannen die Bauarbeiten am großen Palast unter Leitung des deutschen Architekten Johann Friedrich Braunstein. Die Gestaltungsarbeiten in der Umgebung plante der französische Landschaftsarchitekt Jean-Baptiste Leblond. 1723 konnte Peterhof als Sommerresidenz des Zaren feierlich eingeweiht werden. Unter Zarin Elisabeth erhielt der Große Palast zwischen 1747 und 1752 seine heutigen Ausmaße. Er thront auf dem Hügeldamm mit einer Fassadenlänge von 306 Metern über dem oberen und unteren Garten und dominiert die gesamte Residenzanlage. An den Palast fügen sich Seitentrakte an, im Westen der Wappensaal und im Osten die üppig ausgestattete Schlosskirche. Die Arbeiten wurden zumeist vom Architekten Rastrelli geplant und ausgeführt.
Von der gesamten Anlage blieb nach der Belagerung Leningrads im Zweiten Weltkrieg nichts als Schutt und Asche übrig. Der Wiederaufbau dauerte bis in die 1960er-Jahre. Heute können alle Gebäude besichtigt werden, sehenswert ist der Große Palast mit dem Eichenholzkabinett, teilweise mit Hölzern aus den Jahren 1718–20. Im benachbarten Kronzimmer wurden Krone und Insignien aufbewahrt, wenn Zar und Zarin in der Residenz weilten. Der Rundgang führt u. a. durch das Blaue Gästezimmer, das Rebhuhnzimmer mit wertvollen Seidentapeten, das Chinesische Zimmer, das Weiße Esszimmer, den Audienzsaal und den Porträtsaal, in dem sich die Gemälde von 368 Mädchen in verschiedenen Trachten und Posen befinden. Sie symbolisieren die damaligen Gouvernements Russlands. Dem Maler, Pietro Rotari (1707–1762), saßen dafür nur acht junge Damen Modell. Der lichtdurchflutete Thronsaal nimmt die gesamte Breite

Spielleute im Aufzug Peters I. vor Schloss Peterhof (oben). Leichte Sommerbrise vom Meer – Ausblicke bei der Großen Kaskade (unten). Blau, Weiß und Gold dominiert auf der Großen Kaskade (rechts unten). Mit dem Tragflächenboot (Meteor) zurück in die Stadt (rechts oben).

des Palastes ein. Hinter dem Thron ist das überlebensgroße Porträt von Katharina der Großen in Gardeuniform, hoch zu Ross, zu sehen.

Oberer und Unterer Park

Der Obere Park vor der Südfassade des Großen Palastes ist streng nach französischem Vorbild gestaltet. Den Mittelpunkt bildet der einstmals für die Stadt Nürnberg gedachte Neptun-Brunnen aus dem Jahr 1668. Aus Geldmangel wurde dieser dort nie aufgestellt, sondern 1799 von Zar Paul I. (1754–1801) erworben. Bereits 1714 begannen die Arbeiten für den zum Meer abfallenden Unteren Park, ein einzigartiges Ensemble mit 144 Fontänen und drei Kaskaden. Da sprudeln die Römischen Fontänen und die Sonnenfontäne, es gibt die Pyramidenfontäne mit 505 pyramidenförmig abgestuften Wasserstrahlen und die Schachberg-Kaskade. Die ältesten und zugleich imposantesten sind die Adam-und-Eva-Fontäne von 1721, die Große Kaskade mit der 22 Meter aufsteigenden Samson-Fontäne und die sogenannten Scherzfontänen beim Lustschlösschen Montplaisir. Dieses Kleinod steht direkt am Meer und ist weitgehend so erhalten wie zu Zeiten von Peter I., als dieser hier der Legende nach Gelage abhielt und seine Gäste unter den Tisch trank. Etwas westlich der Hauptallee steht das 1720 errichtete Schlösschen Marly, der gleichnamigen Residenz bei Paris nachempfunden. Es wurde im Krieg von deutschen Truppen gesprengt und erst 1982 wieder errichtet. Die gesamte Anlage der Wasserspiele, Kaskaden und Fontänen kommt ohne eine einzige Pumpe aus. Ein ausgeklügeltes System von höher gelegenen Speicherteichen sorgt für ausreichend Wasserdruck.

FAHRT MIT DEM TRAGFLÄCHENBOOT

Nach einem ausgiebigen Bummel durch die Palast- und Gartenanlagen von Peterhof bietet sich die Rückfahrt mit dem Schnellboot »Raketa« an. Die Fahrt dauert nur 30 Minuten, Tickets gibt es am Bootsanleger. Während der Fahrt sieht man in einiger Entfernung die alte Marinebastion Kronstadt und nähert sich von der Seeseite der Newa-Metropole. Es erschließen sich imposante Ausblicke auf den Fracht- und Passagierhafen sowie etwas später in die Newa-Mündung hinein zur Admiralität, zum Winterpalais bis zur Peter-Pauls-Festung.

WEITERE INFORMATIONEN

Bootsfahrt: Von der Eremitage aus verkehren regelmäßig Schnellboote vom Typ Meteor, Anleger Vodochod, Preis: Hin- und Rückfahrt (2011) 500 Rubel, Fahrzeit 30 Minuten bis Anleger Peterhof.

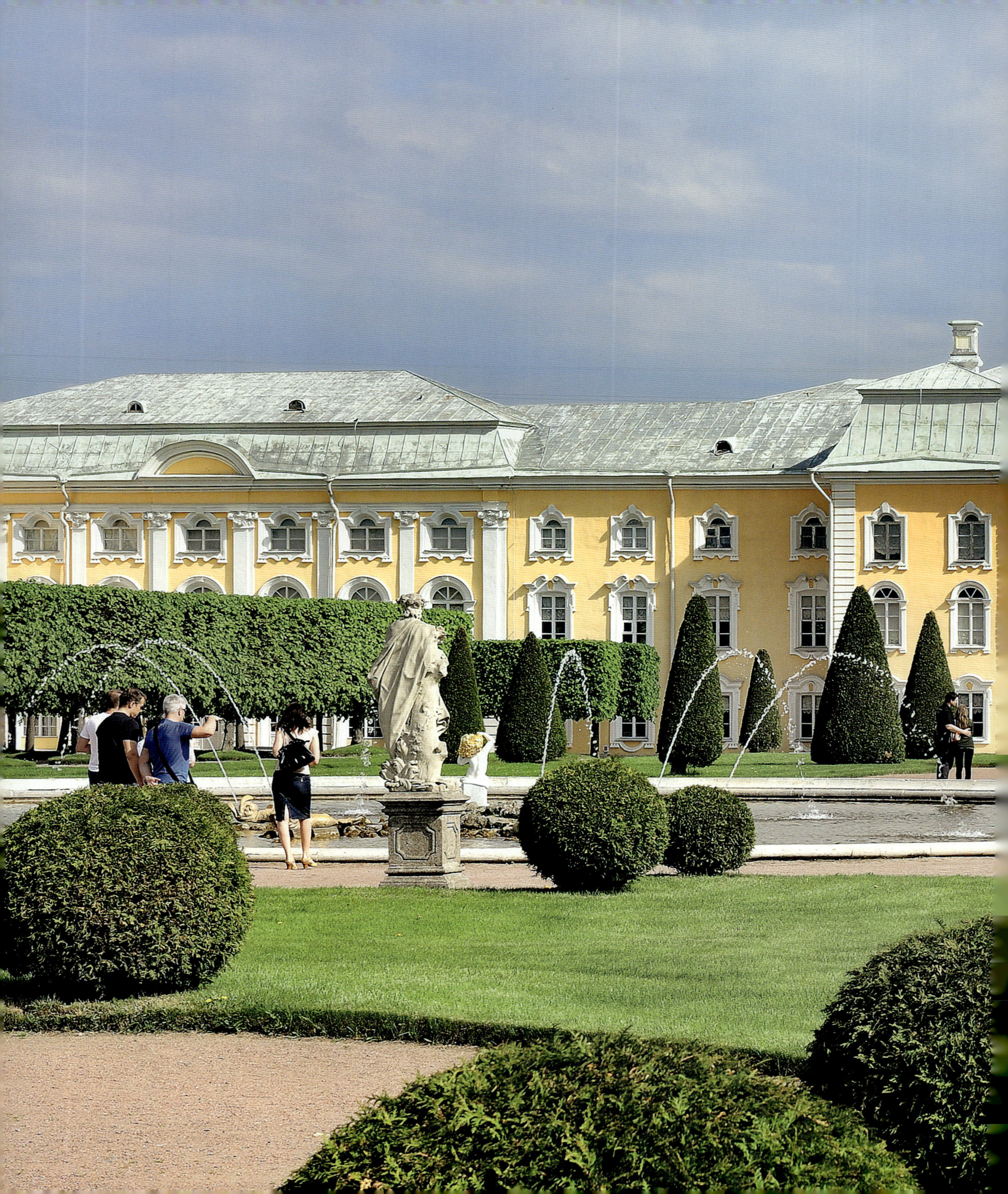

Schloss Peterhof und der Obere Park – die bedeutendste Sommerresidenz der Zaren. Der Große Palast wurde von dem deutschen Architekten Johann Friedrich Braunstein errichtet. Die Park- und Landschaftsgestaltung mit Fontänen und Wasserspielen gestaltete der französische Landschaftsarchitekt Jean-Baptiste Leblond.

Sankt Petersburg und Umland

21 Zarskoje Selo

Katharinenpalast und Bernsteinzimmer

Kaum eine der Petersburger Sommerresidenzen ist so legendär wie der Katharinenpalast mit dem weltberühmten Bernsteinzimmer. Die Residenz in Zarskoje Selo, südlich der Newa-Stadt, bietet aber noch mehr. Der Katharinenpark mit seinem Französischen und Englischen Garten, den Pavillons, Denkmälern und Brücken, aber auch das Städtchen Puschkin/Zarskoje Selo mit dem Puschkin-Museum sind sehenswert.

Die Residenz wurde 1710 von Peter I. gegründet und hieß bis 1917 Zarskoje Selo, Zarendorf. Peter I. machte sie seiner Gemahlin, der späteren Zarin Katharina I., zum Geschenk. Diese beauftragte 1717 den deutschen Architekten Braunstein mit dem Bau eines Palais, und ihre Tochter Elisabeth ließ das ihr zu klein gewordene Palais durch den Hofarchitekten Rastrelli ab 1752 zu einem der schönsten Barockpaläste Europas erweitern.

Säle und Gemächer

1756 war der Große Katharinenpalast mit seiner 325 Meter langen, lasurblauen, von leuchtend weißen Säulen gestützten Fassade fertiggestellt. Die feierliche Wirkung wird durch die Schlosskirche am rechten Seitenflügel mit den goldenen Kuppeln noch unterstrichen. Die ursprünglich von Rastrelli gestalteten Innenräume wurden mehrmals verändert und nach einem Brand 1820 unter Zar Alexander I. vom Architekten Stassow weitestgehend im spätklassizistischen Stil gestaltet. Die Prunkräume und Privatgemächer befinden sich in der ersten Etage und werden bestimmt vom 80 Meter langen Großen Spiegelsaal. Die Weite des Saales erwächst aus dem Lichtspiel der zwei Fensterfronten, der Spiegel und Goldfarben an den Wänden sowie dem perspektivischen Deckengemälde »Russlands Triumph« von Giuseppe Valeriani (1526–1596). Bemerkenswerte Räume sind der Bankettsaal der Ritter, der Porträtsaal mit den Bildnissen der Zarinnen, die Gemäldegalerie, das Grüne Esszimmer, das Blaue Chinesische Zimmer und das Paradeschlafgemach der Zaren. Während des Rundganges steigt die Spannung von Raum zu Raum, bis man endlich eintreten kann in das lang erwartete, vielleicht seit Jahren ersehnte, erträumte Bernsteinzimmer (siehe rechts).

Der Park und seine Bauten

Der Katharinenpark gliedert sich in den Französischen Garten und den Englischen Landschaftsgarten. Der ältere Teil ist der streng nach französischem Vorbild gestaltete Barockgarten mit geschnitte-

Goldene Kuppeln überragen die Palastkirche des Katharinenpalastes (oben). Der Pavillon »Grotte« am Großen Teich gehört zu den zahlreichen Bauten im Park (unten). Die Fassade des Katharinenpalastes beeindruckt durch die prachtvolle Gestaltung und die Länge von 300 Metern (rechts unten). Das weltberühmte Bernsteinzimmer (rechts oben).

Zarskoje Selo

nen Hecken, geometrischen Beeten und Rabatten und Skulpturen. In diesem Teil des Parks stehen die Eremitage, ein Lustschlösschen von Rastrelli und der barocke Pavillon »Die Grotte« mit maritimen Motiven in der Fassade. Der Englische Garten wurde zunächst ab 1768 durch den Engländer Bush und ab 1780 vom Schotten Cameron im Auftrag Katharinas II. gestaltet. Bush schuf eine künstliche Landschaft mit Hügeln, Teichen und Wiesen, in der sogenannte »Erinnerungsbauten« den Einklang zwischen Natur und Architektur suggerieren sollten. Es entstand die »Tschesme-Säule«, das Türkische Bad, das achtsäulige Tor, die Pyramide, das chinesische Dorf und die Admiralität im pseudo-gotischen Stil. Cameron schuf Palastanbauten im Stil der Antike wie das Kalte Bad, das Achatzimmer und die Cameron-Galerie mit den Büsten antiker Staatsmänner und Philosophen.

Nicht im Zentrum der Besucherströme liegt der Alexander-Park mit dem gleichnamigen Palast. Er gehörte zu den bevorzugten Aufenthaltsorten des letzten Zaren, Nikolaus II. – und 1917 wurde der Zar mit seiner Familie nach seiner Abdankung hier unter Arrest gestellt, bevor sie nach Sibirien verbannt und 1918 in Jekaterinburg ermordet wurden. In einem Seitenflügel zog 1810 das Lyzeum ein, eine Lehranstalt für Kinder aus höchsten Kreisen, die auch Alexander Puschkin (1799–1837) besuchte. Heute befindet sich hier das beliebte Puschkin-Museum und im Garten davor das Puschkin-Denkmal. Ganz Zarskoje Selo war während der Belagerung Leningrads im Zweiten Weltkrieg besetzt und wurde beim Abzug der Wehrmacht dem Erdboden gleichgemacht. Nach jahrzehntelangem Aufbau sind weitgehend alle Gebäude und Denkmäler wieder aufgebaut oder restauriert.

DAS BERÜHMTESTE ZIMMER DER WELT

Das Katharinenpalais war immer ein Besuchermagnet, aber seit 2003, als das legendäre Bernsteinzimmer für Besucher geöffnet wurde, reißen die Schlangen am Eingang nicht ab. Im November 1716 hatte Friedrich Wilhelm von Preußen Peter dem Großen Bernstein für ein 17 Quadratmeter großes Zimmer geschenkt. Der Raum wurde im Winterpalais eingebaut, und um 1770 beauftragte Katharina die Große ihren Hofarchitekten Rastrelli mit der Erweiterung des Bernsteinschmucks und dem Einbau in den Katharinenpalast. Das Ergebnis war ein 100 Quadratmeter großer Prunksaal. Im Krieg wurde der Schmuck von den Deutschen entfernt, nach Königsberg verbracht und als »Achtes Weltwunder« ausgestellt. Im Januar 1945 verloren sich die Spuren. Trotz intensiver Suche ist der wesentliche Teil des Schmucks bis heute unauffindbar. Bereits 1979 begann man mit der Rekonstruktion des Raumes anhand alter Fotos. 30 Restauratoren fügten 500 000 Bernsteinelemente zusammen.

WEITERE INFORMATIONEN

Tel. +7-812-465 2024 oder 465 9424 (dienstags geschlossen).
www.zarskojeselo.ru

Sankt Petersburg und Umland

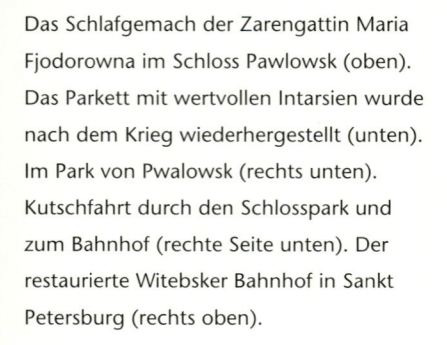

22 Pawlowsk

Palladianischer Prunk

Nur wenige Kilometer von Zarskoje Selo entfernt liegt die nach Paul, dem Sohn von Katharina der Großen, benannte Sommerresidenz Pawlowsk. Sie ist die jüngste in der Reihe der Residenzen für die Zaren außerhalb Sankt Petersburgs und ist eingebettet in einen einzigartigen Landschaftspark, der im ausgehenden 19. Jahrhundert der Vorstellung von der arkadischen Ideallandschaft entsprach.

Es war im Jahr 1777, als das junge Paar Pavel (der spätere Zar Paul I.; 1754 bis 1801) und seine Gemahlin Maria Fjodorowna (1759–1828), gebürtige Prinzessin Sophie von Württemberg, anlässlich der Geburt ihres Sohnes Alexander ein weitläufiges Waldgebiet südlich von Zarskoje Selo von der Zarin geschenkt bekam.

Das Schloss

Zunächst entstanden auf dem Anwesen einige Holzbauten. Ab 1782 wurden unter der Leitung des schottischen Architekten Charles Cameron innerhalb von nur vier Jahren das Schloss und die umliegenden Parkanlagen geschaffen. Im Zentrum dominiert das Schloss, das im Stil einer italienischen Villa nach dem Vorbild des venezianischen Baumeisters Palladio errichtet wurde. Vor allem dem Willen und den Ideen der jungen Gemahlin Pauls ist es zu verdanken, dass dieser Bau durch seinen erlesenen Geschmack und hohen Wohnkomfort besticht. Neben Cameron wirkten weitere bedeutende Architekten wie Brenna, Quarenghi und Rossi an diesem Projekt mit und schufen zusammen ein wahres Kunstwerk im klassizistischen Stil. Im Erdgeschoss befinden sich die Wohngemächer Pauls und seiner Gemahlin. Über die Paradetreppe und das Prunkvestibül betritt der Besucher den Italienischen Saal und den thematisch korrespondierenden Griechischen Saal, diesem schließt sich der Saal des Friedens an, von dem aus es in die Paradegemächer der Zarengattin geht. Vom Saal des Krieges wiederum gelangt man in die Paradegemächer des

Das Schlafgemach der Zarengattin Maria Fjodorowna im Schloss Pawlowsk (oben). Das Parkett mit wertvollen Intarsien wurde nach dem Krieg wiederhergestellt (unten). Im Park von Pwalowsk (rechts unten). Kutschfahrt durch den Schlosspark und zum Bahnhof (rechte Seite unten). Der restaurierte Witebsker Bahnhof in Sankt Petersburg (rechts oben).

Pawlowsk

Zaren. Es folgen Bibliothek, Gemäldegalerie und der Thronsaal mit seinem illusionistischen Deckengemälde, das den offenen Himmel vortäuscht. Abgeschlossen werden die Räumlichkeiten durch den Rittersaal und die Palastkirche (zurzeit noch nicht zu besichtigen).

Auch die Sommerresidenz von Pawlowsk war am Ende des Zweiten Weltkrieges ein Ort der Verwüstung. Das Schloss war ausgebrannt und der Park gerodet worden. Da die Kunstschätze glücklicherweise jedoch vor der Besetzung durch die deutschen Truppen nach Leningrad ausgelagert worden waren, konnten fast alle Exponate gerettet werden. Der Wiederaufbau zog sich bis Mitte der 1990er-Jahre hin, einige Räume sind für Besucher jedoch noch geschlossen.

Der Park

Der rund um die Residenz von Pawlowsk angelegte Landschaftsgarten im englischen Stil basiert weitestgehend auf den Ideen der Zarengattin Maria Fjodorowna. Im Zentrum steht der Palast, umgeben von sanften Hügeln, Teichen und Wiesen, durch die Anlage plätschert das künstlich umgeleitete Flüsschen Slavjanka, das von zahlreichen pittoresken Brückchen überspannt wird. Im Park wurden 18 Pavillons errichtet, wie z. B. der Tempel der Freundschaft, der Pavillon der drei Grazien, die Apollon-Kolonnade, das Kalte Bad im antiken Stil, der Rossi-Pavillon und das Milchhäuschen im Stil eines Schweizer Landhauses. Über das Parkgelände verteilt findet man zahlreiche Skulpturen.

DIE STRECKE DER 1. RUSSISCHEN EISENBAHN VON 1838

Vom Witebsker Bahnhof in Sankt Petersburg beginnt die Fahrt, heutzutage mit der »Elektritschka«, dem Vorortzug in Richtung Zarskoje Selo und Pawlowsk. Mit etwas Glück erwischt man im Sommer einen der Sonderzüge, die mit alten Dampflokomotiven und historischen Wagen als Touristenattraktion unterwegs sind. Die russische Eisenbahngeschichte hatte ihre Anfänge im Jahr 1838, als genau hier, zwischen der alten Hauptstadt und den Sommerresidenzen, der erste Zug verkehrte. Die Streckenlänge betrug 27 Kilometer. Schon bald gehörte eine Fahrt hinaus zu den Sommerschlössern der Zaren zu einer Attraktion für die begüterten Petersburger Bürger. Am Bahnhof von Pawlowsk errichtete man nach dem Vorbild des Londoner Vorortes Vauxhall einen Musikpavillon. Dieser erfreute sich großer Beliebtheit und wurde im Volksmund, slawisch eingefärbt, *woksal* genannt, das heutige russische Wort für Bahnhof.

WEITERE INFORMATIONEN

www.petersburger.info/tourismus/ziele-ausserhalb/pawlowsk.html
www.alexanderpalace.org

In der Fußgängerzone von Petrosawodsk zieren zahlreiche Skulpturen nach Motiven russischer Märchen den Weg (oben). Fahrt mit dem Motorboot nach Kischi (oben). Im Stadtzentrum von Petrosawodsk (unten). Blick zur Insel Walaam und zur Nikolaus-Einsiedelei im Onegasee (rechts).

Karelien und der Norden

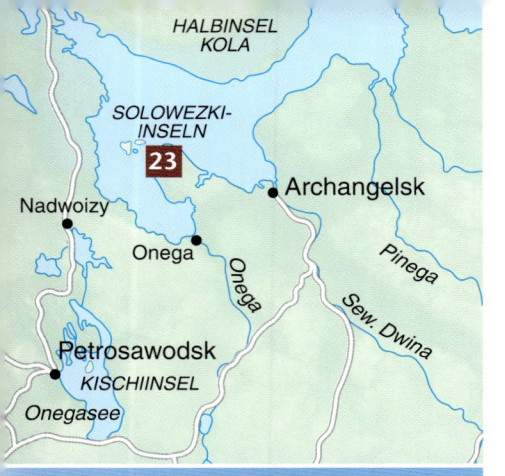

Karelien und der Norden

23 Solowezki-Inseln

Archipel der Religion und des Todes

Die Solowezki-Inseln im Weißen Meer haben auf zwei unterschiedlichen Wegen Berühmtheit erlangt: zum einen mit dem Kloster, das seit 1992 zum UNESCO-Welterbe zählt, zum anderen mit Alexander Solschenyzins Buch *Der Archipel GULAG* über das Lagerleben auf dem Mini-Archipel Solowki.

In einer hellen Sommernacht steht der Mond über dem Solowezki-Kloster (oben). Die Geschichte der Häftlinge wird erzählt im GULAG-Museum vom »Archipel GULAG« (unten). Prozession im Solowezki-Kloster (rechts unten). Blick auf das Solowezki-Kloster (rechte Seite unten). Kem, die idyllische Hafenstadt am Weißen Meer (rechte Seite oben).

Der Solowezki-Archipel besteht aus sechs größeren und zahlreichen kleineren unbewohnten Inseln und Riffen im Weißen Meer. Er liegt 150 Kilometer südlich des Nordpolarkreises und 530 Kilometer von Sankt Petersburg entfernt. Zu erreichen sind die Inseln per Flugzeug von Archangelsk in einer Stunde, mit dem Schiff dauert die Reise rund zwölf Stunden und kann recht abenteuerlich, auf jeden Fall aber interessant sein. Die Schiffsanreise ist von Mai bis September auch von Belomorsk und Kem möglich. Im Frühsommer, der besten Reisezeit, wenn die Mitternachtssonne am Horizont steht und die Tage unendlich lang erscheinen, kann man vor den Inseln Belugawale und Robben mit ihren Jungen beobachten und seltene Seevögel erspähen.

Das Solowezki-Kloster

Schon von Weitem erkennt der Reisende die Silhouette des Kreml mit dem Kloster auf der Hauptinsel. Um das Jahr 1420 kamen drei Mönche aus der Stadt Kirillow und dem gleichnamigen Kloster hierher. Auf der Suche nach innerer Einkehr und Abgeschiedenheit befanden sie die Insel Bolschoi Solowezki als idealen Ort für ihre Pläne. Das von ihnen erbaute Kloster entwickelte sich zu einem religiösen und wirtschaftlichen Zentrum des hohen Nordens und beherbergte im 16. Jahrhundert bereits über 300 Mönche und doppelt so viele Handwerker. Es entstanden Kirchen, Wirtschaftsgebäude und Befestigungsanlagen, denn die Inseln waren auch Grenzland zum feindlichen Schweden. Auf dem Weg von der Anlegestelle empfangen den Besucher zwei winzige weiße Kirchen, bevor man durch die Mariä-Verkündigungs-Torkirche die eigentliche Klosteranlage betritt. In der

Solowezki-Inseln

Mitte des festungsähnlich ausgebauten Klosters befinden sich die wuchtige, von drei Kuppeln gekrönte Mariä-Himmelfahrts-Kirche und unmittelbar dahinter das Refektorium. Die Anlage wurde zwischen 1552 und 1557 erbaut. Bei gutem Wetter ist der Glockenturm für Besucher geöffnet, der Aufstieg wird mit einem wunderbaren Ausblick über die Inseln belohnt. Die Hauptkirche, die von 1556 bis 1564 erbaute Erlöser-Verklärungs-Kathedrale, wirkt mit ihren fünf Kuppeln besonders prächtig. Erwähnenswert ist die aus dem Ende des 16. Jahrhunderts stammende Nikolaus-Kirche mit einer Mischung aus altrussischen, barocken und später angefügten klassizistischen Stilmerkmalen. Im 18. Jahrhundert wurde das Kloster auf Befehl der Zaren zum Staatsgefängnis und zu einer Grenzfestung ausgebaut. Dies sollte das Schicksal des Klosters und der Inseln für 250 Jahre bestimmen. In einigen Gebäuden auf dem Gelände gibt es Ausstellungen zur Geschichte und Architektur desselben, aber vor allem ist das Museum zur GULAG-Geschichte aufschlussreich und erschütternd zugleich.

Das GULAG-System

Die geografische Lage des Archipels sowie die Tatsache, dass sich auf dem Klostergelände bereits ein Gefängnis befand, waren Grund genug für die Bolschewiken, das Kloster 1921 in ein Konzentrationslager umzuwandeln. Es sollte der Prototyp des sowjetischen GULAG-Systems werden. 1923 waren im Lager 3000 Häftlinge eingesperrt: Priester, Mönche, Weißgardisten, sonstige Oppositionelle und Anarchisten. 1931 mussten bereits 70000 Häftlinge auf dem »Archipel des Todes« Zwangsarbeit verrichten oder wurden in den Wäldern der Inseln zu Zehntausenden ermordet. Während des Krieges wurden im Kloster Marinekadetten ausgebildet und ab 1960 verstärkt Militäreinheiten dort stationiert, da die Inseln nun Grenzposten im Kalten Krieg waren. 1992 wurde das Kloster reaktiviert, zurzeit leben hier 30 Mönche, insgesamt ca. 1000 Einwohner.

DIE STADT KEM

Die Überfahrt von Kem auf die Inseln dauert bis zu sechs Stunden, vorher sollte man sich aber in der Stadt noch ein wenig umsehen. Kem wurde 1490 gegründet und steht in engem historischem Zusammenhang mit der Entwicklung des Klosters auf den Solowezki-Inseln. Die Siedlung litt unter den Übergriffen der Schweden Ende des 16./Anfang des 17. Jahrhunderts, bekam 1785 von Katharina II. das Stadtrecht und spielte eine unrühmliche Rolle bei der Verschiffung der Häftlinge auf die GULAG-Inseln. Äußerst sehenswert ist die Mariä-Himmelfahrts-Kathedrale von 1717. Sie ist ein Meisterwerk nordischer Holzbaukunst mit drei Zeltdächern, die wiederum von drei Zwiebeltürmen mit Kreuzen geschmückt sind.

Auch ein Besuch des *Bezirksmuseums* ist lohnenswert, gibt dies doch Aufschluss über das Leben der Bewohner der Weißmeerküste, der Fischer und Seefahrer und der Salzgewinnung an der Küste. Sakralkunst und eindrucksvolle Ikonen des 18. und 19. Jahrhunderts sind ebenso zu bestaunen wie wertvolle Gebets- und Psalmbücher.

WEITERE INFORMATIONEN

Kemskij Musej Pomorje (Bezirksmuseum): Uliza Wisupe 12, Di–So 9–17 Uhr geöffnet.

Karelien und der Norden

24 Petrosawodsk

Kareliens Hauptstadt

Petrosawodsk, die Hauptstadt der autonomen Republik Karelien, liegt am Onegasee, dem zweitgrößten See Europas. Ihre Ursprünge gehen auf das Jahr 1703 zurück, als auch Sankt Petersburg gegründet wurde. Seit Peter dem Großen bis in die Gegenwart ist die Stadt ein wichtiger Industriestandort und gleichzeitig Ausgangspunkt für Touren zum Onegasee, zur Insel Kischi und in die endlosen Weiten Kareliens.

Bereits seit dem 11. Jahrhundert gab es in der Nähe Siedlungen, in denen sich Bauern, Handwerker und später auch Flüchtlinge, die dem Tatarenjoch entkommen wollten, niedergelassen hatten. Man lebte gut von den reichen Fischgründen der Seen und Flüsse, die Gegend war ein wichtiges Bindeglied im Handel Nowgorods mit den Völkern des Nordens. Gehandelt wurden Pelze, Salz, Perlen, Honig, Fisch, Pech und Walrosszähne, die über den alten Handelsweg durch Karelien nach Süden und Westen transportiert wurden.

Anfänge als Arbeitersiedlung

Slawische Völker wie die Russen lebten hier mit Kareliern, Finnen und Wespen friedlich miteinander, und als Zeichen des guten Einvernehmens nahmen die Menschen den orthodoxen Glauben der Russen an. Einsiedlermönche gründeten Klöster, die gleichsam als Bollwerke gegen den katholischen Glauben der Schweden standen.

Bis zum 19. Jahrhundert war die Gegend um Petrosawodsk ein Zufluchtsort für Andersgläubige und geflohene Leibeigene. Das sollte sich nach dem Sieg über Napoleon und nach dem Dekabristenaufstand von 1825, der sich gegen den Zaren richtete, ändern. Aus dem Zufluchtsort Karelien wurde das »hauptstadtnahe Gefängnis« – Sankt Petersburg liegt nur 400 Kilometer südwestlich. Das dünn besiedelte Karelien war aus Sicht der Regierenden ein geeigneter Ort für die Verbannung politischer Häftlinge.

Vorher aber kam es 1703 auf Geheiß Peters I. zur Gründung eines Kanonen- und Gusseisenwerkes, in dem Material für die Nordischen Kriege produziert wurde. Das Werk erhielt den Namen »Petrosawod«, »Peterwerk«. Um die Fabrik entstand eine Siedlung, in der die Arbeiter wohnten. Aus der Siedlung und dem Werk entwickelte sich Petrosawodsk, das 1777 Stadtrecht erhielt und bereits 1781 zum Sitz des Gouverneurs der Provinz Olonez avancierte. Im Zuge der Indus-

Hausboot im Hafen von Petrosawodsk (oben). Peter der Große wacht an der Uferpromenade über Wohl und Wehe der Stadt (unten). Moderne Skulpturen am Onegaufer sind Geschenke der Partnerstädte (rechts unten). Frische Lachsforellen für das Picknick am See (rechte Seite oben).

Petrosawodsk

triellen Revolution entstanden Großbetriebe der Rüstungsindustrie, in den weiterhin Kanonen und Kriegsschiffe gebaut wurden. Die Dampfschifffahrt nach Sankt Petersburg wurde eröffnet, und die Stadt kam ans Netz der »Murmanbahn«-Linie von Sankt Petersburg nach Murmansk. Die Stadt war immer auch durch die finnische Bevölkerung geprägt. So war sie 1940 bis 1956 Hauptstadt der Karelo-Finnischen Sozialistischen Sowjetrepublik, die aber von 1941 bis 1944 im sogenannten Fortsetzungskrieg zwischen Finnland und der Sowjetunion finnisch besetzt war. Seit 1991 ist Petrosawodsk (260 000 Einwohner) die Hauptstadt der Republik Karelien.

Rundgang durch Petrosawodsk

Die Hauptstraße der Stadt führt vom Hauptbahnhof zur Uferpromenade am Onegasee und heißt, wie fast jede Magistrale einer russischen Stadt, Leninstraße. Zwischen sowjetischen Neubauten stehen zahlreiche Gebäude im finnischen Stil, die die Bombardierungen im Zweiten Weltkrieg überdauert haben. Auf halben Wege zum See liegt der Lenin-Platz, früher Runder Platz genannt, mit dem Heimatmuseum, in dem sich die Sammlung karelischer Volkskunst befindet. Folgt man dem Karl-Marx-Prospekt nach halbrechts, erreicht man den Kirow-Platz mit dem Kunstmuseum, das bildende Kunst von altrussischen Ikonen bis zu zeitgenössischen Künstlern der Region präsentiert. Vorbei am Musiktheater führt der Weg zur Alexander-Newskij-Kathedrale im spätklassizistischen Stil, der größten Kirche der Stadt. Durch den Park, durch den das Flüsschen Lososinka plätschert, erreicht man nach kurzem Weg die Uferpromenade mit dem Hafengebäude, im angrenzenden Park das Denkmal Peters des Großen, das Geologische Museum und schließlich den Säulenpavillon am Ufer des Onegasees.

KARELISCH SPEISEN

Im Land der Seen, Flüsse und Wälder sollte man in einem typisch karelischen Restaurant einkehren. Im *Kareljskaja Gorniza* werden Fischgerichte, Vorspeisen, Suppen, Hauptgerichte mit Fisch der Seen und Flüsse zubereitet. Spezialitäten sind u. a. kalte Fischhäppchen, Lachssuppe, Zanderfilet mit Dillsauce und Sauerrahmkartoffeln sowie Wildspezialitäten aus den Wäldern der Region wie Elchschinken, Hirschgulasch, Hasenbraten und Fasan. Als Dessert gibt es z. B. Moosbeeren mit Honig oder frisch gebackenen Blaubeerkuchen, dazu russischen Tee und ein Gläschen Vogelbeeren- oder Klukwa (Moosbeeren)-Likör. Prost – *Na Sdarowie!*

WEITERE INFORMATIONEN

Kareljskaja Gorniza: Ul. Engelsa 13, Nähe Lenin-Prospekt, Tel. + 7-8142-785300.

Karelien und der Norden

25 Der Ladogasee

Ausflugsziel und religiöse Stätte

Der Ladogasee ist ein beliebtes Ausflugs- und Urlaubsziel für die Russen, Naturreservat und gleichzeitig Lebensgrundlage für die Fischer. Politisch spielte der See über Jahrhunderte eine wechselvolle Rolle. Er ist über die Newa mit der Ostsee verbunden, über den Swir mit Onegasee und Weißem Meer sowie über Kanäle mit der Wolga. Weltberühmt ist die im Norden des Sees gelegene Klosterinsel Walaam.

Wer es nicht eilig hat, sollte die Reise zum Ladogasee von Sankt Petersburg aus mit dem Schiff angehen. Auf der Newa, einem der kürzesten Flüsse Russlands, erreicht man nach etwa sechs Stunden Fahrt stromaufwärts Schlüsselburg. Die Festung auf der Nussinsel liegt am Ende des Ladogasees, dort, wo die Newa diesen verlässt. Den deutschen Namen erhielt die Festung von Peter I. bereits 1702, als er sie im Nordischen Krieg den Schweden abnahm. Für den jungen Zaren bedeutete dies die Eroberung einer Schlüsselposition im Kampf um den Zugang zur Ostsee, daher der Name.

Größter Binnensee Europas

Sanft gleitet das Schiff über den See, der eine Nord-Süd-Ausdehnung von 220 Kilometern hat und bis zu 120 Kilometer breit ist, die Tiefe liegt zwischen 50 und 225 Metern. Er ist idealer Lebensraum für Fische, Wasservögel und die Ladoga-Robbe, eine seltene Süßwasserrobbe. Über einer scheinbar unendlichen Wasserfläche von fast 18 000 Quadratkilometern breitet sich der wunderschöne karelische Wolkenhimmel aus. An den sanften Buchten im Süden stehen dunkle Tannen- und Fichtenwälder, die felsigen Steilufer im Norden prägen Birken- und Kiefernwälder. Bereits im 9. Jahrhundert befand sich in Staraja Ladoga am Südufer des Sees, bei der Mündung des Wolchow-Flusses, eine Festung. Diese war strategisch wichtig für den Handel der Nowgoroder mit der Hanse, und der Name der Stadt übertrug sich auf den See.

Die Insel Walaam und das Kloster

Schließlich erreicht das Schiff den Archipel von Walaam, zu dem insgesamt 54 Inseln gehören. Walaam ist Pilgerland. Der Legende nach soll im 1. Jahrhundert ein Schüler Jesu Christi, Andreas der Erstgerufene, an diesen Ort gekommen sein. Ab dem 14. Jahrhundert entstanden hier erste Kirchen und Klausen, die aber im 17. Jahrhundert von den Schweden zerstört wurden. Eine erneute Blüte des Klosters setzte im 19. Jahrhun-

---

Blick zur Nikolaus-Einsiedelei von der Insel Walaam aus (oben). Picknick in freier Natur mit Fisch, Fleisch, Gemüse und Wodka – ein Muss in Russland (unten). Das Kloster Walaam auf der gleichnamigen Insel ist religiöses Zentrum und Touristenmagnet zugleich (rechts unten). Mittsommernacht am Ladogasee (rechts oben).

Der Ladogasee

dert ein, als reiche Kaufleute zu den Inseln pilgerten und für ihr Seelenheil große Summen spendeten. Die felsige, hügelige Hauptinsel erhielt an vielen Stellen biblische Bezeichnungen und verstand sich als »nördliches Jerusalem« für Pilger aus ganz Russland. Nach der Oktoberrevolution fiel Walaam an Finnland, 1940 an die Sowjetunion. Das Kloster wurde damals zum Heim für behinderte Kinder.

Seit 1989 ist die Anlage wieder in der Hand der orthodoxen Kirche. 150 Mönche leben hier in drei noch genutzten Klausen. Im Zentrum des Klosterhofes steht neben Refektorium und einigen Mönchszellen die Kirche Andreas des Erstgerufenen mit ihrer leuchtend goldenen Kuppel, hier sollen der Legende nach einige Steine aus dem Grabe Jesu Christi liegen. Über malerische Pilgerwege gelangt man zu heiligen Stätten wie dem Zionsberg, der Gethsemane-Klause und dem Eleon-Berg mit der kleinen Himmelfahrtskapelle. Vom Kloster zur Hauptinsel gelangt man per Boot oder auch zu Fuß über einen ca. sechs Kilometer langen Waldweg. Weithin sichtbar sind die blauen Kuppeln der frisch restaurierten Christi-Verklärungs-Kathedrale von 1887. Auch ein klein wenig weltliches Leben hat sich auf Walaam erhalten, in den Buchten liegen Fischerboote, am Anleger wird geräucherter oder frischer Fisch verkauft. Wer mag, kann auch Wobla, gesalzenen Trockenfisch, probieren. Händler bieten Wodka, Beerenschnaps, Honig und Souvenirs an. In einem kleinen Museum bekommt man Einblicke in das karge Leben der Menschen im russischen Norden.

Einige Klausen (Einsiedeleien) sind für Besucher Tabuzonen, wie die Nikolski-Klause und die Klause der Heiligen Insel. Hier leben die Mönche nach strengen Regeln in absoluter Einsamkeit.

EIN HAUCH SKANDINAVIEN

Von Walaam sind es rund 40 Kilometer über den See nach *Sortawala*, das, wie der Name verrät, finnischen Ursprungs ist. Sortawala ist ein gemütliches Städtchen mit skandinavischen Häusern. Sehenswert sind besonders das Rathaus am Hauptplatz, das Leander-Haus, ein prächtiges Bankgebäude, die alle teilweise in den letzten Jahren restauriert wurden. In der Nähe gibt es einen interessanten Naturpark mit Wasserfall sowie zahlreiche Granit- und Marmorsteinbrüche, in denen u. a. das Baumaterial für die Isaaks- und die Kasaner Kathedrale in Sankt Petersburg gebrochen wurde.

WEITERE INFORMATIONEN

Sortawala: Intourist Petrosawodsk: Tel. +7-8142-592900 (Buchungen für Ausflüge nach Sortawala).
www.inturist.onega.ru

Karelien und der Norden

26 Der Onegasee und Kischi

Einzigartiges Freiluftmuseum

Mitten im Onegasee, dem zweitgrößten See Europas, liegt die lang gestreckte Kischi-Insel, auf der sich eines der eindrucksvollsten Freiluftmuseen Russlands befindet. Hier stehen neben den berühmten Holzkirchen auch Bauernhäuser, Mühlen und zahlreiche andere nur aus Holz errichtete Gebäude. Auf Kischi erhält der Besucher einen Einblick in das Leben der Menschen im Norden Russlands.

Petrosawodsk ist der ideale Ausgangspunkt für einen Ausflug über den Onegasee zur Kischi-Insel. Die Überfahrt dauert mit dem Tragflächenboot »Raketa« etwas mehr als eine Stunde.

Der kleinere Bruder des Ladogasees

Der Onega ist nach dem benachbarten Ladogasee der zweitgrößte Süßwassersee Europas und über den Fluss Swir mit ihm verbunden, dieser wiederum über die Newa mit der Ostsee. Über Kanäle und Flüsse bestehen Verbindungen zum Weißen Meer und über die Wolga zum Kaspischen und Schwarzen Meer. Entstanden ist der Onega, wie auch sein großer Bruder, der Ladoga, in der Eiszeit vor etwa 11 000 Jahren. Bei einer Fläche von mehr als 9600 Quadratkilometern ist er 248 Kilometer lang und bis zu 91 Kilometer breit. Die tiefste Stelle misst 127 Meter. Von den 1369 Inseln im Onegasee ist Kischi die bekannteste. Seit 1961 ist die Insel ein Freilichtmuseum, 1990 wurde sie in die UNESCO-Weltkulturerbeliste aufgenommen.

Kischi-Insel

Der Name »Kischi« stammt aus dem Karelischen und bedeutet so viel wie »Ort der Spiele«. Man geht davon aus, dass die Insel bereits in heidnischer Zeit eine Kultstätte war. Seit dem 11. Jahrhundert ist sie besiedelt, und im 18. Jahrhundert entstanden die weltberühmten Holzkirchen. Zu diesen wurden ab 1961 interessante Holzbauten des ländlichen Lebens (Bauernhäuser, Speicher, Badehäuser, eine Schmiede, Mühlen, kleine Kapellen und Wegkreuze) aus ganz Karelien hinzugefügt. So entstand das einzigartige Museumsareal, das alljährlich bis zu 150 000 Besucher anzieht. Kischi gehört traditionell auch zu den Anlaufstellen der Kreuzfahrtschiffe, die im Sommer zwischen Moskau und Sankt Petersburg unterwegs sind.

Die ursprünglich als Winterkirche gedachte Christi-Verklärungs-Kirche mit ihren 22 Zwiebeltürmen kann mit Fug und Recht als schönste Holzkirche Russlands bezeichnet werden. Die in mehreren Reihen halbkreisförmig angeordneten Kup-

Idyllisch gelegene Pension für Kischi-Besucher am Onegasee, (oben). Holzschnitzerei hat eine lange Tradition in Karelien (unten). Ikonostas im Innenraum der Christi-Verklärungs-Kirche (rechts unten). Friedhof auf der Insel Kischi (rechts oben).

Der Onegasee und Kischi

peln schimmern silbern. Während die Holzschindeln für das Dach aus witterungsbeständigem Espenholz gefertigt sind, wurde das Kirchengebäude aus Kiefernstämmen gezimmert, die nur mit Äxten bearbeitet wurden. Wie diese Kirche aus dem Jahr 1714 wurden auch die meisten anderen Gebäude ohne einen einzigen Nagel, ohne Schrauben oder andere metallische Elemente zusammengesetzt. Die etwas kleinere Mariä-Schutz-Kirche wurde 1764 nebenan als Sommerkirche gebaut. Das Dach krönen acht Zwiebeltürmchen, aus der die zentrale Kuppel herausragt. Beiden Kirchen dient ein frei stehender Glockenturm aus dem Jahr 1864. Auf dem Wege zur Südspitze der Insel liegt die Lazarus-Kapelle, die vermutlich älteste erhaltene Holzkirche Russlands von 1399. Sie stand ursprünglich im Kloster Murom am Südufer des Onegasees und wurde 1960 auf die Insel gebracht. Interessante Holzbauten wie die Windmühle, der Dreschboden, das Jelisarow-Haus, das Tschepin-Haus, eine original russische Banja (Badehaus) stehen am Weg. Von der kleinen Erzengel-Michael-Kapelle, die ebenfalls vom Festland nach Kischi gebracht wurde, kann man im Sommer gelegentlich das von Hand betriebene Glockenspiel hören. Eine Schmiede und eine Wassermühle runden das Ensemble nach Süden hin ab. Auf einer kleinen Halbinsel im nördlichen Teil von Kischi befindet sich die Peter-und-Pauls-Kapelle. Auf dem Wege dorthin stehen einige Bauernhäuser, Scheunen und eine Banja. Alle Bauten, sakraler oder weltlicher Bestimmung, sind durch Schnitzereien und Ornamente reich verziert, in den Gebäuden gibt es eine Vielzahl von Gegenständen und Möbelstücken, die eine authentische Atmosphäre schaffen.

OPFER EINES UNRECHTSSTAATS

Medweschjegorsk war bis 1992 eine geschlossene Stadt, liegt unweit des Eingangs in den Weißmeer-Ostsee-Kanal, an dessen Bau Hunderttausende Zwangsarbeiter beteiligt waren und Zehntausende ums Leben kamen. Das *GULAG-Museum* in der Stadt erinnert an die stalinistischen Repressionen ab 1931, es erzählt vom Bau des Kanals, von Eisenbahnstrecken und Industriebetrieben mit großen menschlichen Opfern. Das Museum fungiert heute als Ort der Begegnung. Es werden Vorträge und Filmvorführungen organisiert, die Zeugnis ablegen von dem Unrecht, das unter Stalin unschuldigen Menschen angetan wurde.

WEITERE INFORMATIONEN

GULAG-Museum: Medweschjegorsk.
www.medweschjegorsk.ru

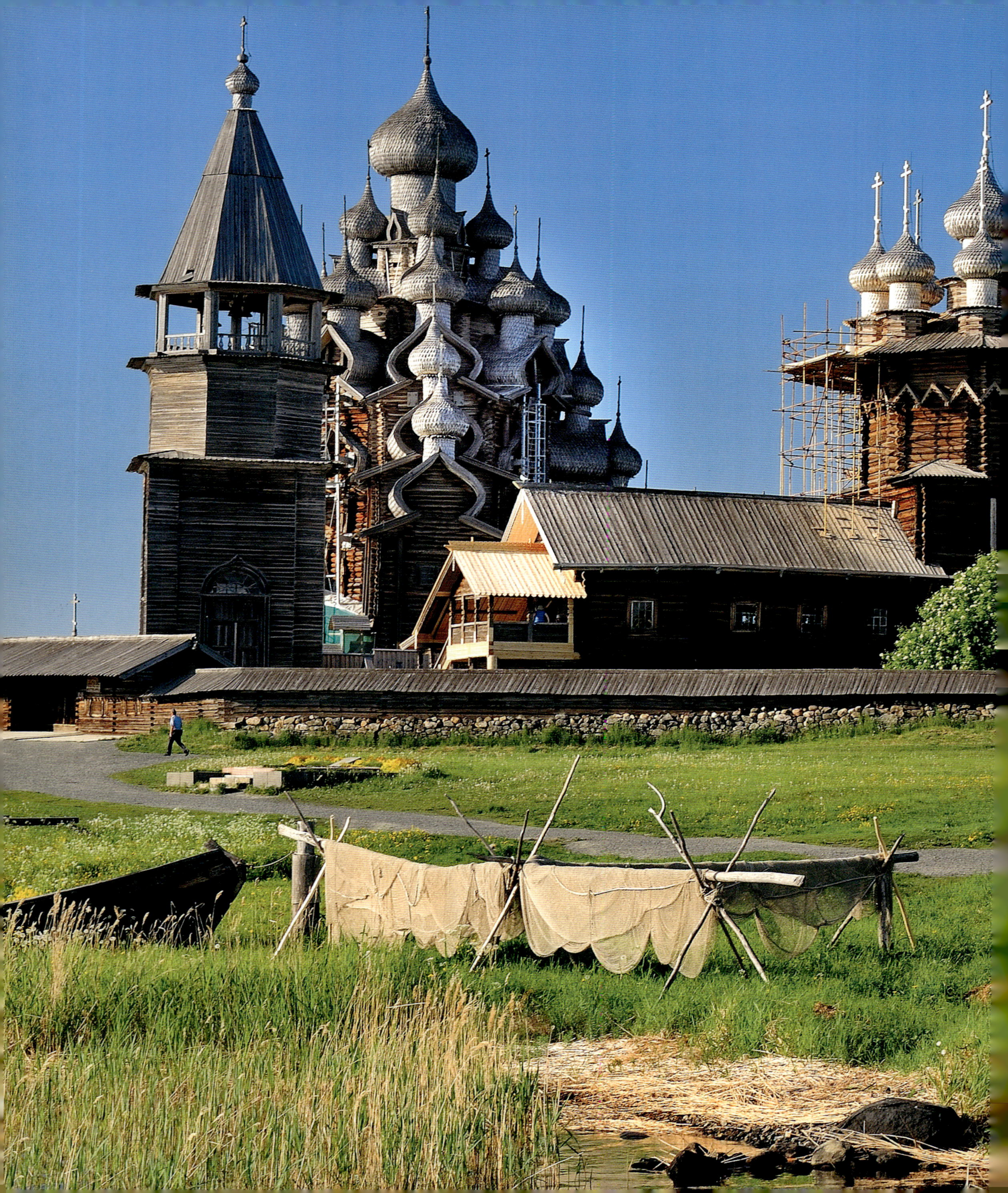

Der Höhepunkt russischer Holzbaukunst zeigt sich im Kirchenspiel von Kischi mit der Mariä-Schutz-Kirche und der Christi-Verklärungs-Kirche.

Karelien und der Norden

27 Archangelsk

Stadt des Erzengels Michael

Die Hafenstadt Archangelsk im hohen Norden Russlands war bis 1703 der einzige Zugang zum offenen Meer. Wikinger, Nowgoroder Kaufleute, Engländer, Russen, die Mächte der Entente, die Deutschen, die Alliierten und die Sowjets – sie alle versuchten, Nutzen aus Archangelsk, der »Erzengelstadt«, zu ziehen. Heute ist sie Ausgangspunkt für Touren zu den Solowezki-Klosterinseln.

Bereits im Jahr 918 wird in der Wikingersaga »Heimskringla« die Geschichte von nordischen (norwegischen) Eroberern erzählt, die ins Bjarmeland (Russland) an der Dwina einfielen und reiche Beute in Form von Pelzen und Fellen machten.

Blühende Geschäfte

Nowgoroder Mönche gründeten im 12. Jahrhundert an der nördlichen Dwina ein dem Erzengel Michael geweihtes Kloster, das an einen kleinen Fischerhafen grenzte. Um diese Zeit expandierten die Nowgoroder Kaufleute nach Norden, was zu Konflikten mit den Norwegern (Murman) führte, da diese ebenso am ertragreichen Pelzhandel interessiert waren. Die Nowgoroder behielten die Oberhand, bis 1478 schließlich die Nowgoroder Ländereien und das Erzengel-Michael-Kloster an das Großfürstentum Moskau fielen. 1553 erreichten erstmals englische Seeleute und Händler auf der Suche nach einem nördlichen Seeweg nach China und Indien die Dwina.

Die Reise endete hier, die Engländer wurden bis zum Hof des jungen Zaren Iwan IV. (des Schrecklichen) nach Moskau geleitet, daraus entstand die Muscovy Company, die erste, bis 1920 existierende russisch-englische Handelsgesellschaft, aus der das englische Königshaus und der russische Zarenhof immense Gewinne erwirtschafteten.
Bald siedelten sich Kaufleute aus ganz Russland und halb Europa an der Dwina an, der Handel zwischen dem Westen und dem Osten florierte. Hafen und Siedlung um das Kloster wurden befestigt und 1584, dem Gründungsjahr der Stadt,

Blick vom Jachthafen auf den Seehafen von Archangelsk (oben). Spielplatz am Freilichtmuseum in Archangelsk (unten). Denkmal für die Kriegshelden (rechts unten). Die Nikolaus-Wundertäter-Kirche am Dwina-Ufer (rechte Seite unten). Im Freilichtmuseum (rechte Seite oben).

Archangelsk

fertiggestellt. Die junge Stadt wurde Nowocholmogory genannt, vermutlich aus der Sprache der Ureinwohner, des Volkes der Nenzen. Seit 1613 heißt die Stadt Archangelsk. 1693 gründete Zar Peter I. eine Werft sowie eine Admiralität als Basis für die russische Kriegsmarine und Handelsflotte. Unter ihm wurden Stadt und Hafen festungsartig ausgebaut, und bereits 1701 bewährte sich diese im Krieg gegen die Schweden. Archangelsk war eine sichere Festung, ein florierender Handelsplatz und ab 1708 Hauptstadt des gleichnamigen Gouvernements. Konkurrenz erhielt sie ab 1712, als Petersburg zur neuen Hauptstadt Russlands erkoren wurde, und ab 1916 durch den eisfreien Hafen von Murmansk. In der Sowjetzeit wurde der Hafen zum Sitz der Eisbrecherflotte für den nördlichen Seeweg ausgebaut. Im Zweiten Weltkrieg war Archangelsk das »nördliche Endziel« der deutschen Wehrmacht, das sie jedoch nie erreichte. Stattdessen diente es als Hafen für die Hilfstransporte der Alliierten. Die Stadt hat heute rund 350 000 Einwohner und lebt von Fischfang, Holz- und Papierindustrie, Diamantengewinnung und Tourismus.

Die Stadt der »Weißen Nächte«

Archangelsk erstreckt sich auf 40 Kilometer Länge am rechten Dwina-Ufer und hat vor allem während der »Weißen Nächte« im Juni und Juli ein pulsierendes Tag- und Nachtleben entlang der Flusspromenade. Vom Stadthafen legen die Schiffe zu den bewohnten Inseln des Dwina-Deltas und die Touristenschiffe zu den Solowezki-Inseln ab. Von der Dwina-Promenade der sechs Kilometer langen Fußgängerzone erreicht man bequem die meisten Sehenswürdigkeiten. Zu den schönsten Gebäuden gehören das Haus des Erzbischofs von 1819, die Makarow-Bäder, die Nikolaus-Wundertäter-Kirche als letztes Relikt der alten Klosteranlage sowie das Bankkontor aus dem Jahre 1786. Dem schließt sich das sehenswerte Museum für Nordische Meereskunde an. Ganz in der Nähe steht das Denkmal für Zar Peter I., das auch auf dem 500 Rubelschein abgebildet ist. Im Lomonossow-Gewölbesaal erinnert ein kleines Museum an den russischen Universalgelehrten Michail Lomonossow (1711–1765).

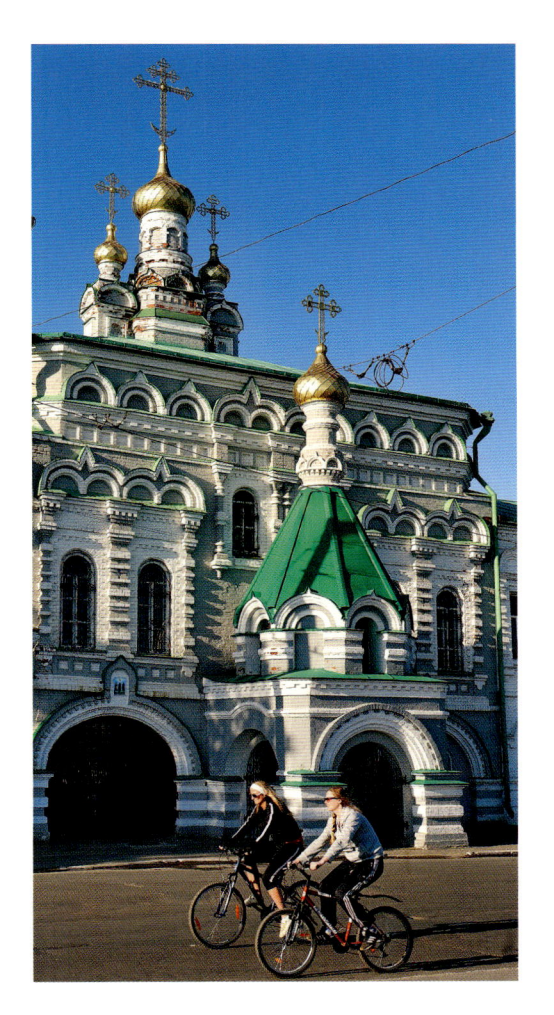

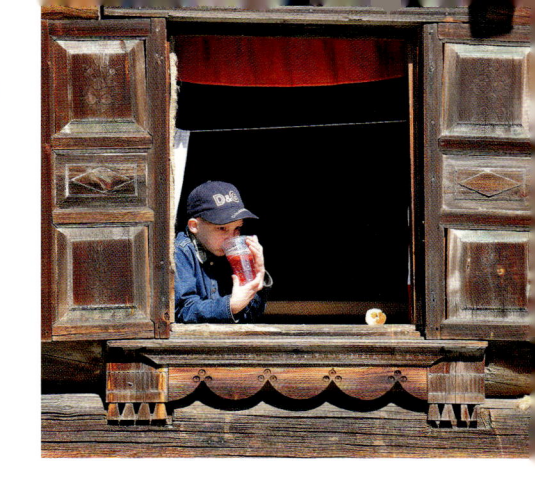

FEIERN IM OPEN-AIR-MUSEUM

Ein Besuch dieses Freilichtmuseums *Malye Karely*, rund 25 Kilometer südlich von Archangelsk, ist für den Bewunderer russischer Holzbaukunst sehr zu empfehlen. Es gehört landesweit zu den größten und umfangreichsten seiner Art. Hier wurden über 100 Holzbauten aus verschiedenen Regionen des hohen Nordens zusammengetragen, die über das Leben der ländlichen Bevölkerung vom 16. bis zum beginnenden 20. Jahrhundert Aufschluss geben. So findet man hier einen der ältesten hölzernen Glockentürme Russlands, die Himmelfahrtskirche sowie die Sankt-Georgs-Kirche aus dem Jahr 1672, deren Holzkonstruktion 36 Meter hoch ist und die Landschaft weithin sichtbar überragt. Ein Ensemble von sieben Windmühlen erinnert an die »Lehrjahre« von Peter I. in Holland. In den Bauernhäusern feiert man am Ende des kalten Winters das Masleniza-Fest, die »Butterwoche«, mit deftigen Speisen, Tee mit *Warenje* (hausgemachter Marmelade) und bunten Lebkuchen, den *Kosuli*. Ein Gläschen *Samogon*, selbst gebrannter Schnaps, darf da nicht fehlen!

WEITERE INFORMATIONEN

Malye Karely: Tel. +7-8182-258287, www.karely.ru

Der Ilmensee bei Weliki Nowgorod (oben). Skulpturenpark in Weliki Nowgorod vor dem Kreml (Mitte). Hausboot und Ausflugsschiff in Rjasan (unten). Der Kreml in Pskow liegt an der Mündung der Pskowa in die Welikaja, seine Mauern zählen zu den mächtigsten in Russland, war doch die Stadt oft den Angriffen aus dem Westen ausgesetzt (rechts).

Der Westen

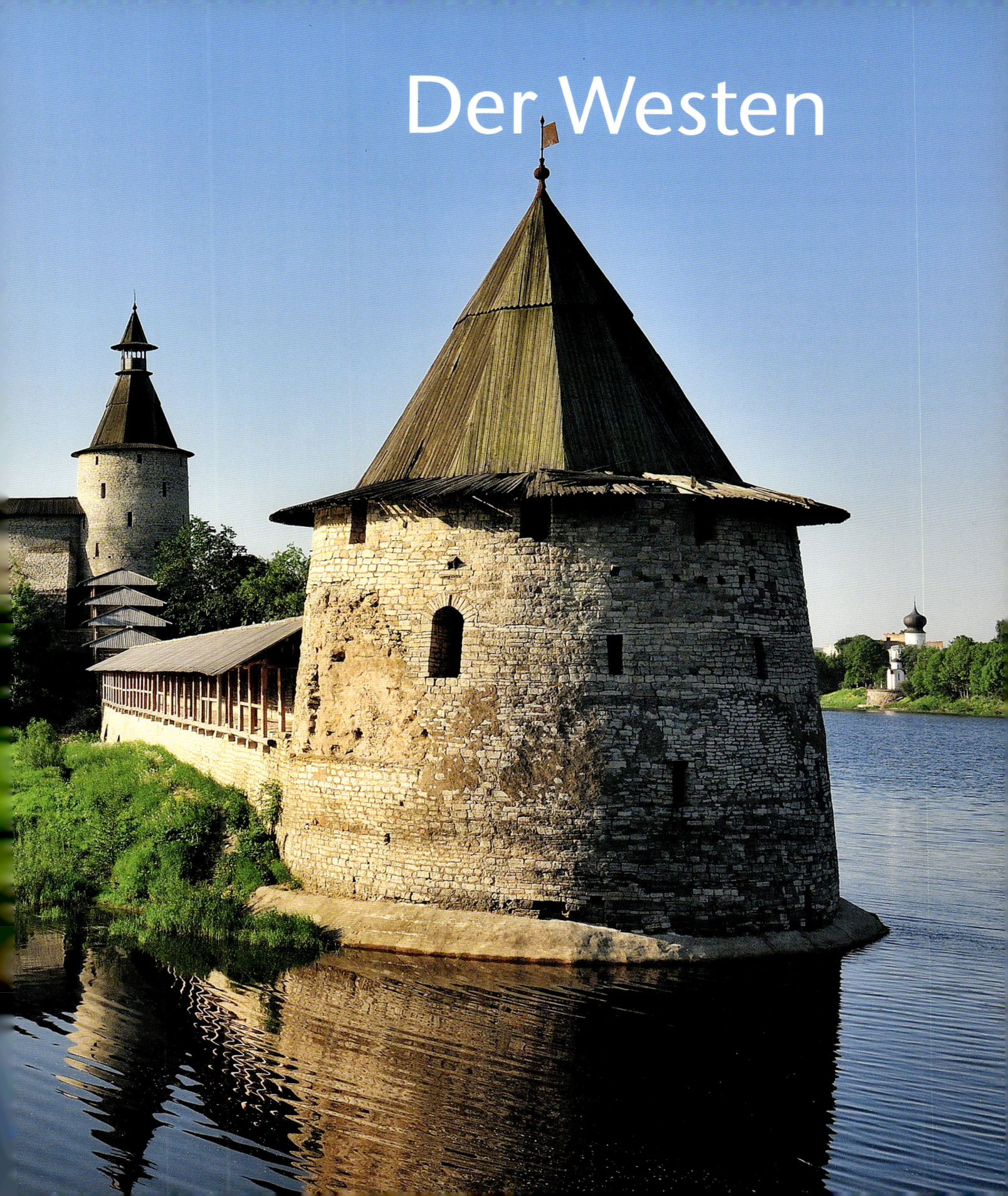

Der Westen

28 Weliki Nowgorod

Wiege des Russischen Reiches

Weliki Nowgorod ist wie keine andere Stadt im heutigen Russland. Von den Warägern über die Verbindungen zur Hanse, den Siegen Alexander Newskis gegen westliche Religion und Machtansprüche, bis zum Widerstand gegen die Mongolen und Moskauer Fürsten hat die Stadt über mehr als sechs Jahrhunderte ihre Macht und ihre Freiheit behauptet und die russische Geschichte wesentlich mitgestaltet.

Weliki Nowgorod ist rund 850 Jahre älter als das 180 Kilometer nördlich gelegene Sankt Petersburg. Bereits vor dem 6. Jahrhundert lebten in dem seen- und waldreichen Gebiet finnougrische Stämme von Fischfang und Jagd, hinzu kamen slawische und baltische Einwanderer, die Ackerbau betrieben, und ab dem 9. Jahrhundert skandinavische Zuwanderer: die Waräger.

Aufstieg und Fall

Aus dem Handelsplatz entstand eine Siedlung, die 859 erstmals als Stadt erwähnt wurde. Sie entwickelte sich neben Kiew zu einem wichtigen Zentrum der Rus und wurde unter Fürst Wladimir I. (um 956–1015) christianisiert. Sein Sohn, Jaroslaw der Weise (um 979 bis 1054), ließ die erste Kirche errichten, eine Holzkathedrale für die Heilige Sophia. Die Stadt lag am Kreuzungspunkt der Handelswege von den Skandinaviern zu den Griechen sowie von den Westeuropäern zu den Samojeden am Weißen Meer und im Ural. Von dort gelangten wertvolle Pelze, Honig, Wachs, Pech, Holz und Salz auf dem Land- und Wasserweg über Nowgorod nach Europa. Mit dem Zerfall der Kiewer Rus erstarkte die Stadt, die sich selbst als »Herr Nowgorod«, im Sinne von »Herrscher über Russland« verstand, zur Bojarenrepublik. Es regierte die »Wetsche«, eine Volksversammlung, die Fürsten und Erzbischöfe wählte und auch wieder absetzen konnte. Ab dem 12. Jahrhundert war Weliki Nowgorod eine der reichsten Städte Europas und besaß riesige Ländereien von Litauen bis ans Weiße Meer, an der oberen Wolga und im Ural.

Unter Alexander Newski konnte sich die Stadt erfolgreich gegen die Schweden und die Ritter des Deutschen Ordens wehren und diese schlagen. Der Vormarsch der Armee des Mongolenherrschers Batu Khan (1205–1255) kam in den Sümpfen 100 Kilometer südlich zum Erliegen, und durch kluge Verhandlungstaktik des Fürsten blieb Nowgorod von Plünderung und Zerstörung verschont, dafür zahlte man entsprechend Tribut.

Blick über den Wolchow auf den Kreml von Weliki Nowgorod (oben). Skulpturensegment vom Denkmal »Tausendjähriges Russisches Reich« aus dem Jahre 1862, auf dem Kremlgelände (unten). Ikonostas in der Sophien-Kathedrale (rechts unten). Mariä-Himmelfahrts-Kirche im Freilichtmuseum beim Ilmensee (rechts oben).

Weliki Nowgorod

Unter Iwan III. (1440–1505) fiel die Handelsmetropole 1477 gewaltsam an den Moskauer Zentralstaat. Noch schlimmer kam es unter Iwan IV., dem Schrecklichen, der 1578 die Stadt aus Rachegelüsten zerstörte und 60 000 Einwohner umbringen ließ.

Unter der Macht Moskaus und mit der Gründung von Sankt Petersburg im Jahr 1703 verschwand die Stadt in der Bedeutungslosigkeit. Im Sommer 1941 lag Nowgorod inmitten der sogenannten »Wolchowfront«, und die Altstadt wurde bis auf 40 Häuser vollständig zerstört.

Kreml, Sophienseite und Marktseite

Der Kreml, das Herz der Stadt, wurde um 1044 als Holzburg erbaut und um 1422 zu einer wehrhaften Steinfestung mit zehn Meter hohen Mauern ausgebaut. Im »Detinez«, wie der Kreml auch bezeichnet wird, lebten die geistliche Führung und der Erzbischof, hier tagte auch die Wetsche. Im Kreml steht das bedeutendste Bauwerk der Stadt, die Sophien-Kathedrale, 1045–1052 anstelle der Holzkirche errichtet. Sie gehört zu den ältesten Kirchenbauten Russlands. Nicht zu übersehen sind das Denkmal »Tausendjähriges Russland« von 1862 an der Hauptallee des Kreml sowie der Facettenpalast, einstige Residenz des Erzbischofs, heute Museum mit einer Sammlung des Nowgoroder Juwelier-, Textil- und Kunsthandwerks.

Im ehemaligen Sitz des Gouverneurs von Nowgorod, einem um 1817 im Empire-Stil errichteten Gebäude, ist das Kunsthistorische Museum mit seiner Ikonensammlung der Nowgoroder Schule untergebracht. Eine Fußgängerbrücke führt vom Kreml über den Wolchow zur Marktseite mit den Handelsarkaden (17. Jh.). Berühmt sind die Handelshöfe und Handelskontore, wie der Jaroslawl-Hof aus dem 12. Jahrhundert. Die dankbaren Kaufleute ließen innerhalb der Höfe zahlreiche kleine Stifterkirchen errichten, zu den schönsten zählt die Nikolaus-Kathedrale.

STADTBESICHTIGUNG VOM FLUSS AUS

Ganz in der Nähe der Kremlbrücke fahren im Sommer die Ausflugsschiffe in Richtung Ilmensee ab. Vom Fluss bietet sich ein beeindruckender Blick auf Kreml und Sophien-Kathedrale sowie am anderen Ufer auf die Handelsreihen und Gebäude der Marktseite, zu denen neben zahlreichen Sakralbauten auch der Reisepalast Katharinas II. gehören. Es geht vorbei an den Ruinen der Mariä-Himmelfahrts-Kathedrale und dem Jurjew-Kloster, einem der ältesten Russlands. Das Kloster beherbergt die Sankt-Georgs-Kirche aus dem Jahr 1119 und die mit ihren blau-goldenen Kuppeln weithin sichtbare Kreuz-Erhöhungs-Kirche (19. Jh.). Unmittelbar hinter dem Kloster fließt der Wolchow aus dem Ilmensee. In der Nähe befinden sich das Freilichtmuseum von Witoslawlitzy mit zahlreichen Holzkirchen, Bauernhäusern und Windmühlen aus dem Nowgoroder Gebiet sowie die Einsiedelei von Perun mit der Mariä-Geburts-Kirche aus dem Jahre 1220. Die Fahrt mit dem Schiff dauert ca. zwei Stunden.

WEITERE INFORMATIONEN

Touristen-Information: Krasnaja Isba, Sennaja Ploschtschadj 5, W.N.
Tel. +7-8162-773074.
www.tourism.velikiynovgorod.ru

Der Westen

29 Pskow und Peipusee

Nowgorods kleine Schwester

Pskow, die eher unbekannte »Schöne« am westlichsten Zipfel des russischen Kernlandes, ist eng verbunden mit der Geschichte von Weliki Nowgorod und Altrusslands. Die Stadt wird dominiert durch die Nachbarschaft zu Estland und den Peipusee »vor der Haustür«. Der See, einer der größten Binnenseen Europas, war im 13. Jahrhundert Schauplatz einer der blutigsten Schlachten Russlands.

Historische Holzhäuser in Pskow gibt es noch viele (oben). Lenin-Denkmal vor der Gebietsverwaltung (unten). Bootshafen an der Welikaja, am anderen Ufer das Mirosch-Erlöser-Kloster (rechts unten). Isborsk, die alte Grenzstadt an der estnischen Grenze, mit Nikolaus-Kathedrale in der Festung (rechts oben).

Bereits 864 wird die Grenzfestung Pskow als »Vorstadt« im Besitz von Weliki Nowgorod erwähnt. 903 wurde es erstmals als Stadt verzeichnet. Hier lebten Slawen, Skandinavier und Angehörige der finnougrischen Bevölkerung. Der strategisch wichtigen Lage am Zusammenfluss von Welikaja und Pskowa verdankt Pskow den schnellen Aufschwung als Handelsposten mit Westeuropa einerseits und als Bastion gegen die skandinavischen und deutschen Eroberer andererseits.

Reste erhabener Architektur

Ähnlich wie Nowgorod blieb die Stadt von den Einfällen der Mongolen im 13. Jahrhundert verschont, jedoch nutzten die Ritter des Deutschordens und die Schweden die Schwäche Russlands und besetzten Pskow. Am 5. April 1242, einem für die russische Geschichte denkwürdigen Tag, wurden die Eindringlinge vom Nowgoroder Fürsten Alexander Newski und seinem Heer vertrieben und auf dem Eis des Peipusees geschlagen.

Bis ins 15. Jahrhundert wurde Pskow 26-mal belagert, hielt aber dank der dicken Festungsmauern stand. Zur Zeit der Hanse war Pskow ein wichtiger Handelsposten auf dem Landweg zwischen Riga, Reval (heute Tallinn) und Nowgorod und blühte als Zentrum des Handels und der Kultur. Als autonome Stadtrepublik mit eigener Verfassung (nach dem Vorbild der Nowgoroder Wetsche) ging Pskow in der Baukunst eigene Wege, die bis heute im Stadtbild sichtbar sind.

1510 kam Pskow unter die Herrschaft Moskaus, 1615 wurde es vom schwedischen König Gustav Adolf belagert und ab 1701 unter Peter I. zur Grenzfestung ausgebaut, jedoch schwand die Bedeutung der Stadt mit der Gründung von Sankt Petersburg.

Der Kreml von Pskow, einer der mächtigsten in Russland, thront mit seiner turmbewehrten Mauer über dem Zusammenfluss von Welikaja und Pskowa. Im Zentrum der Burg, im lokalen Dialekt auch »Krom« genannt, steht die Dreifaltigkeits-Kathedrale aus dem 17. Jahrhundert. Der be-

Pskow und Peipusee

nachbarte Glockenturm ist Teil der Kremlmauer, die im Mittelalter neun Kilometer lang war und teilweise noch erhalten ist. Im Bereich der alten Mauern liegt auch die Dowmontow-Stadt, wo früher neben zahlreichen Kirchen auch der Fürstenpalast stand. Die ausgegrabenen Fundamente zeugen von seiner einstigen Größe. Nahe dem Haupteingang des Krom steht der Amtspalast, heute ein Museum über den Nordischen Krieg. Das nahe Kunsthistorische Museum zeigt eine Ikonensammlung der Pskower Schule, eine der umfangreichsten Silberschmuck-Sammlungen Russlands sowie Gemälde von Repin bis Chagall. Am Zusammenfluss von Mirosch und Welikaja befindet sich das Mirosch-Erlöser-Kloster mit der Erlöser-Verklärungs-Kathedrale von 1156, der ältesten in Pskow.

Der Peipusee

Der Peipusee ist der fünftgrößte See Europas, siebenmal so groß wie der Bodensee. Er ist ein Grenzgewässer zwischen Estland und Russland. Der nur acht Meter tiefe See ist sehr fischreich und ein beliebtes Ausflugs- und Erholungsgebiet für Russen wie Esten. Die Narva bildet den einzigen Abfluss in die Ostsee. Der Peipsi war immer eine natürliche Grenze zwischen Kulturen und Religionen, was sich bereits in der berühmten Schlacht auf dem zugefrorenen See im April 1242 zeigte. Hier prallten nicht nur die Heere der Russen und Kreuzritter aufeinander – hier wurde ein Kampf ausgefochten, in dem es um Macht und Religion des Westens oder Ostens ging. Der Sieg des russischen Heeres gegen die deutschen und dänischen Ritter des Deutschen Ordens samt ihrer estnischen Verbündeten sollte für Jahrhunderte die politische und religiöse Grenze zwischen Russland und dem Westen fundamentieren. Gegenwärtig verläuft durch den See die Staatsgrenze zu Estland, zugleich Außengrenze der EU.

WUNDER IM GRENZLAND

Gut 30 Kilometer sind es auf der Straße A-212 in Richtung estnische Grenze bis nach Isborsk mit der gleichnamigen altrussischen Grenzfestung, die bereits im 9. Jahrhundert nachgewiesen ist. Vom mächtigen Turm »Lukowka« bietet sich ein weiter Blick über das russisch-estnische Grenzland. Sehenswert in der Festung sind die Christi-Geburt-Kirche (16. Jh.) und die Nikolaus-Kathedrale. Am Fuß der Burg, beim Gorodischtschensk-See, liegen die zwölf Heiligen Slawischen Quellen, die besonders heilsam für Gesundheit, Liebe und Glück sein sollen. Nach 20 Kilometern weiter erreicht man Petschory. Hier gründeten russisch-orthodoxe Mönche 1489 das Mariä-Entschlafen-Höhlenkloster. Seine Festungsmauer ist zugleich Grenzbefestigung. Die schönste der elf Kirchen des Klosters ist die Mariä-Himmelfahrts-Kirche von 1473 mit einer Marien-Ikone, der wundertätige Kräfte nachgesagt werden. Ein Teil des Klosters befindet sich in Stollen und Höhlen, die als Zellen oder Grabstätten dienten.

WEITERE INFORMATIONEN

Auskunft und Buchung: Tourist-Information, Pskow, Tel. +7-8112-225335
www.tourism.pskow.ru

Der Westen

30 Smolensk

Russlands Tor zum Westen

Smolensk im Tal des oberen Dnjepr ist eine der ältesten Städte Russlands, Sitz eines Fürstentums, Stadt des Handels, Handwerks und heute wichtiger Verkehrsknotenpunkt – je nach Perspektive ist sie Russlands Anfangs- oder Endpunkt. Die Stadt weckte jahrhundertelang Begehrlichkeiten anderer Mächte. Russen, Litauer, Polen, Weißrussen, Franzosen und Deutsche beanspruchten, belagerten oder zerstörten sie.

Aufgrund seiner geografischen und historischen Lage an der Westgrenze Russlands hat Smolensk eine wechselvolle Geschichte wie kaum eine andere russische Stadt. Im Jahr 863 wurde Smolensk als Siedlung ostslawischer Kriwitschen erstmals urkundlich erwähnt. Es gehörte zur Kiewer Rus und war und ist über den Dnjepr direkt mit der alten Mutterstadt Kiew verbunden. Der Fluss war bereits in jener Zeit der wichtigste Handelsweg zwischen den Warägern im Norden und den Griechen im Süden. Über den Strom erfolgte der Waren- und Kulturaustausch zwischen dem Ostseeraum, dem Schwarzen Meer und dem Mittelmeerraum.

Turbulente Geschichte

Neben Handel betrieben die Einwohner auch die Eisenverarbeitung, Schmiedehandwerk und die Herstellung wertvoller Glasurkeramiken. Bereits im 12. Jahrhundert war Smolensk Sitz eines unabhängigen russischen Fürstentums mit Bischofssitz. 1238 wurde die Stadt von den Mongolen geplündert, 1340 von Moskau eingenommen. 1404 fielen Smolensk und das Umland an die Litauer, wurden aber bereits 1514 wieder von den Moskauer Großfürsten erobert, die Smolensk zu einer der größten Festungen im Reich ausbauten. 1611, nach zweijähriger Belagerung durch das litauisch-polnische Heer, fiel Smolensk an das Königreich Polen-Litauen.

Um die Stadt wurden mehrere Kriege zwischen Polen und Russen geführt, bis sie schließlich 1654 de facto und 1667 vertraglich endgültig an Russland kam. 1708 marschierte der schwedische König Karl XII. (1682–1718) in Smolensk ein, nachdem er vor den Toren der Stadt 6000 Kosaken besiegt hatte. 1812 war es Napoleon, der Smolensk eroberte, und 1917 wurde Smolensk Teil der bürgerlichen Weißrussischen Volksrepublik. Im Januar 1919 wurde hier die Sozialistische Sowjetrepublik Weißrussland proklamiert, deren Hauptstadt aber bereits im Februar 1919 Minsk wurde. Seit 1920 gehört Smolensk zu Russland, wurde aber wie-

Denkmal für die Helden des Vaterländischen Krieges von 1812 (oben). Der letzte Schultag ist in Russland ein Feiertag für die »Vypuskniki«, die Schulabgänger (unten). Eine große Freitreppe führt zur Mariä-Himmelfahrts-Kathedrale (rechts unten). Blick auf Kremlmauer und Kathedrale von der anderen Seite des Dnepr aus (rechts oben).

Smolensk

derum im Sommer 1941 in der Kesselschlacht von Smolensk stark umkämpft. In der Schlacht zwischen Wehrmacht und Roter Armee wurde die Stadt vollständig zerstört. 1943 befreite die Sowjetarmee Smolensk, und nach dem Krieg wurde es – u. a. auch von deutschen Kriegsgefangenen – wieder aufgebaut.

Kirchen und Museen

Am linken Dnjepr-Ufer liegt wuchtig über dem Fluss der Kreml von Smolensk mit seiner mehr als sechs Kilometer langen, bis zu zwölf Meter hohen Mauer, die von drei Seiten die Altstadt umschließt. Von den einst 38 Wehrtürmen sind 17 noch erhalten. Auf dem Gelände der Festung befinden sich die Mariä-Entschlafens-Kathedrale aus dem Jahr 1677, das sakrale Wahrzeichen der Stadt, die Peter-Paul-Kirche mit dem Metropolitenpalast sowie die Erzengel-Michael-Kirche aus dem 12. Jahrhundert. In unmittelbarer Nähe auf dem Kathedralenhügel steht die 1679 errichtete Epiphanias-Kathedrale mit Konsistorium, heute Sitz des Metropoliten von Smolensk und Kaliningrad, und dem Glockenturm. Von hier bietet sich ein schöner Ausblick auf die Stadt und das Tal des Dnjepr.
In der »Blonje«, wie die Altstadt von Smolensk auch bezeichnet wird, lohnt ein Spaziergang zum Glinka-Park, an dessen Rand sich das Dramentheater aus dem Jahre 1780 befindet, eine der ältesten Bühnen Russlands. In der Nähe befinden sich auch das sehenswerte Konenkow-Skulpturen-Museum, das Museum zur Stadtgeschichte, die Kunstgalerie mit den Sammlungen der Fürstin und Mäzenin Maria Tenischewa (1858–1928) sowie das Museum zur Geschichte des Zweiten Weltkrieges. Außerhalb der Kremlmauer lohnt ein Besuch des Dreifaltigkeits-Klosters aus dem Jahr 1740, das u. a. auch ein Flachs-Museum beherbergt.

DIE KÜNSTLERKOLONIE VON FLJONOWO

Nur knapp 15 Kilometer südöstlich von Smolensks Zentrum liegt die Künstlerkolonie von Fljonowo. Die Fürstin Maria Tenischewa versammelte hier in ihrer Sommerresidenz, die Anfang des 20. Jahrhunderts im Stil eines Gutshauses errichtet wurde, zahlreiche russische Künstler. Zu ihnen gehörten der Opernsänger Schaljapin sowie die Maler Ilja Repin und Michail Wrubel, die auch dem Künstlerkreis von Abramzewo bei Moskau angehörten. In den Werkstätten des Gutshauses wurden Keramiken, Holzschnitzereien und Spitzenklöppelarbeiten angefertigt, die heute im Folklore-Museum ausgestellt sind. Zum Komplex gehört auch die Heilig-Geist-Kirche, in der Fresken und Mosaike des Künstlers Nikolaj Roerich zu bewundern sind.

WEITERE INFORMATIONEN

www.smolensk.ru

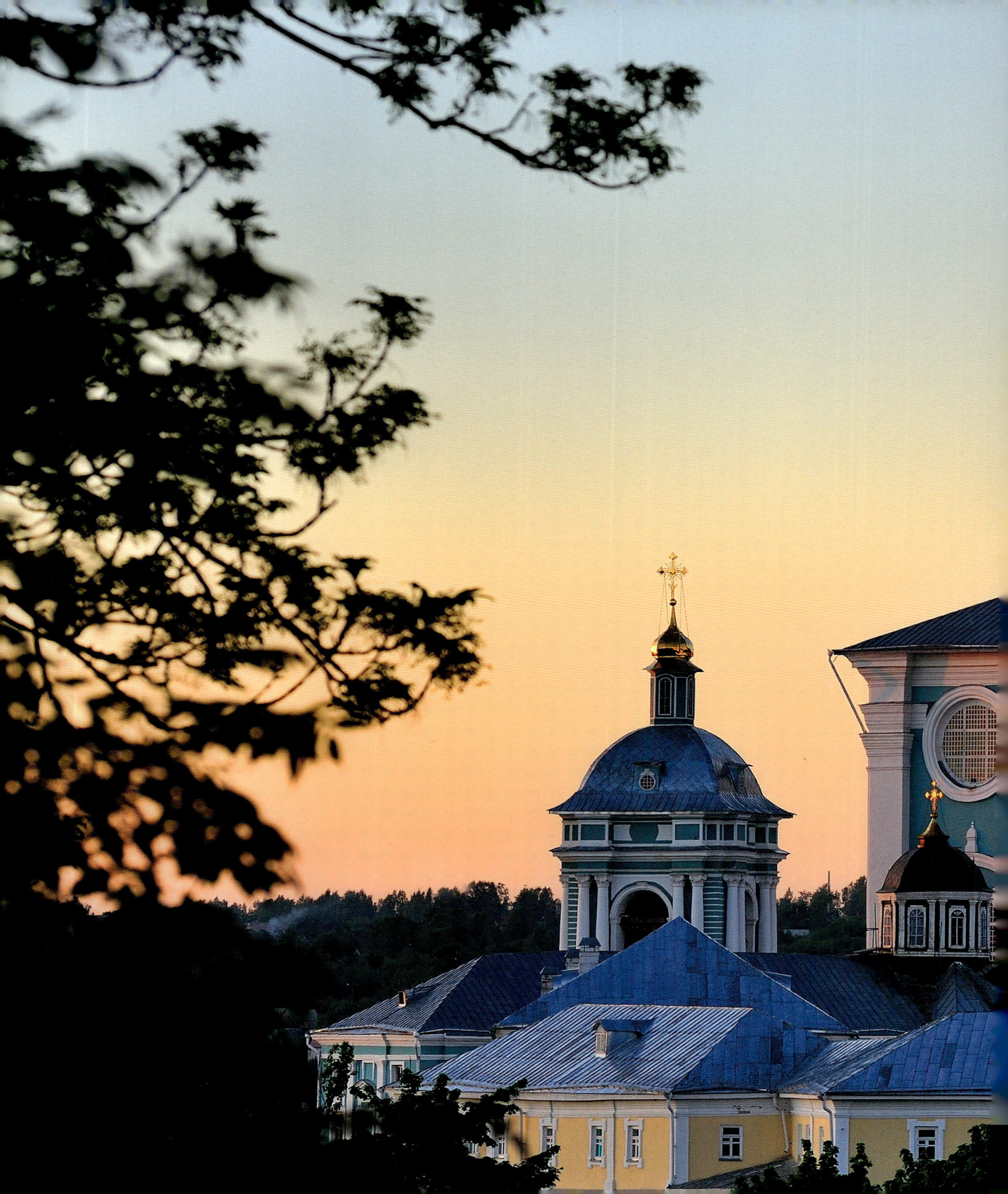

Die Mariä-Himmelfahrts-Kathedrale hoch über dem Dnjepr ist das Wahrzeichen von Smolensk. Ihre oberen runden Fenster sollen wachsame Augen darstellen, die im alten Grenzland früh das Herannahen des Feindes erkennen.

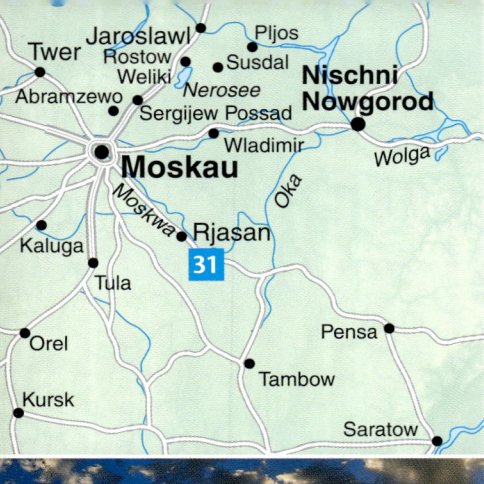

Der Westen

31 Rjasan

Fürstenstadt an der Oka

Rjasan, einst Pereslwal-Rjasanski, war Festung, Handelsposten, Bischofssitz und Hauptstadt eines einflussreichen Fürstentums. Von den Mongolen zerstört, fiel die Stadt nach erneutem Aufblühen im 16. Jahrhundert an Moskau. Unter Katharina II. erhielt sie ihren jetzigen Namen und wurde Sitz des gleichnamigen Gouvernements. Der Kreml, Kirchen im »Naryschkin-Barock« und der Jugendstil prägen die Altstadt.

Das Gebiet des heutigen Rjasan war seit dem 9. Jahrhundert als Handelsplatz namens Wjatkow bekannt. Um 1095 wurde die Siedlung durch eine Festung verstärkt, der eine zweite in der Nähe folgte. Der Ort wurde als Perejaslawl-Rjasanski bezeichnet, das Jahr 1096 steht für die Gründung der Stadt. Zu dieser Zeit ist auch der erste Kirchenbau, die Sankt-Nikolai-Kirche, nachgewiesen.

Klassizismus und Jugendstil

Die Stadt an sieben Flüssen war Knotenpunkt bedeutender Handelswege und lag an den Pilgerstraßen nach Persien und ins Heilige Land. Um 1110 wurde Perejaslawl Bischofssitz und Fürstenresidenz. Bis ins 14. Jahrhundert bestimmte die gewählte Volksversammlung, die »Wetsche«, die Geschicke der Stadt wesentlich mit. Bis ins 13. Jahrhundert hinein blühte sie weiter auf und gehörte zu den einflussreichsten und wohlhabendsten Städten im Lande. Am 21. Dezember 1237 zerstörten die Mongolen unter Batu Khan die Stadt und damit auch die Kultur und Staatsordnung des Fürstentums. Im 14. Jahrhundert erlebte die Stadt unter Großfürst Oleg Iwanowitsch (1340–1402) eine Rückkehr zur einstigen Macht und Stärke. Der Kreml wurde unter Iwanowitsch zu einer der größten Zitadellen des Landes ausgebaut, was ihm den Beinamen »Oleg Rjasanski« eintrug. Wie zahlreiche andere russische Städte und Fürstentümer befand sich auch Perejaslawl-Rjasanski im Machtkampf mit Moskau. 1521 wurde dieser zugunsten Moskaus entschieden, und Stadt samt Fürstentum fiel unter die Herrschaft der Moskowiter. Auf Befehl von Katharina II. wurde die Stadt offiziell von 1778 an als Rjasan bezeichnet und zur Statthalterei und im Jahr 1796 zur Hauptstadt des gleichnamigen Gouvernements ernannt. In dieser Zeit erhielt die Stadt ihr rechtwinklig angelegtes Straßennetz. Die Bebauung erfolgte im Stil des Klassizismus. Rund 100 Jahre später verwirklichten Vertreter des Jugendstils, darunter Fjodor Schechtel (1859–1926), hier ihre architektonischen Visionen.

Christi-Verklärungs-Kathedrale gegen Abend (oben). Kirchendienerin beim Abschließen der Kirche (unten). Im Kreml befindet sich das bedeutendste sakrale Bauwerk Rjasans, die Mariä-Entschlafens-Kathedrale, dahinter links die Kirche des Erscheinens Christi und rechts die Erzengel-Kathedrale mit Glockenturm (rechts unten). Typisches Beispiel des Naryschkin-Barock (rechts oben).

Rjasan

Stadt der Flüsse

In der Gebietshauptstadt leben heute mehr als 600 000 Einwohner. Rjasan ist eine typische russische Provinzstadt: Die Menschen leben von der Schwerindustrie, dem Maschinenbau, sind in der Verwaltung oder im Bildungswesen tätig. Überragt wird Rjasan vom Kreml auf einem Hügel in der Nähe des Flusses Trubesch. Im Stadtgebiet gibt es weitere Flüsse, die alle in die Oka münden. Auf dem Kremlgelände überwältigt die im Naryschkin-Barockstil errichtete Mariä-Entschlafens-Kathedrale den Besucher. Sie wurde 1693–99 errichtet und weist die stattliche Höhe von 72 Metern auf. Das Innere dominiert der achtrangige, 27 Meter hohe Ikonostas. Der benachbarte Glockenturm wurde 1840 im klassizistischen Stil fertiggestellt. Mit 89 Metern Höhe ist er ein weithin sichtbares Wahrzeichen der Stadt. Ebenfalls auf dem Kremlgelände befinden sich die Kirche des Erscheinens Christi, eine Barockkirche aus dem Jahr 1647, und die Erzengel-Kathedrale, Grablege der Rjasaner Fürsten. Ebenfalls in der Festung stehen die Christi-Verklärungs-Kathedrale mit prachtvollem Kachelschmuck, die Heilig-Geist-Kirche und das Erzbischöfliche Palais.

Nach 1780 wurde in der Stadt nach klassizistischen Prinzipien in regelmäßigen, rechteckigen Straßenzügen gebaut, so entstanden das Knabengymnasium, das Gouvernementskrankenhaus, die Handelsreihen sowie zahlreiche Bürgerhäuser und Kaufmannshäuser. Gegen Ende des 19. Jahrhunderts verwirklichten sich in der Stadt bedeutende Jugendstil-Architekten mit dem Bau zahlreicher Villen und schlossähnlicher Palais. Abgerundet wird das Stadtbild durch das Dramentheater mit seiner weißen Säulenfassade, die Philharmonie und zahlreiche Parks.

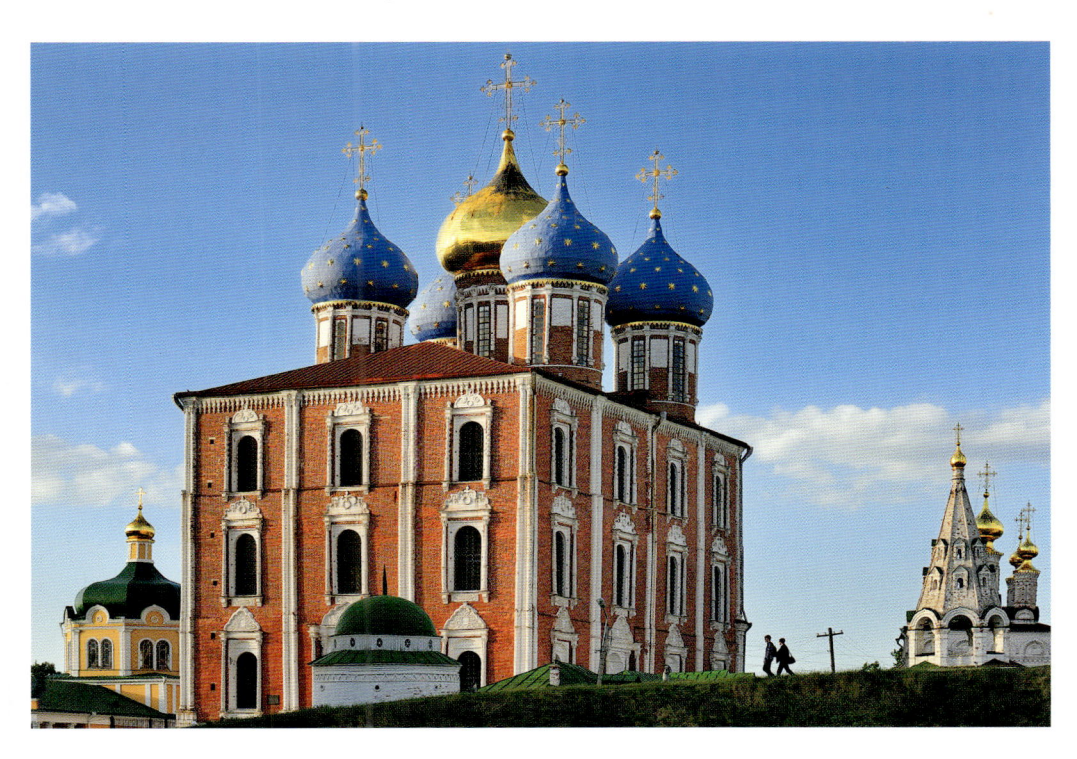

KLOSTER IM NARYSCHKIN-BAROCK

20 Kilometer außerhalb von Rjasan befindet sich das im 14. Jahrhundert gegründete Solotschinski-Kloster. Die bis in die heutige Zeit erhaltenen Gebäude, allen voran die Heilig-Geist-Kirche sowie die Torkirche Johannes des Täufers, stammen aus dem 17. Jahrhundert und sind typische Vertreter des Naryschkin-Barocks. Dieser wird auch Moskau-Barock genannt: Hierin gehen Elemente des europäischen Barock und traditioneller russischer Architektur eine neue Verbindung ein. Um 1700 war dieser Stil vor allem in Zentralrusland verbreitet.

WEITERE INFORMATIONEN

www.rjasan.ru
http://de.russia.edu.ru/russia/cities/ryazan

Im Panorama-Museum von Wolgograd können sich Besucher über den Verlauf der Schlacht von Stalingrad informieren (oben). Gottesdienst in der Dreifaltigkeits-Kathedrale von Saratow (Mitte). Liebespaar über dem Wolgaufer in Nishni Nowgorod (unten). Die Kuppeln der Mariä-Geburtskirche am Ufer der Wolga in Nischni Nowgorod (rechts unten).

Die Wolga

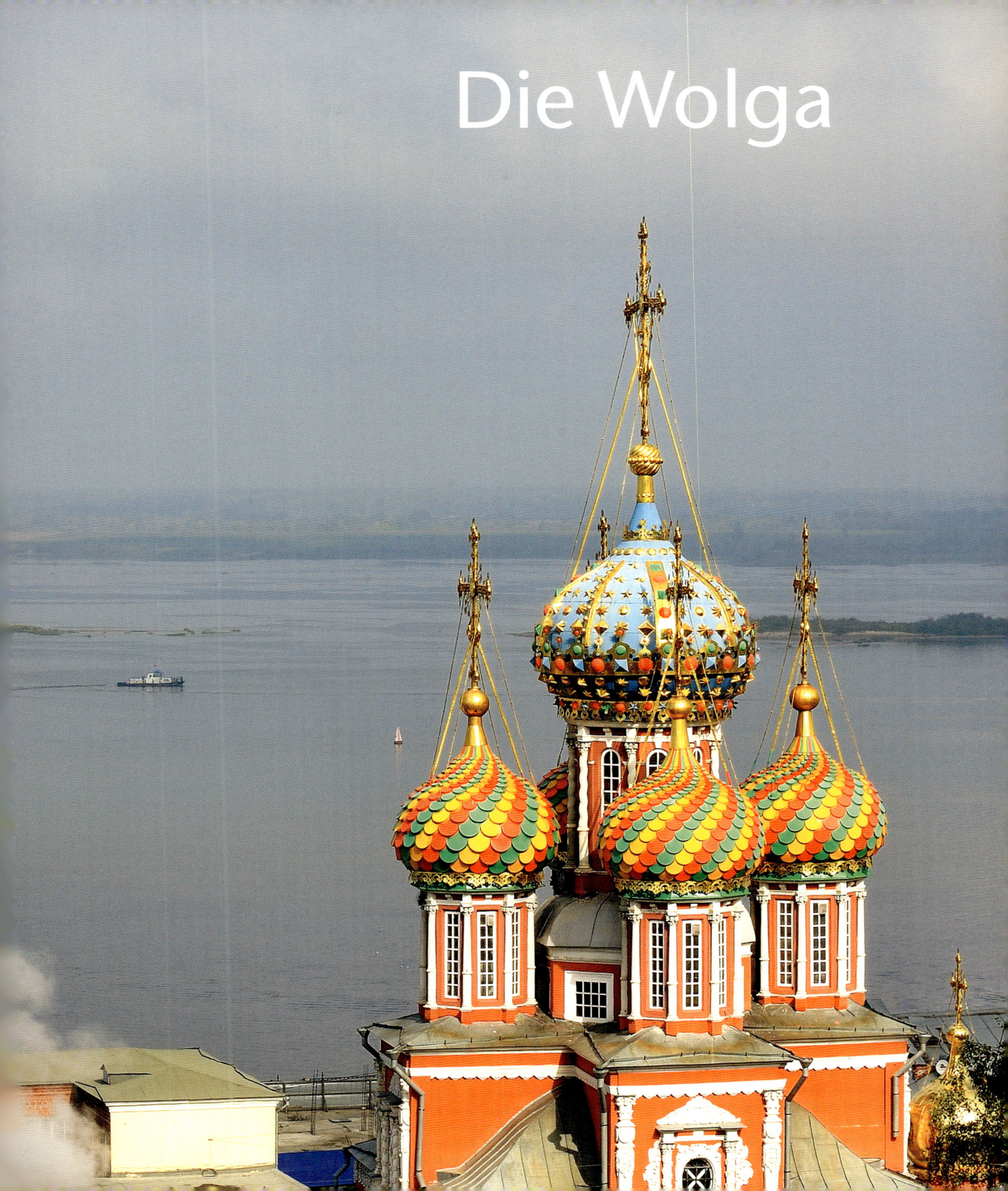

Die Wolga

32 Nishni Nowgorod

Die größte Stadt an der Wolga

Majestätisch thront die Altstadt von Nishni Nowgorod über dem Zusammenfluss von Wolga und Oka. Die einstige Grenzfestung hat über Jahrhunderte russische und sowjetische Geschichte geschrieben und geprägt: als Handels- und Messeplatz, als Industrie- und Rüstungszentrum, in der Sowjetzeit als Dissidenten- und Verbannungsort namens Gorki und heute als eine blühende Metropole an »Mütterchen« Wolga.

Nishni Nowgorod gehört mit rund 1,3 Millionen Einwohnern zu den fünf größten Städten Russlands. Die Geschichte der Stadt begann im Jahr 1221 mit dem Bau einer Grenzfeste, denn die Wolga war zu jener Zeit die natürliche Grenze zwischen der Rus und den östlich gelegenen Gebieten der tatarischen Khane. Strategisch war der Platz gut gewählt, denn hier vereinigen sich die beiden Ströme Oka und Wolga, über die reger Handel betrieben wurde.

Grenzfestung und Handelsplatz

Gründer der Stadt war Juri II. (1189 bis 1232), Großfürst von Wladimir. 1350 verlegte Großfürst Dmitri Konstantinowitsch (1328–1383) seine Hauptstadt von Susdal nach Nishni Nowgorod. Ab 1374 war der mächtige Kreml mit seiner zwei Kilometer langen massiven Mauer und 13 Türmen das wehrhafte Wahrzeichen der Stadt. Unter Großfürst Dmitri wurden zahlreiche Kirchen erbaut und 1377 der Auftrag an den Mönch Laurentius erteilt, von der Nestorchronik, dem ältesten russischen Schriftstück, eine Abschrift anzufertigen. Das in der Folge entstandene Kunstwerk ging in die russische Literaturgeschichte als Laurentius-Kodex ein.

1392 fiel die Stadt an das Moskauer Großfürstentum. Durch die geografisch günstige Lage an Wolga und Oka sowie durch neue Handelsrouten von und nach Sibirien entwickelte sich Nishni Nowgorod zu einem bedeutsamen Warenumschlagplatz. Die mächtigste Kaufmannsfamilie Russlands, die Stroganows, verlegte ihren Stammsitz vom westlichen Ural hierher an die Wolga. Der florierende Handel zog nun auch Baumeister in die Stadt, die im Auftrag der weltlichen und kirchlichen Herrscher Kirchen, Kathedralen, Klöster und Paläste errichteten. So entstand in den Jahren 1628–31 die Erzengel-Michael-Kathedrale auf dem Kremlgelände sowie knapp 100 Jahre später, 1719, die von den Stroganows gestiftete und im sogenannten Stroganow-Barock errichtete Mariä-Geburts-Kirche. Sie besticht durch

Blick über die Oka auf das neue Nishni Nowgorod (oben). In der Uliza Bolschaja Pokrowskaja, der Flaniermeile der einstigen Messe- und Handelsmetropole, herrscht immer reges Leben (unten). An ein Märchenschloss erinnert das im altrussischen Stil erbaute Gebäude der Staatsbank in der Fußgängerzone (rechts).

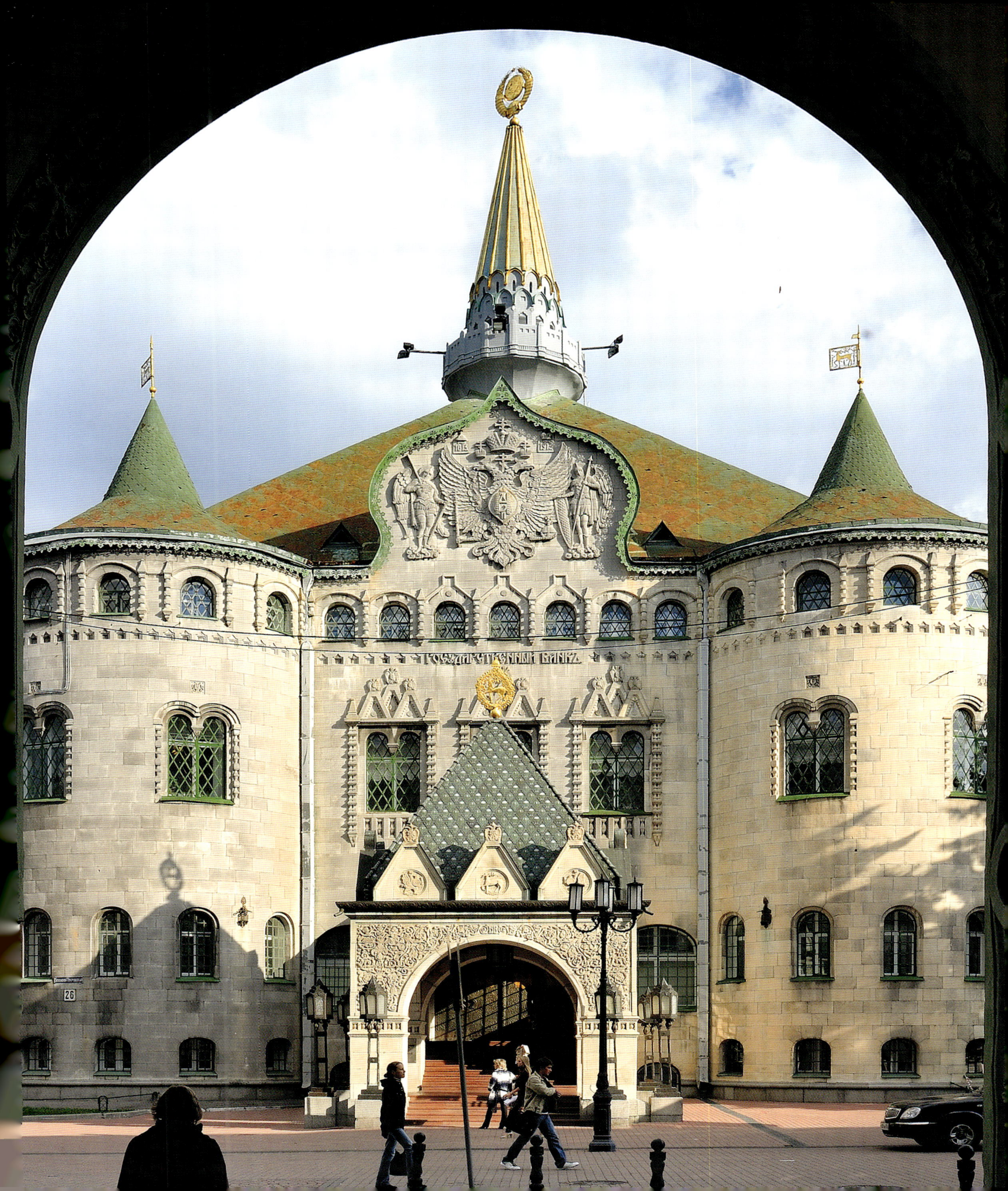
ГОСУДАРСТВЕННЫЙ БАНКЪ
26

Die Wolga

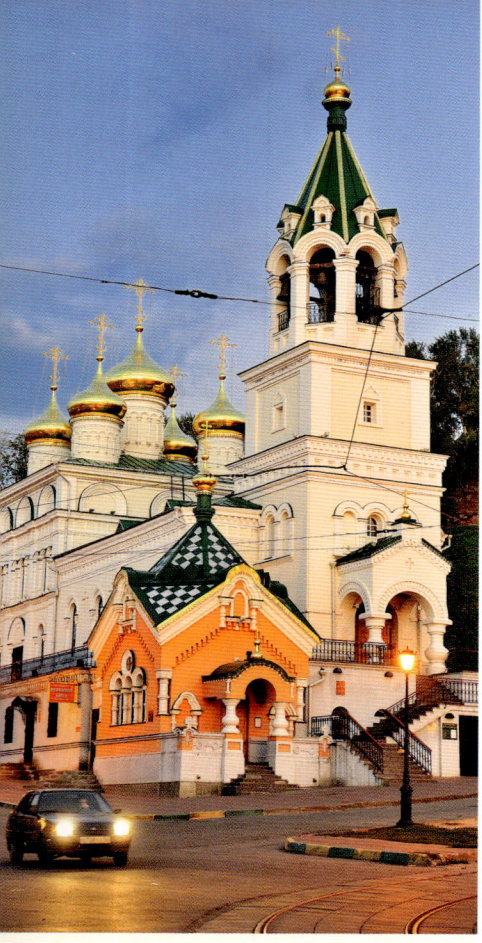

Abendstimmung an der Kremlmauer mit Blick auf die Oka, kurz bevor sie in die Wolga mündet. Der Iwan-Turm dominiert die Befestigung des unteren Kreml (oben). Zwischen Kremlmauer und Uferpromenade steht die Kirche Johannes des Täufers (unten). Die Fußgängerzone Bolschaja Pokrowskaja (rechts unten). Parkanlage auf dem Kremlgelände (rechts oben).

ihren barocken Baustil und die überaus reiche Innenausstattung mit Ikonen der »Stroganow-Schule« und einem vergoldeten Ikonostas.

Die Geldbörse Russlands

Der Kampf um die Befreiung Russlands vom polnisch-litauischen Heer begann im Jahr 1612 im Kreml der Stadt. Die Volkswehr unter dem Kaufmann Minin und dem Fürsten Poscharski formierte sich in der Festung zum Marsch auf Moskau, der zum Volksaufstand und letztlich zum Sieg über die Eindringlinge führte. Die Gebeine Minins sind in der Erzengel-Michael-Kathedrale beigesetzt worden.

Ab 1817 erhielt Nishni Nowgorod das Recht, Handelsmessen abzuhalten. Es wurde damit der wichtigste Handelsplatz Russlands. Ab Mitte des 19. bis Anfang des 20. Jahrhunderts entwickelte sich die Stadt zu einem bedeutenden Industriestandort, und ab 1880 war sie schließlich auch an das Netz der russischen Eisenbahn angeschlossen. Ein russisches Sprichwort in dieser Zeit lautete: »Moskau ist das Herz, Sankt Petersburg der Kopf und Nishni Nowgorod die Geldbörse Russlands.«

Zu Beginn des 20. Jahrhunderts wurden in der Stadt zahlreiche Bauten im Jugendstil errichtet, und nach der Revolution konnten sich hier Vertreter des Konstruktivismus und des Sozialistischen Realismus verwirklichen. Zu Ehren des in Nishni Nowgorod geborenen Schriftstellers Maxim Gorki (1868–1936; eigentlich Alexei Maximowitsch Peschkow) wurde die Stadt 1932 in Gorki umbenannt. Dies geschah zwar gegen dessen Willen, wurde aber erst im Jahr 1991 revidiert.

Ort der Verbannung

In den 1930er-Jahren und besonders mit Beginn des Zweiten Weltkrieges wurde die Stadt zunächst Zentrum des Automobilbaus und später der Rüstungsindustrie. Hier wurden und werden teilweise noch heute Panzer, Raketen, Atom-U-Boote sowie MiG-Kampfflugzeuge produziert. Dies führte dazu, dass Gorki in der Sowjetzeit eine geschlossene, für Sowjets und Ausländer gesperrte Stadt war – ideal für die Verbannung subversiver »Elemente« und Dissidenten. Der prominenteste »Insasse« war von 1980 bis 1986 der Physiker und Menschenrechtler Andrei Sacharow (1921–1981), dem 1975 der Friedensnobelpreis verliehen worden war.

Kultur und Architektur

Ein Spaziergang über die Kanawischskij-Brücke ans andere Ufer der Oka ist äußerst lohnenswert, allein der Blick von der Brücke auf den Kreml, die Altstadt, die Uferpromenade und hinüber zur »Strelka« ist einzigartig. Die »Strelka« ist die Landzunge an der Mündung der Oka in die Wolga, auf der die Alexander-Newskij-Kathedrale und das historische Messegelände mit der Messehalle aus dem Jahr 1880 errichtet wurden.

Der Kreml ist das historische Zentrum der Stadt, hier befinden sich neben den bereits genannten Kirchen das Arsenal aus dem Jahr 1843, das heute als Ausstellungskomplex für zeitgenössische Kunst dient, die Philharmonie sowie das ehemalige Gouverneurspalais, in dem inzwischen das Kunstmuseum untergebracht ist, das mit seinen über 12000 Exponaten zu den führenden in ganz Russland gehört.

Nishni Nowgorod

Vom Kreml führt die berühmte Tschkalow-Treppe, benannt nach einem berühmten Polarflieger, bis hinunter an die Wolga-Uferpromenade, mit schönem Blick auf den Zusammenfluss von Wolga und Oka. Besonders im Sommer ist dies ein beliebter Spazierweg und »Laufsteg« für die Einwohner der Stadt. Vom oberen Teil des Kreml gelangt man durch den Dmitrijew-Turm in die belebte Fußgängerzone und Flaniermeile der Stadt, die »Bolschaja Pokrowskaja«. Hier bietet sich eine angenehme Mischung aus historischer und moderner Architektur, mit Skulpturen, Cafés, Restaurants sowie den Souvenirständen und Buden der Händler und Kleinkünstler. Zu den berühmtesten Kirchen der Altstadt zählen außer den genannten die Kirche der Smolensker und Wladimirer Mutter Gottes, die Christi-Himmelfahrt-Kirche, die Kirche Johannes des Täufers, die Mariä-Entschlafens-Kirche, die Kirche des Sergius von Radonesh und die Christi-Verklärungs-Kathedrale, auch »Alte Marktkirche« genannt. Im Stadtgebiet gibt es außerdem drei Klöster: das Mariä-Verkündigungs-Kloster, das Höhlenkloster und das Kreuzerhöhungskloster.

Beim Rundgang durch das Stadtzentrum fallen zahlreiche Jugendstilgebäude auf, die sich in einem sehr guten Zustand befinden, wie zum Beispiel das Gebäude »Bank Rukawischnikowich«, die Villa der Familie Rukawischnikow, das Gebäude der Staatsbank, das Komödientheater, die Kirche der Altgläubigen und die ehemalige Bauernbank, heute Jugendzentrum, sowie das Rathaus. Seine Fortsetzung findet der Exkurs in die moderne Architektur des 20. Jahrhunderts u. a. im Gebäude des Hotels »Rossija«, dem Gebäude der Garantia-Bank, dem Goldenen Haus, dem »Dom Kutscha« und dem Haus des Künstlers.

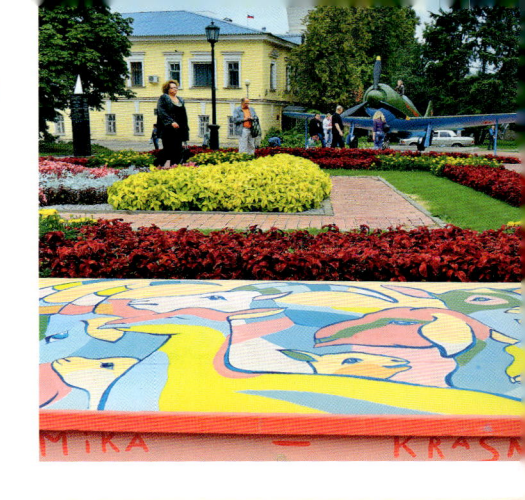

DIE BESTEN MUSEEN

Dem Schriftsteller *Maxim Gorki* sind gleich drei Museen gewidmet: das Gorki-Museum über seine Kindheit, das Gorki-Literaturmuseum und das Gorki-Wohnhaus. Interessant sind auch das *Automuseum zur Geschichte der GAZ-Automobilwerke*, das *Sacharow-Museum* in der ehemaligen Drei-Zimmer-Wohnung des Dissidenten mit Zeitzeugnissen aus der Verbannungszeit des Nobelpreisträgers, das *Fotografie-Museum* und ca. 70 Kilometer nördlich das *Lackmalerei-Museum* in Semjonow mit den weltbekannten Schmuckschatullen, Holzlöffeln, Bechern und Schalen sowie Matrjoschkas in den traditionellen Lackbemalungen in Rot, Schwarz und Gold.

WEITERE INFORMATIONEN

Gorki-Museum: Kaschirin-Haus, Semaschko-Str. 19, Nishnij Nowgorod;
Gorki-Literaturmuseum: ul. Minina 26;
Gorki-Wohnhaus: ul. Semaschko 19;
Automuseum zur Geschichte der GAZ-Automobilwerke: ul. Lenina 95;
Sacharow-Museum: prosp. Gagarina 214/3;
Fotografie-Museum: ul. Psikunova 9;
Lackmalerei-Museum: Semjonow, pos. Semjonowskij, ul. Wanejewa.

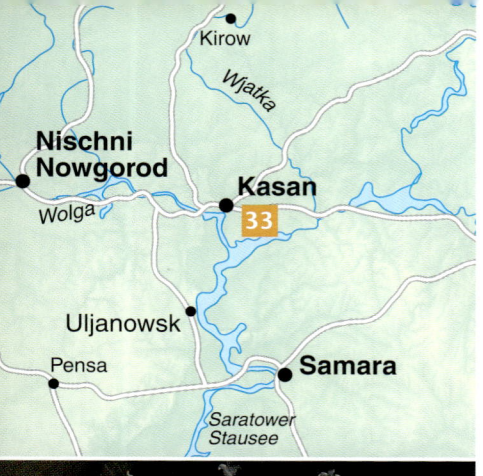

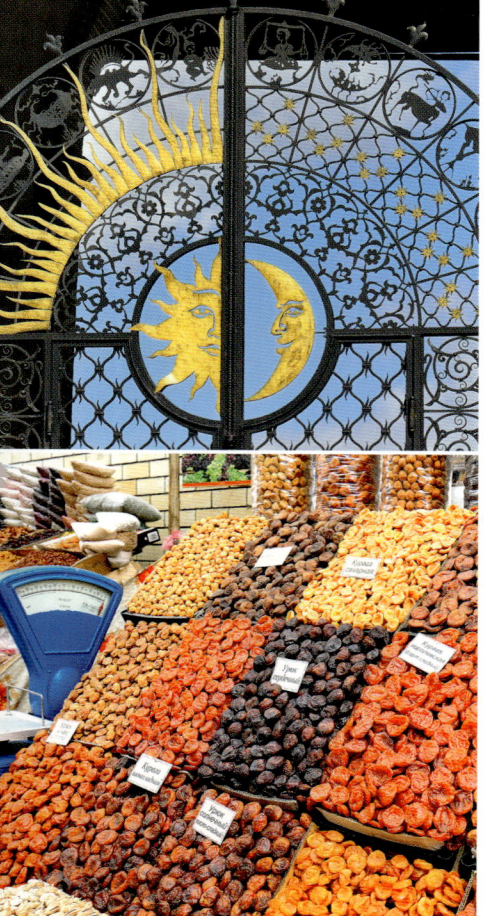

Die Wolga

33 Kasan

Hauptstadt der Tataren

Die Millionenstadt Kasan an der Wolga, Hauptstadt der Autonomen Republik Tatarstan und Zentrum des Islams in Russland, gilt als eine der schönsten Russlands. Heute ist das einstige Siedlungsgebiet der Wolgabulgaren, Festung der Tatarenkhane, die von Iwan dem Schrecklichen erobert und christianisiert wurde, eine moderne, multikulturelle Stadt, in der Orient und Okzident aufeinandertreffen.

Bereits im 10. und 11. Jahrhundert war das Gebiet am Fluss Kasanka von Wolgabulgaren besiedelt. Vom einstigen Bulgaral-Dschadid aus betrieben sie über die Wolga und deren Nebenflüsse Handel. Als offizielles Gründungsjahr der Stadt gilt zwar 1177, aber bereits 2005 feierte die Stadt 1000-jähriges Jubiläum. Mit dem Einfall der Mongolen verloren die Wolgabulgaren ihr Reich. Den Mongolen folgten ab 1393 tatarische Khane als Nachfolger der Goldenen Horde.

Zweigeteilte Stadt

Das als Khanat bezeichnete Fürstentum wurde offiziell von Khan Ulug Mehmed 1437/38 als islamischer Staat gegründet. 1552 wurde die Stadt vom Heer Iwans IV. belagert und am 2. Oktober eingenommen. Somit vergrößerte sich das russische Reich beträchtlich, und der Weg über die Wolga bis zum Ural und nach Sibirien war frei. Im nun russischen Kasan wurde ab 1552 auf dem Hügel über der Kasanka der Kreml erbaut. Unter Peter I. wurde Kasan Hauptstadt des Gouvernements Kasan, Katharina II. ließ sie nach einem von ihr autorisierten Generalplan aus Stein neu aufbauen und die Straßen begradigen. Die Stadt entwickelte sich erfolgreich zum Produktions- und Handelsplatz für Porzellan, Keramik, Lederwaren, Stoffe, Gewürze, Pelze u. a. sowie zur Schiffswerft.

1791 eröffnete das erste Theater der Stadt, islamische und weltliche Schulen wurden eingeweiht und 1804 die Universität gegründet, an der u. a. Lenin und Tolstoi studierten. Im 19. Jahrhundert war Kasan das wirtschaftliche und kulturelle Zentrum an der Wolga, dessen Bedeutung durch den Bau der Eisenbahn

Das Tor am ehemaligen Gouverneurspalast zeigt Orient und Okzident, Tag und Nacht und die Sternzeichen (oben). Auf dem Basar in Kasan (unten). Die Kuppeln der Kremlkathedrale (rechts). Auch die Rückseite des Kasaner Kreml hat ihre Reize: mit Präsidentenpalast und Kul-Scharif-Moschee (rechte Seite unten). In der Mardschani-Moschee (rechte Seite oben).

Kasan

1878 noch gesteigert wurde. Nach dem Sieg der Russen über die Tataren 1552 wurden diese in die sogenannten »unteren« Stadtteile und Vororte verbannt, während sich die Russen hauptsächlich um den Kreml herum, in der Oberstadt, ansiedelten. Diese Teilung der Stadt ist heute anhand der Minarette der Moscheen einerseits und der Kuppeln und Türme der Kirchen andererseits gut zu erkennen.

Kreml und Fußgängerzone

Der Kreml ist Kasans weithin sichtbares, weiß leuchtendes Wahrzeichen. Seit 2000 steht das Ensemble auf der Liste des UNESCO-Weltkulturerbes. Von den einstmals 13 Türmen sind noch acht erhalten, der markanteste ist mit 45 Metern Höhe der Erlöserturm. Auf dem Kremlgelände stehen die Maria-Verkündigungs-Kathedrale von 1562 und als Symbol friedlicher Eintracht zweier Religionen die 2005 eingeweihte Kul-Scharif-Moschee. Sie beeindruckt durch die Größe ihrer leuchtenden Kuppel und die vier Minarette. Das ehemalige Gouverneurspalais von 1848 ist heute Sitz des Präsidenten der Republik Tatarstan. Sagenumwoben überragt der leicht geneigte Sujumbike-Turm aus rotem Ziegelstein mit stolzen 58 Metern das westliche Kremlareal. Er trägt den Namen der Gattin des letzten Khans von Kasan. Dahinter befindet sich das Mausoleum mit den Grabstätten der tatarischen Khane. Vom Kreml gelangt man über die gleichnamige Straße ins Zentrum der Stadt. Vorbei am Tatarischen Nationalmuseum erreicht man die Baumannstraße, die Fußgängerzone und »Flaniermeile« der Stadt mit Cafés, Restaurants, Biergärten, Teehäusern, mondänen Geschäften, Kinos sowie zahlreichen Fontänen und Skulpturen. Vorbei am Kasaner Bolschoi-Theater gelangt man zur Erlöserkirche mit ihrem 62 Meter hohen Turm. Daneben thront das Grand-Hotel »Shaljapin«, das an den großen Sohn der Stadt, den berühmten Opernsänger Fjodor Shaljapin (1873–1938), erinnert.

Der Flusshafen an der Wolga ist vom Zentrum etwa vier Kilometer entfernt, hier legen Ausflugsboote zu Fahrten auf dem längsten Fluss Europas ab.

DAS TATARENVIERTEL VON KASAN

Nach dem Sieg der Russen über die Tataren im Jahr 1552, der einem Sieg der Christen über die Moslems gleichkam, wurden die meisten Tataren im unteren Stadtbereich angesiedelt. In der Nähe liegt auch der Kabansee, der nach einem tatarischen Khan benannt ist, nicht – wie fälschlich angenommen – nach dem russischen Wort für Wildschwein. Hier befinden sich zahlreiche Moscheen, unter ihnen die Mardschani-Moschee, deren Bau Katharina II. im Jahr 1766 persönlich genehmigt hatte. Holzbauten und Steinhäuser im tatarischen Stil reihen sich in der Kajum-Nasyri-Straße aneinander. Kajum Nasyri (1825–1902) war ein tatarischer Schriftsteller und Sprachwissenschaftler; er gilt als Begründer der modernen tatarischen Literatur und Schriftsprache. Ihm ist auch ein Museum ganz in der Nähe gewidmet, das *Musej Kajum Nasyri*.

WEITERE INFORMATIONEN

Museum im Tatarenviertel: Musej Kajum Nasyri, ul. Parischskoj Kommuny 35, Tel. +7-843-2927694.

Die Wolga

34 Pljos

Die Perle an der Wolga

Von vielen großen Städten und Stätten ist in diesem Buch die Rede – aber hier geht es einmal um eine Kleinstadt, vielleicht die kleinste im europäischen Russland. Pljos ist ein beschaulicher und malerischer Ort an der Wolga, der im letzten Viertel des 19. und besonders zu Beginn des 20. Jahrhunderts zur Sommerfrische für die Städter und zum Künstlerdorf für russische Maler wurde.

Pljos, das auf kaum einer Landkarte verzeichnet ist, liegt rund 70 Kilometer nordöstlich von Iwanowo, der Gebietshauptstadt, am rechten Ufer der Wolga. Fast ausnahmslos ist das rechte Ufer der Wolga das sogenannte Bergufer (das linke hingegen ist das Wiesenufer). Die Hügel und Höhenzüge ragen 100 Meter und mehr hoch. Sie sind zumeist bewaldet, gelegentlich von bunten Wiesen durchzogen, an denen kleine Dörfer liegen – das ideale Bild einer russischen Landschaft, so wie es sich im ausgehenden 19. Jahrhundert viele Künstler, Romantiker und Naturfreunde erträumten.

Architektonische Juwele

Vermutlich war der Ort an der Wolga bereits im 10. und 11. Jahrhundert besiedelt, erste urkundliche Erwähnungen verweisen auf das 12. Jahrhundert. Pljos wurde 1237 wie viele andere Orte in Zentralrussland von den Mongolen zerstört. Im Jahr 1410 wurde unter dem Moskauer Fürsten Wassilij I. eine Festung errichtet. Sie sollte dem Schutz der Städte Kostroma und Moskau dienen. Der Ort entwickelte sich dank der Wolga zu einem Zentrum des Leinen- und Stoffhandels und erreichte seine Blüte im 17. und 18. Jahrhundert. 1778 erhielt Pljos Stadtrecht, die Bedeutung schwand jedoch mit der Eisenbahn, die um 1871 in der Gegend zwar gebaut wurde, jedoch 40 Kilometer an der Stadt vorbei. Zwischenzeitlich wurde Pljos sogar das Stadtrecht aberkannt, es erhielt es aber im Jahre 1925 zurück.

Der Ort hatte im Herbst 2010 genau 2341 Einwohner und steht aufgrund seiner architektonischen Einzigartigkeit unter Denkmalschutz. Damit wird die Verschmelzung von Kirchenbauten mit der historischen ländlichen Struktur und der malerischen Einbettung am Ufer der Wolga geehrt und geschützt. Auf dem Kathedralenhügel über dem Städtchen thront die Mariä-Himmelfahrts-Kathedrale, eine Fünfkuppelkirche aus dem Jahr 1695. Hier stand auch die hölzerne Festung des Großfürsten Wassilij. Im ehe-

Birkenpromenade in Pljos an der Wolga (oben). Russisches Landidyll pur, Holzhaus in Pljos (unten). Blick auf die »Perle an der Wolga« im Spätsommer (rechts unten). Holzschale und Holzlöffel mit typischer Lackmalerei aus Palech (rechts oben).

Pljos

maligen Handelsviertel beeindrucken die Dreifaltigkeits-Kirche von 1808, die Auferstehungs-Kirche von 1817, die hoch über dem Steilufer an den Sieg über Napoleon erinnert, sowie die Barbara-Kirche aus dem Jahr 1821 mit ihrem 35 Meter hohen Glockenturm. Die Handelsreihen am Marktplatz sind ebenso gut erhalten wie zahlreiche steinerne Wohnhäuser aus dem 18. und 19. Jahrhundert.

Die Künstlerkolonie

Für die Sommerfrischler aus Städten wie Iwanowo oder dem fernen Moskau war Pljos ein Ort der Erholung und Selbstfindung, und gegen Ende des 19. Jahrhunderts fühlten sich auch viele Künstler und Handwerker von der Stadt angezogen. Der russische Landschaftsmaler Isaak Lewitan (1860–1900) lebte hier von 1888 bis 1890 und war inspiriert von Pljos' Lage am Wolgaufer. Hier entstanden seine wichtigsten Werke wie »An der Wolga« und »Das Abendgeläut« sowie 40 weitere Bilder mit typisch russischen Motiven wie der Wolga im Wandel des Lichts und der Jahreszeiten. Sein ehemaliges Wohnhaus beherbergt heute das Lewitan-Museum. Im ehemaligen Haus der Kaufleute Groschew und Podgornow ist seit 1997 das Museum für Landschaftsmalerei untergebracht, mit zahlreichen weiteren Werken Lewitans und befreundete Künstler. Zu den in Pljos wirkenden Künstlern gehörten Fjodor Wassiljew, Alexej Sawrassow, Boris Prorokow und Nikolai Schukow. Der Opernsänger Fjodor Schaljapin weilte oft als Gast im Hause Lewitan.

Interessantes über Pljos erfährt man im Museum für Stadtgeschichte und Handwerkskunst. Neben Geschichtlichem gibt es zahlreiche Exponate der Lackmalerei und schöne Lackminiaturen aus Palech sowie typische Textilkunst aus der Region zu bestaunen.

DIE LACKMINIATUREN-MALEREI VON PALECH

Aus Palech nordöstlich von Moskau stammt eine besondere Art des russischen Kunsthandwerks: die Verzierung von Schatullen, Schachteln, Dosen, Broschen und anderer Gegenstände mit dekorativer Lackminiaturen. Hervorgegangen ist diese Kunst aus der Schule der Ikonenmaler aus Palech, die bis ins 15. Jahrhundert zurückreicht. Neben Ikonen für die Kirchen wurden auch monumentale Ausmalungen von Kirchen und Palästen in Moskau und Sergijew Possad ausgeführt. Nach der Oktoberrevolution war diese Kunst jedoch nicht mehr gefragt. Die Künstler mussten sich umorientieren und begannen mit der Malerei auf Holz und Pappmaschee. Es wurden nun weltliche, verstärkt revolutionäre und politische Themen einbezogen. Auf nationalen und internationalen Kunstausstellungen sind die Lackminiaturen aus Palech geschätzt; bei Touristen aus aller Welt sind sie sehr beliebt. Die Palette der Darstellungen reicht von religiösen Motiven über russische Sagen und Märchen, literarische Werke bis hin zu folkloristischen Alltagsszenen.

WEITERE INFORMATIONEN

Museum für Stadtgeschichte und Handwerkskunst, ul. Sowjetskaja 41, Tel. +7-49339-43716. www.plios.ru (Montag Ruhetag)

Die Wolga

35 Uljanowsk

Geburtsort der Revolutionäre

Die Stadt an der mittleren Wolga hieß bis 1924 Simbirsk. Der neue Name und die jüngere Geschichte der Stadt sind untrennbar verbunden mit dem Namen Wladimir Iljitsch Uljanows, der in die Weltgeschichte als Lenin einging. In der Sowjetzeit wurde ein großer Personenkult um ihn betrieben, so fielen vor allem Kirchen und herrschaftliche Bauten dem Umgestaltungswahn in seiner Geburtsstadt zum Opfer.

Die majestätisch auf dem rechten Steilufer der Wolga gelegene Stadt wurde 1648 als Grenzfestung des Russischen Reiches gegründet. Der Name »Simbirsk«, den die Stadt bis 1924 trug, geht vermutlich auf eine tatarische Festung an gleicher Stelle zurück.

Vom Adelsnest zur Lenin-Stadt

Im 17. Jahrhundert musste die Festung mehrmals ihre Standhaftigkeit unter Beweis stellen, so 1670, als die aufständischen Bauern unter Stenka Rasin (1630 bis 1671) sie belagerten. 1796 erhielt Simbirsk Stadtrecht und wurde zur Hauptstadt des gleichnamigen Gouvernements erhoben. In den folgenden 120 Jahren entwickelte es sich zu einem bedeutenden Handelszentrum, bedingt durch die Lage an der Wolga und den 1898 erfolgten Anschluss an das Eisenbahnnetz. Simbirsk gehörte zu den reichsten Städten Russlands und trug den Beinamen »Adelsnest«. Zahlreiche erhaltene Villen und administrative Bauten legen dafür steinernes Zeugnis ab. Den Lebensstil des hiesigen Adels beschrieb 1812 der in Simbirsk geborene Schriftsteller Iwan A. Gontscharow im Roman *Oblomow*.

Ein anderer Sohn der Stadt, Wladimir Iljitsch Uljanow, genannt Lenin, kam am 22. April 1870 in Simbirsk zur Welt. Er sollte ab 1924, seinem Todesjahr, die Entwicklung der Stadt maßgeblich bestimmen, was sich auch auf die Namensgebung auswirken sollte – nach seinem Tod wurde sie sofort von Simbirsk in Uljanowsk umbenannt. Der Kult um den Anarchisten, Revolutionär und Staatsgründer der Sowjetunion kannte keine Grenzen. Alljährlich wurden Millionen Menschen aus dem ganzen Land und

Denkmal für Bogdan Chitrow, den Begründer der Stadt Simbirsk, heute Uljanowsk (oben). »Lenin im Oktober«: das typischste Denkmal steht in seiner Geburtsstadt (unten). Moderne Sowjetarchitektur, hier das Pädagogische Institut (rechts). Eisenbahnbrücke über die Wolga bei Uljanowsk (rechts unten). Beliebte Freizeitbeschäftigung: Schach im Freien (rechte Seite oben).

Uljanowsk

den »befreundeten« Staaten zu seinem Geburtshaus gekarrt. Gleichzeitig entfernte man systematisch alles aus dem Stadtgebiet, was nicht in die Ideologie von Lenins Nachfolgern passte. Vor allem Kirchen fielen diesem Wahn zum Opfer. Ebenfalls an einem 22. April und ebenfalls in Simbirsk wurde 1881 Alexander F. Kerenski, Lenins Gegenspieler und Chef der Übergangsregierung nach dem Sturz des Zaren, geboren.

Die Uljanows

Die Hauptsehenswürdigkeit von Uljanowsk ist noch immer der Lenin-Memorial-Komplex, ein gewaltiger Marmorbau, der 1970 zum 100. Geburtstag Lenins mit viel Pomp eingeweiht wurde. Im Innenhof steht das Geburtshaus, in dem es noch zahlreiche Originalgegenstände der Familie Uljanow zu sehen gibt. In der Nähe findet man auch das spätere Wohnhaus, in dem die Familie Uljanow mit ihren sechs Kindern von 1878–1887 lebte. Der Komplex ist eingebettet in den Park der Völkerfreundschaft, der sich vom Memorialhügel bis hinunter zum Wolgaufer zieht. Ein weiteres Wahrzeichen der Stadt ist die 4,5 Kilometer lange Wolgabrücke. Sie wurde 1916 für die Eisenbahn erbaut und Ende der 1950er-Jahre mit zwei zusätzlichen Spuren für den Autoverkehr versehen. Eine neue, über fünf Kilometer lange Straßenbrücke wurde 2009 für den Straßenverkehr freigegeben.

Im palastähnlichen Gontscharow-Haus bieten das Kunstmuseum und das Heimatmuseum interessante Einblicke in das künstlerische und handwerkliche Schaffen der Völker an der Wolga. Im Geburtshaus des Schriftstellers Iwan A. Gontscharow (1812–1891) erinnert eine Ausstellung an diesen russischen Romancier. Im Jungengymnasium von Simbirsk, einem Prachtbau aus dem Jahre 1790, gibt es neben dem Klassenzimmer von Lenin interessante Einblicke in das Schulleben dieser Zeit.

Die Stadt schmücken zahlreiche Kaufmannshäuser und Villen sowie sehr gut erhaltene Holzhäuser. Die meisten der über 40 Kirchen und Kathedralen wurden in den 1930er-Jahren abgerissen oder zweckentfremdet. In den 1990er-Jahren wurden einige Kirchen renoviert und wieder für die Gläubigen geöffnet.

FLIEGERTRÄUME

In Uljanowsk werden nicht nur die berühmten AUS-Geländewagen gefertigt, sondern auch Passagier- und Transportflugzeuge vom Typ Antonow und Tupoljew. Das *Museum für Zivilluftfahrt* beim Flughafen Uljanowsk Zentralnij profitiert von der Nähe des größten Flugzeugproduzenten Russlands »Aviastar« wie auch von der Hochschule für Zivilluftfahrt in Uljanowsk. In den Ausstellungshallen und auf dem Freigelände werden über 9000 Exponate präsentiert, die interessantesten davon sind auf dem Freigelände zu sehen: Flugzeuge und Hubschrauber der Konstrukteure Tupoljew, Antonow, Polikarpow, Iljuschin, Mikojan und Mil. Ausgestellt sind u. a. das Überschallpassagierflugzeug TU-144, der einstmals größte Hubschrauber der Welt, Mi-6, sowie Prototypen wie die TU-116, aus der das schnellste Turboprop-Flugzeug in den 1950er-Jahren entwickelt wurde, die legendäre TU-114.

WEITER INFORMATIONEN

Museum für Zivilluftfahrt: Uljanowsk, ul. Moshaiskaja 8, Tel. +7-8422-349042.

Die Wolga

36 Samara

Mediterrane Millionenstadt

Die Stadt am Wolgabogen steht sowohl für den Getreidehandel, der sie einst reich machte, als auch für Stalins Bunker im Zweiten Weltkrieg. Samara war zudem Standort der Rüstungsindustrie und eine »geschlossene Stadt«. Hier findet man zudem eine der längsten Uferpromenaden an der Wolga, auf der die angeblich schönsten Mädchen Russlands flanieren.

Samara mit mehr als einer Million Einwohnern ist Gebietshauptstadt und wichtiger Industriestandort. Den wirtschaftlichen Aufschwung verdankt sie dem Handel mit Getreide, vornehmlich Weizen, der in den fruchtbaren Ebenen an der Wolga angebaut, auf den Märkten der Stadt gehandelt und über den Hafen verschifft wurde. Im 19. Jahrhundert entwickelte sich zudem eine leistungsstarke Mühlenindustrie. Ab 1877 war Samara an das Eisenbahnnetz angeschlossen.

Ersatzhauptstadt

1361 wird der Ort erstmals urkundlich erwähnt, unter Zar Fjodor (1557–1598) wird er zur Grenzfestung an der Mündung des Samara-Flusses in die Wolga ausgebaut, und 1689 wird er zur Stadt erklärt. Samara war wichtiger Handelsplatz zwischen Orient und Okzident, mit großen Marktplätzen wie dem bis heute bestehenden »Brotmarkt«. Bis zur Oktoberrevolution 1917 etablierten sich in Samara auch die Schwerindustrie und der Maschinenbau. Ab 1935 hieß die Stadt Kuibyschew, nach einem kommunistischen Parteifunktionär. Das Gebiet und auch der Wolgastausee tragen diesen Namen bis heute.

Im Herbst 1941 wurde die Stadt auf Beschluss der Stalin-Regierung zur »Ersatzhauptstadt« erklärt, da die deutschen Truppen bereits vor den Toren Moskaus standen. Regierungsorgane, Militärverwaltung, Außenministerium und diplomatisches Korps wurden nach Kuibyschew evakuiert, ebenso das Ensemble des Bolschoi-Theaters und Künstler wie Dmitri Schostakowitsch (1906–1975). Spektakulär war der Bau des »Stalin-Bunkers« 37 Meter unter dem Zentrum, den Stalin allerdings nie betrat. In dieser Zeit wurden auch wichtige Rüstungsbetriebe in die Stadt verlegt. 1991 wurde aus Kuibyschew wieder Samara, aus der geschlossenen Stadt wurde eine offene, und heute präsentiert sich Samara als moderne, modebewusste und lebendige Stadt mit mediterranem Flair.
Vom Wolgaufer mit dem breiten Sandstrand und der Uferpromenade gelangt

Jugendstilhaus in der Uliza Kujbyschewa, der Fußgängerzone von Samara (oben). Russische Schönheiten tanzen in den Nationalfarben beim Stadtfest (unten). Am Ehrenmal für die gefallenen Helden, im Hintergrund die neu errichtete Sankt-Georgs-Kirche (rechts unten). Prächtig gedeihen die Lupinen in Samarskaja Luka.

Samara

man über die Uliza Wenezka direkt ins alte Stadtzentrum. Am Platz der Revolution erinnern noch das ehemalige Gouverneurspalais, das Gerichtsgebäude und klassizistische Kaufmannshäuser an den einstigen Reichtum der Stadt. Die Uliza Kuibyschewa ist die Geschäftsstraße mit Bürgerhäusern aus dem 19. Jahrhundert, dem Kunstmuseum sowie der kürzlich wieder eröffneten evangelisch-lutherischen Kirche Sankt Georg. In der Nähe steht das »Rote Theater«, das offiziell den Namen Maxim Gorkis trägt. Zwischen Theater und Oper liegt etwas versteckt der Eingang in den Stalin-Bunker, der sich zur Attraktion entwickelt hat. Ein schöner Weg führt über den »Brotplatz«, wo sich die Getreidebörse, ein Kornspeicher und eine Brotfabrik befanden, bis zur Shiguli-Brauerei und zum Iwerskij-Frauenkloster. Von da lohnt sich der Aufstieg zum Ruhmesdenkmal mit der Georgskirche und der neu errichteten Orthodoxen Kathedrale. Oben bietet sich ein weiter Ausblick auf die Stadt und den Wolgabogen bis zu den Shiguli-Bergen.

Die Shiguli-Berge und Samarskaja Luka

Die Shiguli-Berge – ein 75 Kilometer langer Höhenzug mit bis zu 371 Meter hohen, bewaldeten Hügeln – und der Nationalpark Samarskaja Luka, »Samaraer Knick«, erstrecken sich rund 50 Kilometer stromaufwärts von Samara. In der Nähe liegt auch die Automobilstadt Togliatti, das Zentrum des Pkw-Baus in Russland. Ebenso befindet sich am »Knick« die mehr als drei Kilometer lange Staumauer des Kuibyschewer Stausees mit Kraftwerk und Schleusen für die Schifffahrt. Abgesehen von Datschas der Regierung und Villen zahlreicher »neuer Russen« ist dies ein Naturreservat mit einer einzigartigen Flora und Fauna und eigenem Mikroklima.

DER NATIONALPARK SAMARSKAJA LUKA

Empfehlenswert ist die Anreise nach Shiguljowsk, dem Tor zum Nationalpark, mit dem Wolgaschiff (Fahrzeit ca. 2,5 Stunden). Der Park selbst hat eine Größe von 127 000 Hektar und wurde 2006 als Biosphärenreservat in die UNESCO-Liste aufgenommen. Hier tummeln sich über 230 Vogelarten (darunter Adler), mehr als 50 Säugetier- und fast genau so viele Fischarten. Es gibt Schluchten, Wasserfälle, Urwald, aber auch Steppen- und Wüstenpflanzen. Der typische Übergang von der Wald- auf die Steppenzone wird im Park auf engstem Raum durch die Natur vollzogen. Die größten Bewohner des Reservates sind Braunbären, Elche und Wölfe. Die Einbettung der Wolga am malerischen »Knick« des Flusses inspirierte auch den wohl berühmtesten russischen Maler, Ilja Repin (1844–1930), zu seinem bekanntesten Gemälde, den »Wolgatreidlern«, im Jahr 1870 genau an dieser Stelle.

WEITERE INFORMATIONEN

Für Touren in den Nationalpark: Aljans-Tour, Tel. +7-846-2600658.
www.a-tours.com,
www.samturinfo.ru,
www.city.samara.ru

Das Iwerskij-Frauenkloster, die Shiguli-Brauerei und das Heizkraftwerk der Stadt Samara bilden eine »Sinfonie in Rot und Weiß«.

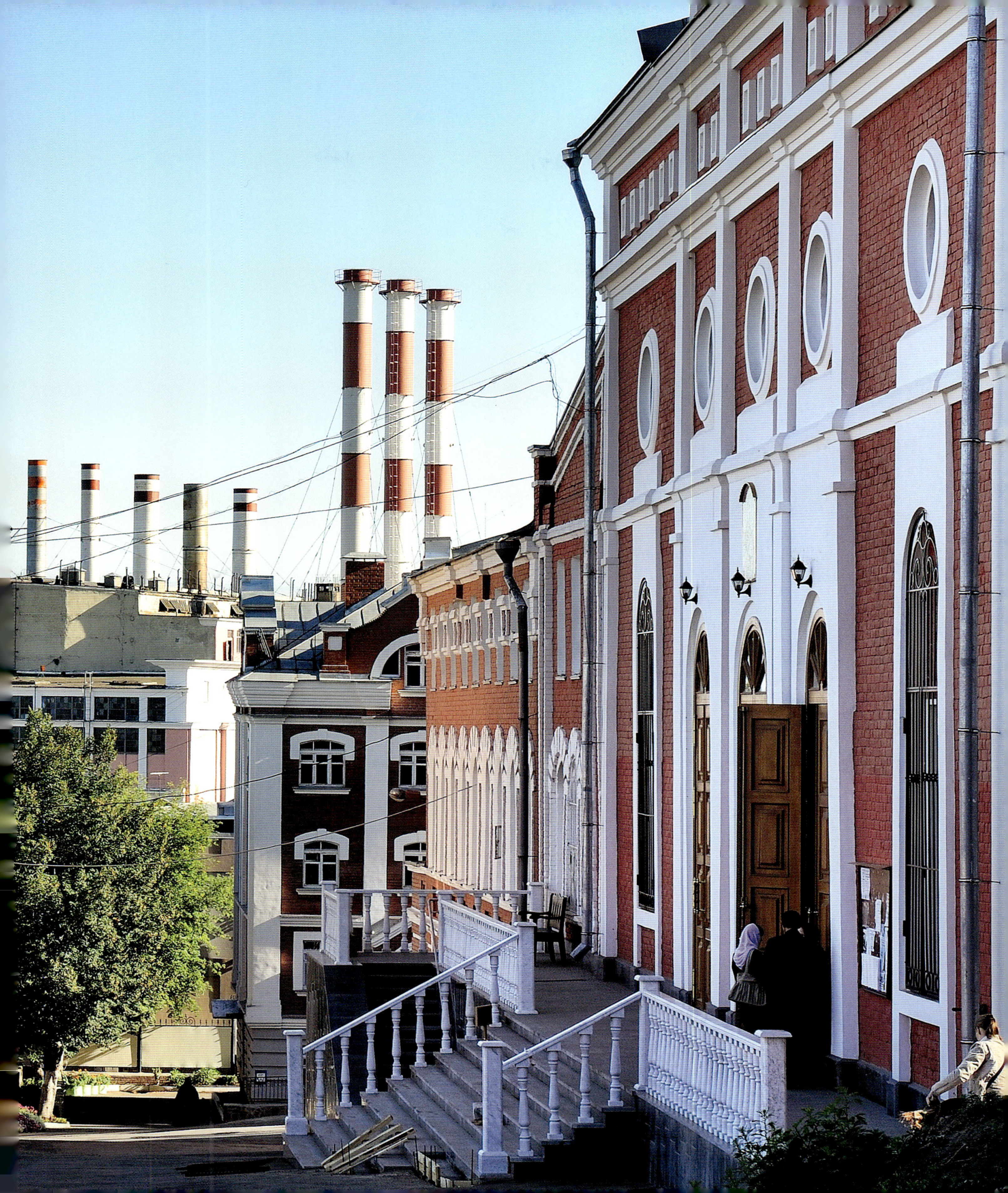

Die Wolga

37 Saratow

Stadt mit deutscher Vergangenheit

Die Stadt Saratow liegt auf der rechten Seite der Wolga, dem Bergufer. Unter den Mongolen war hier die Hauptstadt der Goldenen Horde, unter den Russen eine Grenzfestung, und durch die Ansiedlung der Wolgadeutschen entwickelte sich ein Zentrum deutscher Kultur in Russland. Es scheint so, als hätte die sympathische Stadt von allem etwas Positives behalten.

Saratow war vermutlich die jüngere Hauptstadt der Goldenen Horde mit Namen »Neu Sarai«. Der jetzige Name stammt aus dem Tatarischen und bedeutet »Gelber Berg«. 1590 wurde Saratow von den Russen als Zarenfestung gegründet, 1670 von Stepan Rasin und seinen Aufständischen verwüstet und ab dem Jahr 1674 unter dem Zaren Alexei wieder aufgebaut.

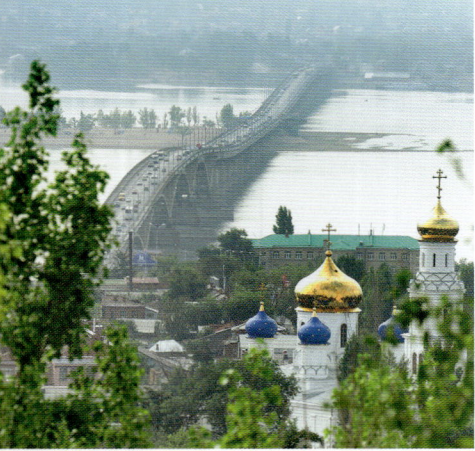

Jugendstil und Aussichtshügel

Auf Einladung von Katharina II. kamen ab 1763 vermehrt deutsche Siedler in dieses Gebiet an der Wolga – davon profitierte sowohl Saratow als auch der gesamte Landstrich. Noch heute wird die Hauptstraße, die offiziell Kirow Prospekt heißt, als die »Deutsche Straße« bezeichnet, die *Njemezkaja uliza*. An ihrem Anfang, beim Gorki-Stadtpark, steht die »kleine Schwester« der Moskauer Basilius-Kathedrale, die Kirche der Gottesmutter-Ikone »Lindere mein Leid«. Sie wurde 1906 eingeweiht und steht in unmittelbarer Nähe des Bischofsitzes von Saratow. In der Mitte des Platzes erhebt sich das Tschernyschewski-Denkmal zum Andenken an den großen Sohn der Stadt, in der Nähe steht die Philharmonie. Das imposanteste Gebäude am Beginn des Boulevards ist das Konservatorium, das eher einem deutschen Rathaus oder einer Burg ähnelt. Von hier bis zum Ende der Deutschen Straße gibt es zahlreiche Bauwerke des Jugendstilarchitekten Fjodor Schechtel, z. B. die Villa Rei-

Blick vom Falkenberg auf die Stadt Saratow mit der Wolgabrücke (oben). Die Markthalle von Saratow bietet Genuss für Augen und Gaumen (unten). Jung gebliebene Saratower Rentnerin mit »Pionierschleife« (rechts). Kleinod der Orthodoxie, neue Kapelle vor moderner Architektur (rechts unten). Freundliche Fleischverkäuferin in der Markthalle (rechts oben).

nike. Am Endpunkt der Fußgängerzone stößt man auf die von ihm stammende Markthalle – von außen ein architektonischer Meilenstein und innen eine Offenbarung der freien Bauernwirtschaft im Wolgagebiet. Hier findet man Käse, Milchprodukte, Honig, Fleisch, Wurst, Obst, Gemüse und Brot in großer Auswahl – und alles kann man probieren. Sehenswert sind die Dreifaltigkeits-Kathedrale von 1695, die 1818 den großen Stadtbrand überstand, das Radischtschew-Kunstmuseum mit bedeutenden Werken russischer Künstler, das Heimatmuseum, das Juri-Gagarin-Museum und das Geburtshaus von Nikolai G. Tschernyschewski (1828–1889), heute Museum über diesen russischen Gesellschaftskritiker. Den schönsten Blick auf die Stadt, die Wolga und hinüber zum Wiesenufer, Heimat der Wolgadeutschen, hat man vom 250 Meter hohen Falkenberg, der zugleich Memorialkomplex für die Gefallenen des Zweiten Weltkrieges, Friedhof und Freilichtmuseum mit allen Waffengattungen der Roten Armee ist.

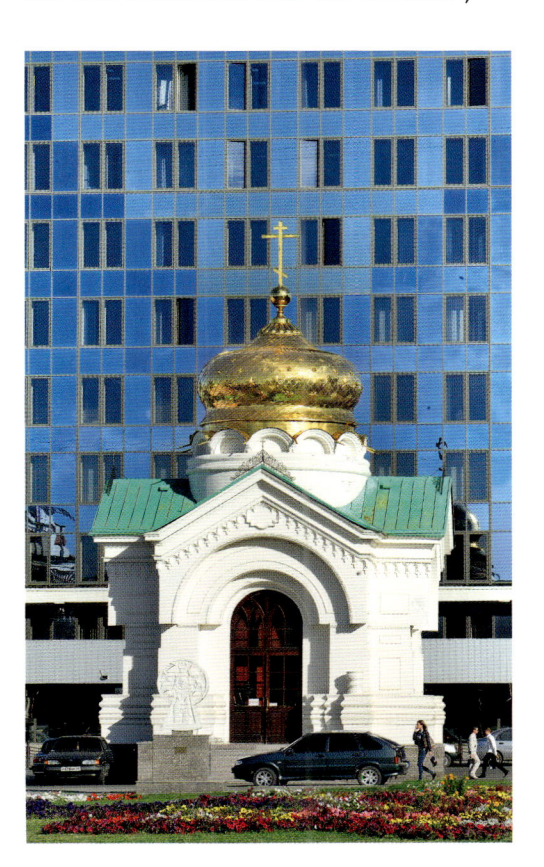

Die Wolgadeutschen

Ab 1763 kamen die ersten deutschen Siedler auf Einladung, genauer aufgrund des Manifestes der Zarin Katharina II., an die Wolga. Sie besiedelten das linke Ufer und begannen, die kargen Steppenböden zu bearbeiten. Gleichzeitig kamen deutsche Handwerker, Lehrer und Geistliche in die Städte Saratow und Samara. Zentrum der Wolgadeutschen wurde Pokrowsk, das ab 1924 in Engels umbenannt wurde. Bis 1941 existierte hier die Autonome Sowjetrepublik der Wolgadeutschen: ein Territorium so groß wie Belgien, mit rund 300 Dörfern und Kleinstädten sowie mehr als 600 000 deutschen Einwohnern. Etwas weiter im Norden existiert bis heute die Stadt Marx, benannt nach Karl Marx. Die Umbenennungen erfolgten seitens der Deutschen nach der Revolution wohl in der Hoffnung, die Bolschewiken günstig zu stimmen. Aber nach dem Überfall der Wehrmacht auf die Sowjetunion im Sommer 1941 wurde die Republik sofort aufgelöst, und Hunderttausende verschwanden in Lagern oder wurden nach Mittelasien zwangsumgesiedelt. Erst 1964 wurde die deutsche Volksgruppe in der Sowjetunion rehabilitiert und als Nationalität anerkannt, was vielen die Ausreise in die Bundesrepublik ermöglichte. Heute gibt es wieder deutsches Kulturleben in Engels und Umgebung.

DIE MARKTHALLE VON SARATOW

Zufall oder Glücksfall, es ist Sonntag, der Markt hat geöffnet und ich habe nicht gefrühstückt – aber was ist ein langweiliges Hotelfrühstück gegen eine kulinarische Exkursion durch eine Markthalle. Auf russischen Märkten kann man übrigens alles probieren! Mich zieht es zu den Brotständen mit dem berühmten Weißbrot, dem Saratower Kalatsch: außen knusprig, innen weich und »fluffig«. Ein Stück weiter gibt es frische Milch, Butter, Käse, Quark und Kefir. Mit Hartkäse und Ziegenkäse, der hier »Brinsa« heißt, stille ich den ersten Hunger. Eine nette Verkäuferin brüht mir einen guten türkischen Kaffee auf. Ich schlendere weiter, vorbei an Ständen mit geräuchertem Fisch aus der Wolga wie Zander, Hecht und Karpfen. Auch der erste rote Kaviar, frische Ernte aus Kamtschatka, ist schon zu haben: lose aus einer großen Plastikbox. Am Wurst- und Fleischstand kaufe ich Paprikasalami und extraharte Pferdewurst Konina. Bei den Salaten, den getrockneten Früchten sowie bei den Obstständen muss ich schon passen.

WEITERE INFORMATIONEN

Markthalle Saratow: Ecke ul. Kirowa (Fußgängerzone) – ul. Tschapajewa (am Ende der Fußgängerzone).

Die Wolga

38 Wolgograd

Stalingrad – Mythos und Mahnmal

Allein der Name Stalingrad, wie die Stadt bis 1961 hieß, weckt unweigerlich Erinnerungen an die Ereignisse im Winter 1942/43, als hier eine der erbittertsten Schlachten des Zweiten Weltkriegs geschlagen wurde. Aber die Stadt bietet mehr als die Monumente des Krieges, vor allem im Sommer lädt die Millionenstadt an der Wolga zum Promenieren am Ufer oder zum Baden in der 25 Grad warmen Wolga ein.

Durch die klimatisch und geografisch günstige Lage zwischen Wolga und Don war das Gebiet des heutigen Wolgograd bereits in der Antike in wichtige Handelsrouten eingebunden. Hier siedelten im 5. Jahrhundert v. Chr. die Skyther und im 8./9. Jahrhundert n. Chr. die Chasaren. Ab dem 11./12. Jahrhundert herrschten hier die halbnomadischen Polowzer, die unter der Herrschaft der Goldenen Horde von den Mongolen und Tataren assimiliert wurden. Mit dem Vordringen der Russen ins südliche Wolgagebiet und der Zerschlagung der tatarischen Khanate wurde im Mündungsgebiet des Flusses Zariza 1589 eine russische Festung errichtet, die den Namen Zaryzin erhielt.

Zaryzin – Stalingrad – Wolgograd

Im 17. und 18. Jahrhundert war die Stadt mehrmals durch aufständische Kosaken und Bauern belagert, verlor aber nach 1783, als die Krim und der Kuban an Russland fielen, an strategischer Bedeutung. Dafür blühten Handel und Industrie merklich auf. Zwischen 1862 und 1872 wurde Zaryzin durch den Bau von zwei Eisenbahnlinien, eine vom Schwarzen zum Kaspischen Meer, eine vom Kaukasus nach Zentralrussland, zum wichtigsten Bahnknotenpunkt Südrusslands. In der Region boomte die Wirtschaft mit Mühlenbetrieben, Leder- und Maschinenbaufabriken und einer Erdölraffinerie. Die Stadt war von 1917 vis 1920 im Bürgerkrieg erbittert umkämpft, führten durch sie doch die wichtigsten Transportwege für Rohstoffe und Lebensmittel nach Moskau und Petrograd (Sankt Petersburg). Die Rote

Uferpromenade an der Wolga mit dem Portal der Freitreppe zur Heldenallee (oben). An der Gedenkstätte zur Schlacht von Stalingrad auf dem Mamajew-Hügel (unten). Das Niederlegen der Brautsträuße an der »Ewigen Flamme« ist Tradition (rechts). Abends am Wolgakai (rechte Seite unten). In der Ruhmeshalle am Mamajew-Hügel (rechte Seite oben).

Wolgograd

Armee siegte. Der verantwortliche Armeekommissar in Zaryzin war Josef Stalin, ihm wurde der Sieg zugeschrieben, und 1925 erhielt die Stadt seinen Namen: Stalingrad.

Noch härter sollte es die Stadt im Zweiten Weltkrieg treffen, als es hier zu einer der größten Tragödien dieses Krieges kam. Für Deutschland und seine Verbündeten war es der Anfang vom Ende. Im steppenähnlichen Umfeld und in der Stadt tobte zwischen dem 19. November 1942 und dem 2. Februar 1943 die Schlacht um die Stadt Stalins. Hier entschied sich der weitere Verlauf des Krieges zu Ungunsten Hitlers. Auf sowjetischer Seite starben mehr als 500 000 Soldaten und vermutlich bis zu 300 000 Zivilisten, auf Seiten der Deutschen und ihrer Verbündeten (Italien, Ungarn, Rumänien, Kroatien) kamen durch die Kämpfe oder spätere Gefangenschaft etwa 240 000 Menschen ums Leben. Unmittelbar nach Ende der Kampfhandlungen begann der Wiederaufbau der Stadt, in der nur noch 1500 Zivilisten lebten und kein Gebäude bewohnbar war. Stalingrad wurde als sozialistische Musterstadt aufgebaut. 1961 wurde Stalingrad im Rahmen der »Entstalinisierung« in Wolgograd umbenannt.

Gedenken und modernes Leben

Vom Hafen mit der parkähnlichen Uferpromenade gelangt man über die Heldentreppe und die Heldenallee zum Park des Sieges. Im Zentrum erstreckt sich der Leninprospekt mit dem Kaufhaus Uniwermag. Während der Kampfhandlungen befand sich im Keller des Gebäudes der Stab der 6. Armee unter General Paulus, heute ist hier ein Museum untergebracht. Der Platz der Gefallenen Krieger mit einem 26 Meter hohen Obelisken und der ewigen Flamme ist Park und Gedenkstätte. Im benachbarten Geschichtsmuseum wird die Geschichte Zaryzins bis 1925 dokumentiert. Im Museum der Bildenden Künste am Leninprospekt sind Kunstwerke von Künstlern der Stadt und Region zu sehen. Eine eindrucksvolle Gedenkstätte ist das Panorama-Museum mit dem 120 mal 16 Meter großen Rundbild »Schlacht von Stalingrad«. Wolgograd zeigt sich heute als moderne Industriestadt und ist im Sommer durch ihr Klima, die Parks und die Uferpromenade besonders attraktiv.

GEDENKSTÄTTE MAMAJEW-HÜGEL

Die höchste Erhebung Wolgograds ist der *Mamajew-Hügel*, der in der Schlacht von Stalingrad als »Höhe 102« große strategische Bedeutung hatte. Heute befindet sich hier die monumentale Gedenkstätte für die Schlacht von Stalingrad. Der Hügel wird überragt von der 8000 Tonnen schweren Skulptur »Mutter Heimat ruft«. Die 86 Meter hohe, Schwert schwingende Frauengestalt symbolisiert die Siegesgöttin Nike. Zu ihren Füßen sind 34 505 gefallene Sowjetsoldaten beigesetzt. Der Weg hinauf zum Hügel führt über 200 Stufen, die die 200 Tage Belagerung symbolisieren. Am Weg stehen Skulpturen und Mahnmale wie die Ruinenmauern, der Heldenplatz, die Reliefwand, die Ruhmeshalle und der Trauerplatz. Beeindruckend ist die Ruhmeshalle mit der ewigen Flamme, der Ehrenwache russischer Soldaten und der Musik von Schumanns *Träumerei* im Hintergrund. 2005 wurde in unmittelbarer Nähe der Skulptur »Mutter Heimat ruft« eine orthodoxe Kirche erbaut.

WEITERE INFORMATIONEN

Gedenkstätte Mamajew-Hügel: Wolgograd, ul. Tschujkowa 47, Tel. +7-8442-230928, täglich geöffnet.
www.mamayevhill.volgadmin.ru

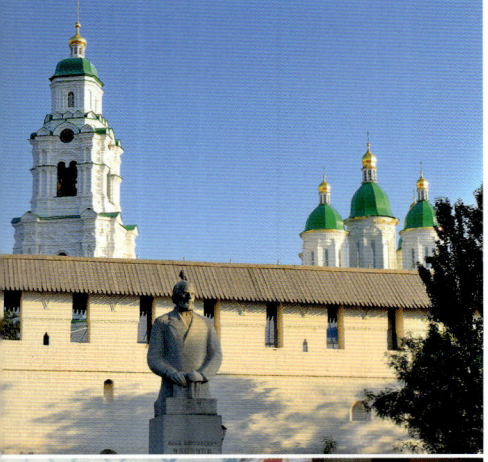

Die Wolga

39 Astrachan

Multikulturelle Metropole im Wolgadelta

Die alte Handelsstadt hat von all ihren einstigen Herrschern etwas in die Neuzeit mitbekommen – so scheint es dem Besucher der quirligen, von südländischer Atmosphäre geprägten Stadt beim Anblick der Kirchen, Moscheen, Märkte und besonders seiner Bewohner. Die exotische Mischung aus Seidenstraße, Hafenstadt, russischem Kreml und orthodoxen Kirchen zieht den Fremden schnell in ihren Bann.

Am Kreml von Astrachan: Das Uljanow Denkmal ist dem Vater Lenins gewidmet, der in Astrachan geboren wurde (oben). Kerzen in der Kreml-Kathedrale sollen fromme Wünsche erfüllen helfen (unten). Uferpromenade an der Wolga mit Hotelschiff und schwimmendem Restaurant (rechts unten). Im Wolgadelta (rechts oben).

Schon im 6. Jahrhundert war Astrachan ein wichtiger Handelsplatz zwischen Zentralasien und Europa. In der Nähe der heutigen Stadt wird die Hauptstadt des längst vergangenen Chasarenreiches, Itil, vermutet. Die Chasaren waren ein Turkvolk jüdischen Glaubens, ihr Imperium existierte bis ins 10. Jahrhundert, und noch heute wird Astrachan gelegentlich als Itil oder Etil bezeichnet. Ebenso lautet die altertümliche Bezeichnung für die Wolga.

Gebietshauptstadt mit viel Flair

Im Jahr 1242, dem offiziellen Gründungsjahr der Stadt, siedelten hier die Mongolen unter Batu Khan. Bis 1556 war die Stadt Sitz eines tatarischen Khans, dessen Macht mit der Einnahme durch die Truppen Iwans IV. zu Ende ging. Astrachan wurde dem russischen Reich einverleibt und als Festung mit Zugang zum Kaspischen Meer ausgebaut. Bereits 1582 war der Kreml mit Mauer, Wehrtürmen und einer Karawanserei fertiggestellt. Darum herum entstanden kleine Siedlungen der armenischen, persischen, indischen und tatarischen Händler und Handwerker. Trotz unterschiedlicher Kulturen und Religionen lebte man einträchtig beieinander und profitierte vom Handel mit Seide, Gewürzen, Teppichen, Edelsteinen, Salz und Fisch.

Die Stadt verfügte über eine ideale Lage an einem nördlichen Ast der Seidenstraße, unweit des Don mit Verbindung zum Schwarzen Meer und zum Kaukasus sowie über die Wolga nach Moskau und Westeuropa. Dies erkannte auch der umtriebige Zar Peter I., der hier ab 1722 eine Admiralität, eine Werft, einen größeren Hafen und die Kaspische Flotte gründen ließ. Mit dem Beginn der Erdölförderung in Baku am Kaspischen Meer gegen Ende des 19. Jahrhunderts setzte in Astrachan ein industrieller Aufschwung ein. Es wurden Schiffe für den Öltransport gebaut, eine Ölraffinerie errichtet und die Stadt ans Bahnnetz angeschlossen.

Seit 1943 ist Astrachan Hauptstadt des gleichnamigen Gebietes; heute hat es

Astrachan

rund 520 000 Einwohner verschiedenster Nationalitäten und Religionen. Astrachan präsentiert sich als offene, freundliche Stadt mit mediterranem Klima und einer ebensolchen Lebensart.

Flusshafen, Kreml und Altstadt

Bereits bei der Ankunft mit dem Schiff eröffnet sich ein grandioser Blick auf die Stadt. Begrüßt wird der Ankömmling von Peter I. persönlich – in Form eines kürzlich eingeweihten Monuments am Hafen. Er weist den Weg in die Altstadt, eine parkähnliche Avenue mit einer wahren Blütenpracht. Am Lenindenkmal vorbei gelangt man zum Kreml. Blendend weiß strahlen dessen Mauern, Wehrtürme und Kirchen in der Sonne. Von den sieben Türmen ist der Pretschistenskij-Torturm, gleichzeitig auch Glockenturm des Kreml, mit 80 Metern der höchste. Im Innern der Burg beeindruckt die Mariä-Himmelfahrts-Kathedrale (1698–1710) mit ihren fünf goldenen Kuppeln und einer stolzen Höhe von 64 Metern.

Nur ein paar Schritte vom Kreml entfernt lädt das Kulturmuseum ein, sich mit der kulturellen Vergangenheit der Stadt vertraut zu machen. Die Uliza Sowjetskaja ist die Hauptstraße mit dem Kirow-Dramenthater, dem Historischen und dem Architektur-Museum. Das Kostodijew-Kunstmuseum, benannt nach dem Repin-Schüler, in der Uliza Swerdlowa 81 ist berühmt für seine Gemälde und Grafiken. In der Altstadt gibt es noch zahlreiche Kaufmannshäuser und Gotteshäuser wie die Ioann-Slatoust-Kirche und die Pokrowski-Kirche sowie Moscheen, darunter die »Weiße Moschee«, auch tatarische Moschee genannt, die »Schwarze Moschee«, die »Rote oder Kasaner Moschee«, die »Kruischiner Moschee«, auch Bakuer Moschee genannt, die »Persische Moschee« und die »Kaukasische Moschee« direkt neben dem Basar.

DIE BESONDERHEITEN DIESER STADT

Durch keine andere Stadt in Russland fließt ein Fluss, die Wolga, 28 Meter unter dem Meeresspiegel. Zudem liegt vor den Toren der Stadt ein Naturreservat, wie es in Russland kein Zweites gibt: das Wolgadelta (siehe folgende Seiten). Und östlich der Stadt erstrecken sich einzigartige Steppen- und Wüstengebiete mit riesigen Sanddünen. Astrachan hat ein ausgesprochen heißes Klima mit langen Sommern und einer prächtigen Vegetation. Darüber hinaus gibt es hier einen der »buntesten« Basare Russlands, mit Gemüse, Früchten, den süßesten Melonen des Landes und einer Waren- und Händlervielfalt wie im Orient. Astrachan ist über die Wolga und deren Delta mit dem Kaspischen Meer verbunden, dem größten Binnensee unseres Planeten, dessen Oberfläche sich ebenfalls 28 Meter unter dem Meeresspiegel befindet.

WEITERE INFORMATIONEN

Astrachan: www.astrgorod.ru

Die Wolga

40 Das Wolgadelta

Endpunkt von Europas längstem Strom

Die vielen Lieder, Balladen und Geschichten über die Wolga sind allseits bekannt. »Mütterchen Wolga«, wie der Fluss in Russland liebevoll genannt wird, bzw. »die Mutter aller russischen Flüsse« legt von der Quelle bis zur Mündung ins Kaspische Meer einen langen Weg zurück. Bevor sie dieses erreicht, bildet sie eine einzigartige Landschaft: das Wolgadelta.

Bereits auf Höhe der Stadt Wolgograd zweigt ein östlicher Flussarm von der Wolga ab: die Achtuba. Mit diesem 537 Kilometer langen Mündungsarm beginnt das Delta. Doch bevor diese Stelle erreicht wird, legt der Fluss insgesamt 3530 Kilometer (nach Begradigungen) von seiner Quelle in den Waldaihöhen, nördlich von Moskau, zurück.

Stromquelle und Verkehrsweg

In ihrem Verlauf nimmt die Wolga ungefähr 200 Nebenflüsse auf und wird zum wasserreichsten Strom des Kontinents. Die Wasserressourcen werden seit den 1930er-Jahren für die Landwirtschaft, Industrie, Schifffahrt und Energiegewinnung genutzt. Es entstand eine Kaskade von Stauwerken mit Schleusen, Staudämmen und Wasserkraftwerken. Acht große Stauseen, gern als »Meere« bezeichnet, erinnern mit Längen zwischen 400 und 600 Kilometern und Breiten zwischen 20 und 40 Kilometern kaum noch an einen Fluss.

Über Kanäle ist die Wolga mit der Ostsee und dem Weißen Meer im Norden, mit dem Asowschen und dem Schwarzen Meer im Süden verbunden sowie dank ihrer Mündung in die Kaspisee mit dem Kaspischen Meer. Bereits seit den ersten Besiedlungen des Wolgagebietes diente der Fluss als Verkehrsweg und Handelsroute von Skandinavien bis nach Persien und Mittelasien. Die Einflüsse verschiedener Kulturen und Religionen kulminieren in der Stadt Astrachan zu einer heute noch wahrnehmbaren Vermischung von Orient und Okzident.

Flora und Fauna

Bei Astrachan verzweigt sich die Wolga in ihre wichtigsten Mündungsarme. Das sind von West nach Ost der Bachtemir, die Wolga (Hauptarm), Tabola und die bereits erwähnte Achtuba. Das Gebiet ist bis zu 180 Kilometer breit, die Entfernung bis zur Mündung ins Meer beträgt zwischen 75 und gut 100 Kilometern. Die nordöstliche Begrenzung des Deltas liegt bereits auf kasachischem Territo-

---

Ein einzigartiges Naturparadies ist das Wolgadelta (oben) – nur hier gibt es Lotosblütenwiesen in Europa (unten). Außer zahlreichen Zugvögeln fühlen sich als ständige Bewohner auch Wildschwäne hier wohl (rechts unten). Die »Marmelade der Reichen«: Schwarzer Kaviar, schon fast unbezahlbar (rechts oben).

Das Wolgadelta

rium, also in Asien. Südwestlich grenzt das Delta an Kalmückien, eine autonome Republik Russlands. Die einzelnen Flussarme sind untereinander verästelt und bilden ein weitverzeigtes Geflecht an Fließen und Kanälen.

Aufgrund der Einzigartigkeit des Deltas, seiner Ausmaße und der Flora und Fauna wurden bereits 1985 weite Teile des Mündungsgebietes der Wolga zum UNESCO-Biosphären-Reservat erklärt. Das Delta gilt als wichtige Zwischenstation für alljährlich Millionen Zugvögel, die auf den Schilfinseln und in den Auewäldern Rast machen. Darüber hinaus ist das Gebiet ständiger Nistplatz für zahlreiche Vogelarten wie Seeadler, Fischadler, Sing- und Höckerschwäne, Fisch-, Nacht- und Silberreiher sowie Flamingos und Pelikane. Ebenso interessant und schützenswert sind die mehr als 230 im Delta vorkommenden Süßwasserfische. Vom Unterlauf der Wolga bis ins Delta gibt es eine große Population an Wildkarpfen, die hier wegen der warmem Wassertemperaturen zwischen 15 und 35 Kilogramm schwer werden können. Die Muschelbänke und die mehrmals im Jahr überschwemmten Ufergebiete bilden ideale Nahrungsvorräte für die Fische sowie ausreichende und sichere Laichgründe.

Großteile des Deltas sind überzogen mit einer Vielzahl von Wasserpflanzen: Schilfrohr, Seerosen, Wassernuss-Gewächsen und den in Europa nur hier wachsenden Lotosblüten. Eine weitere Besonderheit des Wolgadeltas ist die Nähe der riesigen Wasserfläche zu den Steppen- und Halbwüstengebieten, die gleichsam direkt am Ufer liegen. Hier leben noch die wilden Saiga-Antilopen. Im weiteren Umfeld des Deltas gibt es mehr als 700 Seen, darunter zahlreiche Salzseen sowie rund 1300 Sumpfgebiete mit jeweils eigener Flora und Fauna. Etwa 80 Prozent der Salzproduktion Russlands entfallen dabei auf das Gebiet um Astrachan.

KAVIAR – DAS »SCHWARZE GOLD«

Der Stör gilt als »Kaiser« unter den Fischen im Wolgadelta und im Kaspischen Meer. Fünf Arten kommen hier vor, darunter ist der Hausen, auch bekannt als Belugastör, der größte. Er liefert den besten und teuersten Kaviar, den »Beluga-Malosol«. Ausgewachsene Belugastöre erreichen ein Lebendgewicht von bis zu 1000 Kilogramm und werden zwischen 60 und 80 (!) Jahre alt. Seit 2006 gilt in Russland, Kasachstan und Aserbaidschan ein Verkaufs- und Exportverbot für schwarzen Kaviar. Das Moratorium ist zeitlich vorerst nicht begrenzt, denn es soll nachhaltig die Störbestände vor Ausrottung schützen. »Wilddieberei« und Raubbau in den letzten 20 Jahren haben die Bestände der Störe fast vernichtet. Während in den Farmen im Delta der Kaviar aus den lebenden Fischen herausgepresst wird, werden die Störe von den Raubfischern »abgeerntet« und danach getötet. Nun gelten strenge Regeln bezüglich der Produktion und des Handels mit schwarzem Kaviar, die auch von den EU-Ländern und den USA durch strikte Einfuhrverbote unterstützt werden.

WEITERE INFORMATIONEN

Reisebüro Tintour, Astrachan,
Tel. +7-8512-395665.
www.tintour.ru

Teilnehmer einer Prozession vor der Starotscherkassker Donkosaken-Kathedrale (oben). Brunnen im Kurpark von Kislowodsk, Kaukasische Mineralbäder (Mitte). Am Schwarzmeerstrand in Sotschi (unten). Das Kaukasische Paradies »Dombai«, mit Bauer bei der Heuernte vor den Ausläufern des Alibek-Gletschers (rechts).

Der Süden

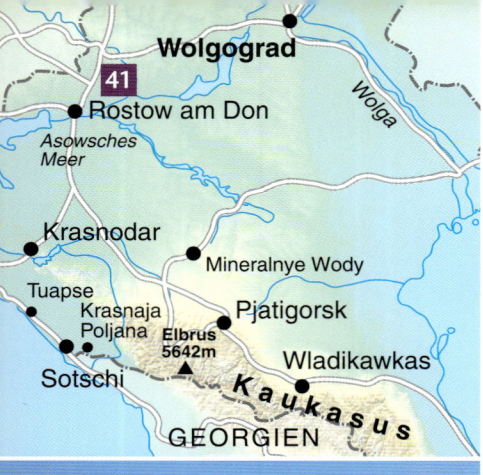

Der Süden

41 Rostow am Don

Millionenstadt im Süden

Die südlichste Großstadt Russlands wird als »Tor zum Kaukasus« bezeichnet, wenngleich die Lage am Don und die Verbindung zum Asowschen Meer und Schwarzen Meer ebenso bedeutend sind. Die Stadt ist Ausgangspunkt für Flusskreuzfahrten auf Don und Wolga. Die gesamte Region gilt als die Heimat der Donkosaken, die nun wieder ihre Traditionen frei leben und ausleben können.

Rostow, Industriestadt und Hauptstadt des gleichnamigen Gebietes, liegt 46 Kilometer entfernt von der Mündung des Don ins Asowsche Meer. Unter Zarin Elisabeth Petrowna (1709–1761), Tochter Peters des Großen, wurde die Stadt 1749 als Zollstation am Don gegründet, mit dem Ziel, den Handel in der Kaukasus-Region und mit den Türken auszubauen.

Der verheerende Krieg

Bereits 1761 wurde der Rostower Kreml errichtet, Festung und Siedlung erhielten Stadtrecht und den Namen des heiligen Dmitri Rostowski (1661–1709). Daraus wurde Rostow, mit dem Zusatz »am Don«, um Verwechslungen mit Rostow Weliki (am Goldenen Ring) zu vermeiden. Die Bedeutung als Festung im Grenzland schwand mit der Einverleibung der Schwarzmeer-Region ins Russische Reich im 18. Jahrhundert. Rostow entwickelte sich gut 100 Jahre später zu einer wichtigen Industrie- und Handelsstadt. Im Zweiten Weltkrieg wurde die Stadt im November 1941 von den Deutschen eingenommen, kurz danach aber von der Roten Armee befreit. Auf ihrem Rückzug hinterließen die deutschen Truppen eine Schneise der Verwüstung. Unmittelbar danach begann der Wiederaufbau der Stadt, doch der Krieg kehrte im Juli 1942 zurück, in Form der erneuten Besetzung durch die Wehrmacht. Nach schweren Kämpfen wurde Rostow im Februar 1943 endgültig befreit. Dieses harte Schicksal der Stadt hatte ihre fast völlige Zerstörung zur Folge.

Die Mariä-Geburt-Kathedrale (1860 bis 1884 vom berühmten Baumeister Konstantin Thon erbaut) ist das herausragende sakrale Bauwerk der Stadt. Ein Spaziergang durch die Große Gartenstraße (ul. Bolschaja Sadowaja) ist lohnenswert, zum einen wegen der imposanten Handelshäuser aus dem 19. Jahrhundert mit ihren reich verzierten Fassaden, zum anderen wegen der südländischen Atmosphäre mit zahlreichen Boutiquen, Cafés und Restaurants. An dieser Avenue befinden sich auch das

---

Die Eisenbahnbrücke über den Don in Rostow ermöglicht die Passage für Schiffe vom Kaspischen zum Schwarzen Meer (oben). Klassisch und modern, das Zentrum der Stadt (unten). Kosakenfamilie in der Auferstehungs-Kathedrale in Starotscherkassk (rechts unten) mit reichem Säulenschmuck.

Rathaus, die Philharmonie und das Musiktheater. Das hiesige Heimatmuseum bietet die umfangreichste Sammlung in Südrussland: Exponate von der Antike (Gold und Silber) über die Geschichte der Skythen bis zu den Kosaken. Am Ende des Boulevards liegt der Theaterplatz mit dem Maxim-Gorki-Theater. Dieses Gebäude besticht schon von außen durch seinen Baustil im Konstruktivismus, der Form eines Traktors nachgebildet. Das Theater selbst genießt landesweit einen guten Ruf.

Starotscherkassk, Hauptstadt der Donkosaken

30 Kilometer nordöstlich von Rostow am Don liegt Starotscherkassk. Die Stadt wurde 1593 von Kosaken aus Saporoschje (heute Ukraine) gegründet und war bis 1805 die Hauptstadt der Donkosaken. Der Ort war auch der Sitz des Don-Heeres, der Kosakenarmee. Heute mutet die Stadt mit einer Hauptstraße im Stil des 19. Jahrhunderts eher wie ein Dorf an. Gepflegte Holzhäuser mit blühenden Vorgärten bestimmen das Bild im Sommer. Auf dem zentralen Platz, dem Majdan, steht die gewaltige Auferstehungskathedrale aus dem späten 17. Jahrhundert, überragt vom 50 Meter hohen Glockenturm. Im Inneren der Kirche besticht die überaus reich verzierte Ikonostase. Hinter dem Glockenturm befindet sich der Heldenfriedhof der Kosaken. Im Ort gibt es zwei weitere Kirchen, die Ratnaja-Kirche (1731) und die Peter-Pauls-Kirche (1749).

Das ehemalige Anwesen des Atamanen (des obersten Anführers der Kosaken) Danila Jefremow (1690–1760), bestehend aus Wohnhaus, Küche, Hauskirche und Hof, ist heute ein Freilichtmuseum. Die Mitarbeiter, zumeist als Kosaken gekleidet, geben vor Ort Einblicke in das Leben der Kosaken und ihrer Familien. Besonders beliebt sind an Sommerwochenenden die Kosakenmärkte mit Liedern, Tänzen und Reiterspielen der Donkosaken.

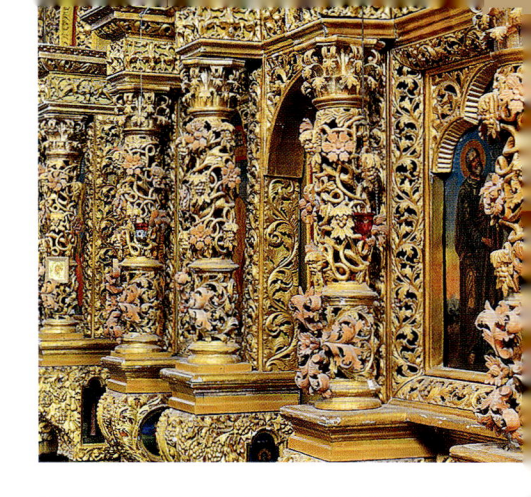

NOWOTSCHERKASSK, DIE NEUE KOASAKENHAUPTSTADT

Bereits 1644 verlagerten die Donkosaken einen Teil ihrer Hauptstadt ins höher gelegene »Neu-Tscherkassk«, um vor den ständig wiederkehrenden Hochwassern des Don besser geschützt zu sein. 1805 wurde die Stadt auch offiziell zur Hauptstadt der Donkosaken erklärt. Auf der höchsten Erhebung der Stadt thront die Himmelfahrts-Kathedrale, errichtet zu Beginn des 20. Jahrhunderts. Sie ist nach der Isaaks-Kathedrale in Sankt Petersburg und der Christi-Erlöser-Kathedrale in Moskau die drittgrößte Russlands. Auf dem Platz davor steht seit 1904 das Denkmal für den Kosaken Ataman Jermak (1537–1585), den Eroberer Sibiriens. Der prächtige Atamanenpalast (19. Jh.) mit seinem Säulenschmuck beherbergt ein Museum zur Geschichte der Kosakenanführer. Das 1899 eingeweihte Museum der Donkosaken zeigt eine umfangreiche Sammlung an Waffen, Möbeln, Porzellan und Ikonen der ranghöchsten Kosaken.

WEITERE INFORMATIONEN

Museum der Donkosaken: Nowotscherkassk, ul. Atamanskaja 38. www.doncossacks.ru

Der Süden

42 Der Kaukasus

Hochgebirge an Europas Ostgrenze

Hinter dem Kaukasus mit den höchsten Gipfeln Europas beginnt Asien. Im Kaukasus findet man Kurorte und Möglichkeiten zum Wintersport und Bergwandern in traumhaften Landschaften. Die Anwohner mit unterschiedlichen Sprachen, Mentalitäten und Religionen unter einen Hut zu bringen, versuchten die Zaren, Stalin, die Sowjets, Jelzin und Putin – vergeblich, wie es scheint. Im Kaukasus ist alles etwas anders.

Der Kaukasus markiert die Kontinentalgrenze zwischen Europa und Asien, auch wenn es dafür gelegentlich andere geografische Definitionen gibt. Das bis zu 180 Kilometer breite Hochgebirge erstreckt sich auf 1500 Kilometer zwischen dem Schwarzen und dem Kaspischen Meer. Anrainerstaaten sind Russland, Georgien, Armenien und Aserbaidschan sowie eine Vielzahl autonomer Republiken und Gebiete, deren Existenz zum Teil auf die willkürliche Grenzziehung zur Zarenzeit und unter Stalin zurückgeht.

Elbrus, König der Berge, und Dombai

Der Elbrus ist mit 5642 Metern der höchste Berg Europas. Um den Gipfel herum erstreckt sich ein 145 Quadratkilometer großes Gletscherfeld. Das Elbrusgebiet ist als Nationalpark geschützt, aber Wintersport und Bergwandern sind erlaubt. Von der Talstation Poljana Asau auf 2300 Metern kann man mit der Seilbahn bis auf 3550 Meter fahren. Seit 2009 gibt es eine neue Seilbahn, die bis zur Prijut-Hütte auf 4160 Meter verkehrt.

»Dombai« bezeichnet drei geografische Punkte: den winzigen Ferienort mit gerade mal 381 Einwohnern, den Bergfluss Dombai-Ulgen sowie den gleichnamigen, 4047 Meter hohen Berg. Alle drei vereint die atemberaubende Lage inmitten der Kaukasus-Berge. Der Ort liegt auf einer Hochalm in 1650 Metern Höhe und ist seit den 1920er-Jahren ein beliebtes Erholungs- und Wintersportzentrum. Die Infrastruktur mit Skischulen, Pensionen und Hotels wie auch die Gastrono-

Auf dem Weg nach Dombai, Wintersport- und Erholungsort in 2000 Meter Höhe (oben). In der Ebene zwischen Kaukasus und den kaukasischen Heilbädern wird traditionell Pferdezucht betrieben (unten). Verkaufsstand auf der Bergstation von Dombai (rechts unten). Kaffeehaus Gukasow am Kurpark von Pjatigorsk (rechte Seite unten). Heilquelle in Kislowodsk (rechte Seite oben).

Der Kaukasus

mie haben sich in den letzten Jahren stark verbessert. Seilbahnen und Sessellifte befördern Skiläufer und Snowboarder bis auf 3200 Meter. Atemberaubend sind nicht nur die Abfahrten, sondern auch die idealen Bedingungen im Winter bei nicht allzu niedrigen Temperaturen und viel Schnee. Im Sommer lädt das 1935 gegründete Teberda-Naturreservat, zu dem Dombai gehört, zu Wanderungen und Touren durch die Bergwelt mit 4000er-Gipfeln als gigantische Kulisse ein. Bizarre Schluchten, spektakuläre Wasserfälle, blühende Bergwiesen und ein intaktes Öko-System machen Dombai zum denkwürdigen Erlebnis.

Die kaukasischen Heilbäder und Mineralnye Wody

Mit der Kolonialisierung von West- und Nordkaukasus durch die Russen im 18. Jahrhundert und den beginnenden Ausbau der Verkehrswege entstand das Bedürfnis zunächst einer kleinen privilegierten Schicht, die Natur, das Klima der Berge und die heilende Wirkung des Wassers zu nutzen. Schon 1803 eröffnete Zar Alexander I. den ersten Kurort im Kaukasus, das heutige Pjatigorsk. Die Stadt ist das älteste und größte Kurbad im Kaukasus, ab 1830 war es anerkanntes Heilbad und schon bald angesagter Platz der »Reichen und Schönen«. Nach der Revolution wurden zahlreiche Sanatorien und balneologische Kliniken gebaut, und Pjatigorsk entwickelte sich zum Kurort des »Proletariats«. Gern sieht sich die Stadt als »Stadt Lermontows« – der Dichter Michail J. Lermontow (1814 bis 1841) lebte hier einige Monate, ehe er bei einem Duell ums Leben kam. An ihn erinnern Gedenkstätten, Denkmäler, ein Museum, das Lermontow-Bad und sogar eine Lermontow-Grotte. Im alten Kurbereich von Pjatigorsk liegt der Zwjetnik-Park mit der alten Post, der Bibliothek, einem Künstlercafé und der Lermontow-Galerie.

Weitere Heilbäder im Kaukasus sind Kislowodsk (siehe rechts), Scheljesnowodsk, »Eisenwasser«, und Jessentuki. Alle verfügen über zahlreiche Heilquellen, eine gute Infrastruktur und ein gutes Kulturangebot. Die Stadt Mineralnye Wody hingegen trägt zwar den Namen »Mineralwasser«, hat aber mit Kuren und Sanatorien nichts zu tun. Sie ist der Verkehrsknotenpunkt im Nordkaukasus mit Fernstraßen, Fernbahnhof und internationalem Flughafen.

DIE MINERALWASSERQUELLEN VON KISLOWODSK

Zum Kreis der Heilbäder gehört auch »Sauerwasser«, wie Kislowodsk auf Deutsch heißt. Die Größe der Stadt mit 130 000 Einwohnern ist nicht unbedingt typisch für einen Kurort – aber die Kureinrichtungen sind sehr gut, die Anwendungen helfen Menschen mit Kreislaufbeschwerden, Magen-Darm- und Harnwegserkrankungen. Das Wundermittel heißt natürliches Mineralwasser aus der Quelle von Narsan. Das Mineralwasser wird zur Heilbehandlung genutzt und darüber hinaus in dunkelgrüne Glasflaschen (neuerdings auch PET-Flaschen) abgefüllt und in ganz Russland und in den GUS-Staaten verkauft. Um die Quelle wurde 1848–58 eine sogenannte »Galerie« im orientalischen Stil erbaut. Seit 1894 wird das Wasser industriell abgefüllt. Übrigens: Wer dieses Wasser als zu »sauer« empfindet, könnte etwa zehn Kilometer durch ein wildromantisches Tal zu den »Honig-Wasserfällen« wandern.

WEITERE INFORMATIONEN

Narsan-Quelle: Kislowodsk, Kurortny-Park, Narsannaja Galereja, tägl. 7–9, 11–14 und 16–19 Uhr. www.narzanwater.ru

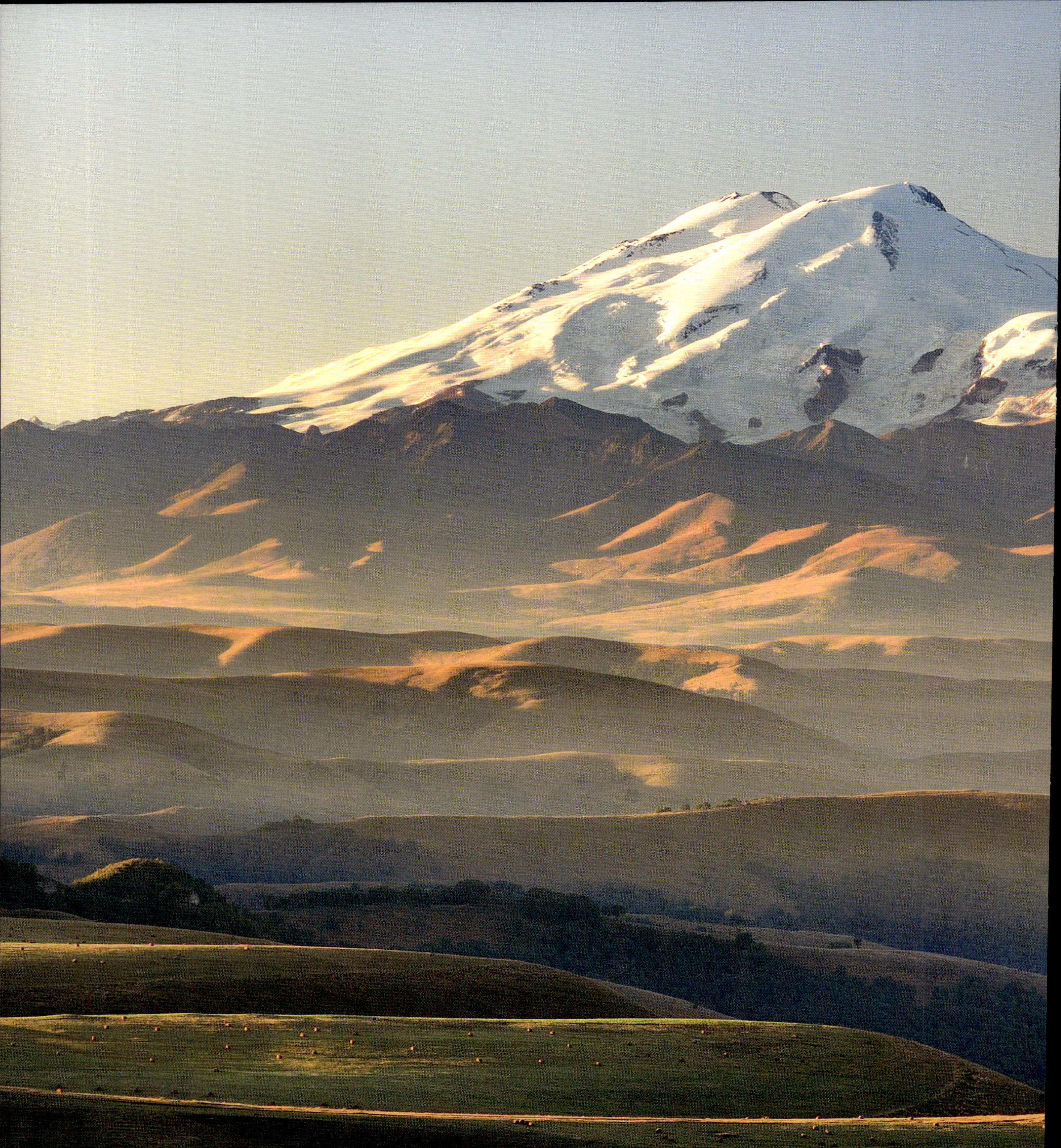

Selten zeigt sich das gesamte Massiv um den Elbrus und das Vorland so klar. Grandios und atemberaubend der Blick auf den mit 5642 Metern höchsten Berg Europas.

Der Süden

43 Noworossijsk

Neurussland am Schwarzen Meer

Die Stadt wurde von den Griechen besiedelt, von den Genuesern zur Festung ausgebaut, von den Osmanen übernommen und letztlich von den Russen erobert. Der russische Name, Noworossijsk, ist symbolträchtig, bedeutet er doch »Neu-Russland«. Daran änderten auch die erbitterten Kämpfe im Zweiten Weltkrieg nichts. Noworossijsk ist der wichtigste Schwarzmeerhafen Russlands und Marinestützpunkt.

Das Gebiet des heutigen Noworossijsk war bereits vor mehr als 2000 Jahren von Handel treibenden Griechen, deren Siedlung Bata hieß, bewohnt. Im 13. Jahrhundert fielen Siedlung und Hafen an die Republik Genua und wurden »Carlos Limen« genannt. Mit der Ausweitung des Osmanischen Reiches auf die Schwarzmeerregion übernahmen die Türken die Kolonie und bauten sie zur Festung Sujuk Qale (Sucuk Kale) aus.

Hafen und Handel

Im Jahr 1808 wurde die Festung von den Russen erobert und der neuen Provinz Noworossija, »Neu-Russland«, einverleibt. Der Name der Provinz wurde auf die Stadt übertragen, als diese 1838 gegründet wurde. Schnell entwickelten sich Stadt und Hafen zum Umschlagplatz für Waren aus dem russischen Kaukasus. Hier wurden Öl, Zement, Getreide, Holz und Sonnenblumenkerne gehandelt und verschifft. Im Bürgerkrieg wurde die Stadt umkämpft und teilweise zerstört. Noch schlimmer sollte es von August 1942 bis September 1943 für Noworossijsk kommen, als es nach deutscher Besetzung heftig umkämpft war und schwere Schäden nahm. Daran erinnern zahlreiche Denkmäler und der Memorialkomplex »Malaja Semlja«, »Kleine Erde« mit Museum, Resten von Bunkern und Schützengräben sowie Kriegstechnik beider Seiten. Als Mahnmal erinnert ein Landungsboot der Schwarzmeerflotte an die äußerst verlustreichen Kämpfe.

In der Gegenwart ist der Seehafen der umsatzreichste des Landes, was den großen Mengen an Öl, Getreide, Stahl, Zement, Holz und Containern zu verdanken ist, die hier umgeschlagen werden. Nach wie vor spielt die Stationierung eines Teils der Schwarzmeerflotte eine wichtige Rolle im Leben der Stadt, die derzeitig ca. 220000 Einwohner hat. Sehenswert ist die neuerbaute Uferpromenade mit imposanten Blicken auf den Hafen, die Stadt und die Ausläufer des Kaukasus am Horizont. Im Hafen liegt auch ein Museumsschiff, der imposante Kreuzer »Michail Kutusow«, der auch innen besichtigt wer-

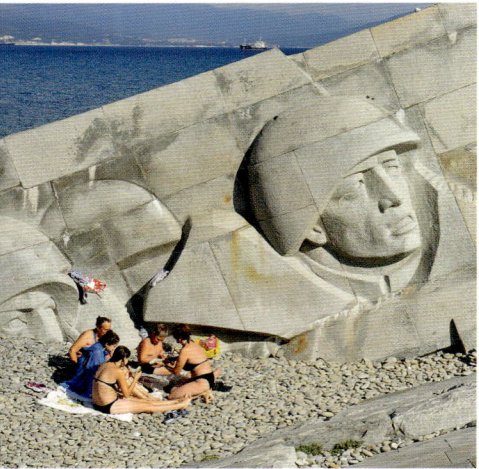

Sonnenbad inmitten des Memorialkomplexes am Schwarzen Meer bei »Malaja Semlja«, (oben). Karaoke und Kriegsschiffe – Kontraste im modernen Noworossijsk (unten). Reger Betrieb im Seehafen, einem der größten Russlands (rechte Seite unten). Gut gekühlt: »Russkoje Schampamskoje« (rechte Seite oben).

Noworossijsk

den kann. Bei der Leninstraße gibt es Reste der einstigen Türkenfestung zu sehen. Die größte Kirche der Stadt ist die Uspensky-Kathedrale.

Tuapse – Strandbad, Kurstadt und Ölhafen

Die quirlige Hafenstadt Tuapse mit mehr als 60 000 Einwohnern, wie Noworossijsk in der Region Krasnodar gelegen, vereint gleich drei Funktionen in sich: Sie ist wichtiger Umschlaghafen für Erdöl aus Mittelasien, dank zahlreicher Heilquellen, aus denen schwefelhaltiges Wasser sprudelt, ein Heilbad, und sie verfügt über rund 90 Kilometer Schwarzmeerstrand. Tuapse hat eine beschauliche Fußgängerzone, die Karl-Marx-Straße, sowie eine ansprechende Uferpromenade. Sehenswert sind das Museum für Geschichte und Naturkunde sowie das ehemalige Ferienhaus des Malers Alexander Kisseljow, heute Museum mit einigen seiner über 800 Werke, die größtenteils in Moskauer und Petersburger Galerien ausgestellt sind.

Die Küste ist steinig, teilweise felsig und verfügt über viele malerische Abschnitte, so den Kisseljow-Felsen, der 50 Meter steil ins Meer abfällt und Kisseljow zu zahlreichen Gemälden inspirierte. Der Naturpark um das Kap Kadosch weist neben bizarren Felsen und wilder Küste auch besondere Pflanzen wie Orchideen, Kakteen, seltene Gräser und Lianen auf. Einige Ortsteile von Tuapse dienen ausschließlich dem Tourismus, wie das kleine Feriendorf Nebug mit zahlreichen Hotels, Pensionen, »Aquapark« und Delfinarium.

Im Hinterland von Tuapse, beim Ort Psynako, »Tal der Quellen«, gibt es einige rätselhafte Steingräber, die vermutlich einem Sonnengott geweiht sind und in der Bronzezeit als astrologische Beobachtungsstätten gedient haben könnten.

RUSSLANDS CHAMPAGNER

Der malerisch in den Vorbergen zum Kaukasus gelegene Abrau-Djurso-See wird von mehreren unterirdischen Quellen und vom Regenwasser gespeist. Er verfügt über keinen Abfluss und läuft auch nicht über. Die Wassertemperatur ist sehr angenehm, im Sommer bis zu 30 Grad. Um den See herum wird seit 1872 Wein angebaut, der fast ausschließlich für die Produktion von Sekt verwendet wird. Der ab den 1960er-Jahren als »Sowjetskoje Schampanskoje«, »Sowjetischer Champagner«, bezeichnete Schaumwein war neben dem Krimsekt (und dem Wodka) das »Kultgetränk« der Bevölkerung und Touristen aus dem Westen. Der Sekt mit schwarzem Etikett und goldenem Schriftzug, den es von »Süß« bis »Trocken« gab, wurde in Getränkekombinaten von Smolensk bis Wladiwostok abgefüllt. Doch nur der aus Noworossijsk, aus der *Sektkellerei Abrau-Djursu*, ist das Original. Seit einigen Jahren ist er wieder mit dem Label »Russischer Champagner« zu haben. Die Preise sind moderat, die Qualität hervorragend!

WEITERE INFORMATIONEN

Winsawod Abrau-Djurso: Noworossijsk, ul. Promyschlennaja 19,
Tel. +7 (8)-8617-275371.
www.abraudurso.ru

Der Süden

44 Sotschi

Perle am Schwarzen Meer

Sotschi ist nicht nur ein Ort, es ist ein Begriff, eine Legende und einst der Traum jedes Sowjetbürgers, einmal hier Urlaub machen zu dürfen. Sotschi – das ist das milde Meeresklima, der zum Greifen nahe Kaukasus, der längste Kurort der Welt mit Heilquellen und Sanatorien. Sotschi ist auch der Austragungsort der Olympischen Winterspiele 2014 und wird demnächst auch Formel-1-Rennen austragen.

Sotschi ist der südlichste Ort an der russischen Schwarzmeerküste und mit 140 Kilometern das längste Erholungs- und Kurzentrum des Landes. Erst in den 1830er-Jahren fiel dieses Gebiet an Russland. 1838 wurde eine Festung errichtet, und durch den Bau der Küstenstraße nach Suchumi (Georgien/Abchasien) um 1880 wurde diese gesegnete Landschaft enger an das Russische Reich angebunden.

Erholung und Kultur

Das Klima in Sotschi ist subtropisch, hier wachsen Zitrus- und Mandelbäume, und durch den Kaukasus im Rücken und das Schwarze Meer vor der Nase sind die langen Sommer erträglich heiß und die Winter kurz. Erst 1869 erhielt die Stadt ihren heutigen Namen, nach einem der zahlreichen Flüsse, die aus dem Kaukasus hindurchfließen. Gern vergleicht man sich mit Nizza, das auf dem gleichen Breitengrad liegt.

Begünstigt wurde die Entwicklung Sotschis durch die 1903 entdeckten schwefelhaltigen Quellen im Stadtteil Mazesta. Von der Nachkriegszeit bis zum Ende der Sowjetunion war Sotschi beliebter Kurort des Proletariats und Sommerresidenz der Sowjetführer; Stalin und andere Parteifunktionäre hatten hier Datschen. Die Verteilung der Ferienplätze fürs Volk war wie eine Lottoziehung – infolgedessen kamen alljährlich neben den bis zu drei Millionen offiziellen Besuchern genauso viele »Schwarztouristen«, getreu dem Motto »Jeder Sowjetbürger hat Verwandte oder eine kranke Tante in Sotschi, die man im Sommer unbedingt besuchen muss«. Sotschi ist eine Stadt

---

Stimmungsvoller Blick auf den Strand und die Hafeneinfahrt von Sotschi (oben). Yachthafen und Pavillon an der beliebten Uferpromenade (unten). Im »Arboretum«, dem großen Garten- und Landschaftspark der Stadt, finden sich zahlreiche malerische Plätze (rechts). Das Restaurant Calypso am Hafen (rechte Seite unten). Krasnaja Poliana im Sommer (rechte Seite oben).

Sotschi

mit reicher Kultur, Theatern, Kinos und einem Amphitheater am Meer, in dem Schlager- und Kinofestivals sowie Konzerte stattfinden.

Rechts und links der Mündung des Sotschi-Flusses ins Meer erstreckt sich das Zentrum. Ganz in der Nähe liegen der Passagier- und der Kreuzfahrthafen, die Mole lädt zum Flanieren ein. Zwischen der Uferpromenade und der Kurort-Allee laden gepflegte Parkanlagen mit Palmen, Magnolienbäumen und Platanen ein. Vom Riviera-Park, wo sich der Zugang zum Stadtstrand befindet, über den Stadtpark bis zum Arboretum ist das gesamte Zentrum ein einziger duftender und blühender Garten. Cafés laden zum Verweilen ein, Souvenirhändler bieten ihre Waren an, und im Luna-Park haben Kinder ihren Spaß. Die ernste wie die heitere Muse sind hier vertreten, mit dem Kammermusiksaal, dem Wintertheater und der Philharmonie, der Konzerthalle »Festivalnyj« und einer Freilichtbühne. In der Nähe steht die Erzengel-Michael-Kathedrale, die Hauptkirche der Stadt.

Zwischen Hafen und Bahnhof befindet sich das Kunstmuseum mit russischer und sowjetischer Kunst. Das neoklassizistische Gebäude beeindruckt bereits von außen mit seiner weißen Säulenfassade. Auch der Bahnhof, eine Mischung aus Stalinstil und Orientpalast, ist architektonisch interessant. Das Arboretum als südliches Ende des Zentrums ist ein botanischer Garten mit 1700 Baum- und Straucharten aus aller Welt. Von einer Seilbahn aus überblickt man die Anlage aus der Vogelperspektive.

Krasnaja Poljana – vom Bergidyll zur Olympiastadt

Das unscheinbare Dörfchen Krasnaja Poljana, »Schöne Lichtung«, 70 Kilometer östlich von Sotschi, mausert sich zurzeit zur »Olympiastadt 2014«. Der Ort liegt malerisch 550 Meter über der Stadt und dem Meer, hoch oben thront der Kaukasus-Gipfel des Tschugusch mit 3238 Metern. Es gibt Sessellifte, 25 Kilometer Skipisten, erste Luxushotels, Nobelrestaurants und Wellnessklubs, bald auch die kompletten Einrichtungen für die Winterspiele. Sprungschanzen, Bob- und Rodelbahn und Abfahrtspisten werden gebaut und neu angelegt. Leider wird vieles an Naturschönheiten dadurch unwiederbringlich zerstört.

TEEPROBE IN DAGOMYS

Ein Tagesausflug von Sotschi aus könnte bei den Heilquellen von Mazesta beginnen, deren heutiges Sanatorium 1940 auf Befehl Stalins im monumentalen Stil jener Zeit gebaut wurde. Hier befinden sich die Sulfid-Chlorid-Bäder und Trinkhallen. Äußerst sehenswert ist auch der Sotschi-Nationalpark mit 40 Seen, 120 Flüssen, zahlreichen Wasserfällen und wilden Schluchten. Der Park steht als Teil des Schutzgebietes Westlicher Kaukasus seit 1999 auf der UNESCO-Liste des Weltnaturerbes. Zum Abschluss bietet sich ein Besuch von Dagomys an. Hier liegen die einzigen Teeplantagen in Russland, die nördlichsten der Welt, die sich malerisch an den Berghängen des Vorkaukasus entlangziehen. Dazwischen stehen Teehäuser mit kleinen Museen, in denen man sich mit der Geschichte des Teeanbaus und Teetrinkens in Russland vertraut machen kann. Tee ist das Nationalgetränk Nummer eins in Russland. In einem der Teehäuschen gibt es eine Ausstellung von Samowaren, den russischen Wasserkochern für die Teebereitung.

WEITERE INFORMATIONEN

www.sotchi-info.com,
www.sochi.de

Historische Fassade in Solikamsk, Permer Region (oben). Rafting auf dem Uralfluss Sylwa, bei Kungur (Mitte). Fast menschenleer ist das Uralgebiet nördlich von Perm (unten). »Indian Summer« im Ural zwischen Perm und Jekaterinburg, an der Grenze von Europa und Asien (rechts).

Europäischer Osten – westlicher Ural

Europäischer Osten – westlicher Ural

45 Jekaterinburg

Millionenstadt hinter dem Ural

Jekaterinburg liegt aus europäischer Sicht hinter dem Ural, also schon in Asien, gibt sich aber betont europäisch. Die wichtigsten Verkehrswege von und nach Sibirien führen durch diese Stadt. Jekaterinburg hat sich gewandelt: von einer »postkommunistischen grauen Maus« zu einer lebendigen, bunten Metropole mit internationalem Flair und touristischen Ambitionen.

Gern stellt man zu Jekaterinburg scherzhaft die Frage: Liegt es in Eurasien oder Asiopa? Dieses Wortspiel kommt nicht von ungefähr, denn das Zentrum ist gerade mal 40 Kilometer von Europa entfernt. An der Fernstraße nach Moskau steht seit 2004 ein vier Meter hoher Metallpfeil als Symbol der Kontinentalgrenze, an der Strecke der Transsibirischen Eisenbahn markiert hier ein weißer Obelisk den berühmten Kilometer 1777 nach Moskau.

Die Stadt und die Zaren

Jekaterinburg gehört mit mehr als 1,3 Millionen Einwohnern zu den »Big Five« Russlands. Die Geschichte der Stadt begann mit der industriellen Erschließung des Ural, die ab 1721 von Peter I. forciert wurde. Bereits 1723 wurde im Auftrag des Zaren von dem russischen Ingenieur Tatischtschew und dem deutschen Kaufmann de Hennin eine Eisenhütte mit Wohngebäuden in Betrieb genommen. Zu Ehren der Zarin Jekaterina I. (Katharina I.; 1664–1727) taufte man die junge Stadt am 7. November 1723 Jekaterinburg. Einige Jahre später, um 1761, erfolgte die Anbindung an den »Sibirischen Trakt«, die wichtige Heer- und Handelsstraße von Moskau nach Sibirien. Die Einwohner profitierten von der Industrie und vom Handel mit Sibirien gleichermaßen. So wurde ein Großteil des Handels mit Gold aus Sibirien über Kaufleute und Goldschmiede der Stadt abgewickelt. Gold, Edelsteine und Halbedelsteine werden bis heute in Jekaterinburg bearbeitet und gehandelt. Der Wohlstand war sichtbar in Form von stattlichen Bürger- und Handelshäusern, Klöstern und Kirchen.

1918 wurde die Zarenfamilie nach Jekaterinburg verbracht. Dies geschah auf Geheiß des Volkskommissars Jakow Swerdlow (1885–1919), eines Mitstreiters Lenins, der in der Nacht des 17. Juli 1918 auch den Befehl zur Ermordung der Familie gab. Ab 1924 hieß die Stadt nach ihm auch Swerdlowsk. Erst 1991 wurde dies revidiert, offiziell spricht man wieder von Jekaterinburg, wobei bis heute das

Wartesaal im Bahnhof von Swerdlowsk, eine Bahnstation an der »Transsib« (oben). Floh- und Künstlermarkt am Prospekt Lenina (unten). Das »Sewastjanow-Haus«, ein Kaufmannspalast am Lenin Prospekt (rechts unten). Idealistisches Denkmal der ehemaligen Jugendorganisation Komsomol vor der Erlöser-Kathedrale auf dem Blut (rechts oben).

Jekaterinburg

Verwaltungsgebiet um Jekaterinburg »Swerdlosker Gebiet« heißt, ebenso die hier ansässige Eisenbahngesellschaft, so steht auf dem Dach des Hauptbahnhofs immer noch »Swerdlowsk«.

Seit der »Wende« hat sich die Stadt gewandelt, sie ist modern, offen, lebensfroh und vor allem bunt und modern geworden. Doch es wurde auch viel Historisches geschmackvoll restauriert oder wieder aufgebaut. Jekaterinburg hat eine über die Grenzen des Ural bekannte Kulturszene, teure Boutiquen und exklusive Klubs.

Kultur in Jekaterinburg

Die Stadt verfügt über eine beachtliche Auswahl an Museen. Es gibt ein Literaturmuseum, ein Museum für Stadtgeschichte, ein Museum für Fotografie, ein Museum für Juwelierkunst, ein Naturkundemuseum, ein Heimatkundemuseum, ein Geologisches Museum, das hochinteressante Architektur- und Industriemuseum des Ural und eine Gemäldegalerie. Oper, Dramentheater, Schauspielhaus, Konservatorium, Philharmonie und Kammertheater prägen ebenso das kulturelle Leben. Die wichtigsten Sehenswürdigkeiten der Stadt bieten die Leninstraße und die Karl-Liebknecht-Straße. An dieser liegt der Platz des Jahres 1905 mit dem Lenindenkmal, dem »Zuckerbäckerbau« der Stadtverwaltung, der historischen Guta-Bank sowie dem Konservatorium und dem Schauspielhaus. Der »Damm« überquert das historische Stauwerk des Flüsschens Isset, das hier zum Teich angestaut wird, einst Wasserspender für die Eisenhütten der Stadt. Daneben, am »Skwer«, steht das Denkmal für die Stadtgründer Tatischtschew und de Hennin sowie die kleine Katharinenkapelle. Das Areal um den Damm und Stadtteich ist heute das belebte Zentrum der Stadt, wo Historisches mit Modernem harmoniert.

SPÄTE EHRE FÜR DIE ZAREN

Ein Spaziergang vom »Damm« am Stadtteich entlang ist im Sommer besonders schön, wenn die Blumenrabatten in Blüte stehen. Vorbei am Kammertheater öffnet sich der Blick zur auf einer Anhöhe stehenden Erlöser-Kathedrale auf dem Blute. Die 2003 geweihte Kirche steht an der Stelle, wo sich das Ipatjew-Haus befand. Dort wurden in der Nacht des 17. Juli 1918 die gesamte Zarenfamilie sowie Bedienstete und Leibarzt auf Befehl der Bolschewiken hingerichtet. Das Haus wurde später auf Befehl des örtlichen Parteichefs Boris Jelzin (1931–2007) innerhalb einer Nacht abgerissen. 1990 entstand an der Stelle eine kleine Holzkapelle. Ein Erlass des Präsidenten Jelzin sah vor, hier eine Gedenkstätte mit Kathedrale, Museum, Kloster und Archiv zu errichten. 1998 wurden die sterblichen Überreste der Zarenfamilie exhumiert und nach Sankt Petersburg überführt. Im unteren Bereich der Kathedrale befindet sich die Gedenkstätte für die Zarenfamilie, in der Kuppelhalle oben finden täglich Gottesdienste statt.

WEITERE INFORMATIONEN

Erlöser-Kathedrale auf dem Blut: Chram Spassa na Krowi, ul. Tolmatschewa 34.
Touristen-Information Jekaterinburg:
Tel. +7-343-222 24 45. www.ekburg.ru

Europäischer Osten – westlicher Ural

46 Perm

Die östlichste Großstadt Europas

Perm – das bedeutet in einem finnougrischen Dialekt »fernes Land«. Aber Perm ist nicht mehr fern, sondern gut zu erreichen mit den Schnellzügen der Transsib, mit Flugzeugen aus Moskau und selbst aus Frankfurt, auf Fernstraßen und über die Kama, den größten Nebenfluss der Wolga. In Perm begann die Eroberung Sibiriens, hier schrieb Boris Pasternak *Doktor Schiwago*, und hier ist eines der besten Opern- und Ballettensembles Russlands zu Hause.

Sicherlich war das Gebiet schon vor dem 18. Jahrhundert besiedelt, lebten doch ganz in der Nähe bereits 200 Jahre vorher die Stroganows, die auch den Kosakenführer Ermak ermutigten, endlich Sibirien zu erobern. Aber verbrieft ist die erste Ansiedlung einer Kupferhütte für das Jahr 1723 durch den Ingenieur Tatischtschew. 1780 erhielt Perm von Katharina II. das Stadtrecht, und etwas später wurde es Sitz des Gouverneurs.

Das Zuhause von Doktor Schiwago

Durch die günstige Lage an der Kama und dem »Sibirischen Trakt« wurde Perm schnell zu einem wichtigen Umschlagplatz für Waren und Rohstoffe. Im 19. Jahrhundert war die Stadt die größte Waffenschmiede Russlands. Die Eisenbahn wurde 1878 bis nach Perm verlegt. Heute ist es Knotenpunkt für die Transsibirische Eisenbahn und zahlreiche Strecken in den Nordosten des Ural und nach Sankt Petersburg. Von 1940 bis 1957 hieß die Stadt Molotow, nach dem sowjetischen Außenminister Wjatscheslaw M. Molotow (1890–1986). Während des Krieges wurden nicht nur zahlreiche Großbetriebe nach Perm und seine Umgebung evakuiert, sondern auch das Russische Museum aus dem damaligen Leningrad und Teile des Bolschoi-Ensembles aus Moskau.

Das bekannteste Haus der Stadt ist das »Gribuschin-Haus«, das Boris Pasternak (1890–1960) in seinem Roman »Doktor Schiwago« detailgetreu beschreibt, so wie es sich auch heute noch präsentiert: in leuchtendem Blau mit weißen Stuckornamenten. Das Opern- und Balletthaus gehört zu den ältesten und führenden Bühnen Russlands, es wurde 1878 vom reichen Kaufmann Djegilewitsch erbaut. Der Komsomolski-Prospekt ist die Prachtstraße der Stadt, mit parkähnlicher Grünanlage in der Mitte und den besten Geschäften, Restaurants und Cafés. Am Ende des Komsomolskij erreicht man das

Das »Haus mit den Figuren« in der Uliza Lenina in Perm, bekannter als »Schiwago-Haus« aus der Verfilmung des Romans *Dr. Schiwago* von Boris Pasternak (oben). Neue Kunstgalerie im Gebäude des Flusshafens an der Kama (unten). Grotte in der Eishöhle von Kungur (rechts unten). Außenanlagen der GULAG-Gedenkstätte »Perm-36« bei Tschussowoj (rechts oben).

Perm

Kamaufer, vom Hügel über dem Fluss eröffnet sich ein weiter Ausblick auf die Stadt, die sich 65 Kilometer an der Kama entlangzieht.

In der ehemaligen Kathedrale der Stadt befindet sich heute die Kunstgalerie mit Holzskulpturen, Ikonen der Stroganow-Schule, Goldstickerei und Werken russischer Maler. An der Uferpromenade im Zentrum steht das Meschkow-Haus mit dem Museum der Geschichte der Permer Region. In der Nähe findet man auch den älteren der zwei Stadtbahnhöfe, Perm I aus dem Jahr 1876, der mit seinen verspielten Türmchen eher an ein Schloss erinnert. Interessant ist ein Besuch des Motowilichi-Werksmuseums auf dem Gelände der alten Kupfergießerei von 1736, das hier produzierte Kanonen, Panzer und Raketen zeigt. Sehr beschaulich geht es in Chochlowka zu, einem Freilichtmuseum ca. 40 Kilometer vom Stadtzentrum entfernt. Die schönsten Holzgebäude des westlichen Ural hat man hier liebevoll aufgebaut und eingebettet in die sanft hügelige Landschaft des Vorural.

Kungur und die Eishöhle

Die Stadt Kungur, 85 Kilometer südöstlich von Perm, wurde 1648 gegründet und war einst ein Zentrum des Teehandels. Daran erinnern noch die alten Handelsreihen und zahlreiche erhaltene Kirchen, wie die Christi-Verklärungs-Kirche, die Tichvin-Kirche aus Backstein und die Nikolai-Kirche, die bis in die jüngste Zeit als Gefängnis diente. Die wohl bekannteste Attraktion der Stadt ist jedoch die Eishöhle von Kungur. Sie ist eine der größten Karsthöhlen weltweit, mit einer Länge von fünf Kilometern, rund 60 unterirdischen Seen, 100 Grotten und Sälen, in denen sowohl im Sommer als auch im Winter Minustemperaturen herrschen und riesige Eiszapfen, Säulen aus Eis und gefrorene Wasserfälle den Besucher in Erstaunen versetzen.

EINDRINGLICHE GEDENKSTÄTTE

Etwa 110 Kilometer nordöstlich von Perm in Richtung Tschussowoj liegt im Wald versteckt das ehemalige »Lager für Umerziehung«, *Perm-36*. Es wurde 1946 auf Befehl Stalins gegründet, mit dem Ziel des Holzeinschlags und der Bauholzproduktion für den Wiederaufbau des Landes. Aus dem Arbeitslager entwickelte sich ein Sonderlager für politische Häftlinge, gefährliche Dissidenten und vermeintliche Staatsfeinde. Bis 1987 gehörte es zu den strengsten und härtesten Lagern der Sowjetunion. Es gibt bis heute kaum Gedenkstätten zum Thema GULAG, sodass Perm-36 der einzige Ort Russlands ist, wo der Opfer der Repressalien an Ort und Stelle des Geschehens gedacht werden kann. Auf dem Gelände gibt es Baracken und Gefängniszellen der Insassen sowie die Arbeitsstätten zu sehen. Eine Ausstellung zeigt Briefe, Fotos und andere Zeitzeugnisse der Inhaftierten.

WEITERE INFORMATIONEN

Gedenkstätte Perm-36: Dorf Kutschino, Kreis (Rayon) Tschussowoj, Permer Region, Tel. +7-342-2126129 (Büro Perm), Bulv. Gagarina 10/Büro 122.
www.gorodperm.ru

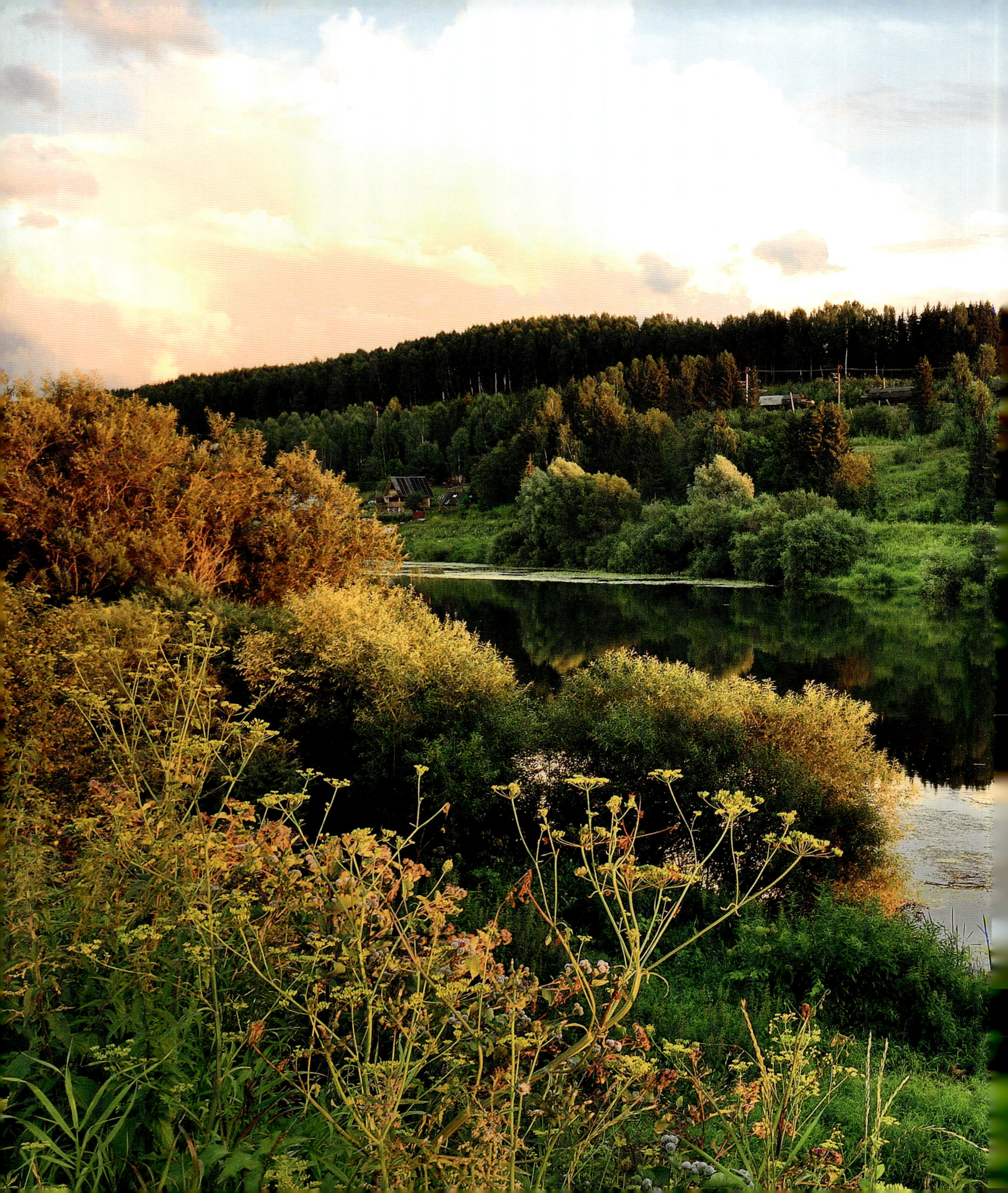

Besonders malerisch ist der Ural zwischen Kungur und Perm, hier an der Strecke der Transsibirischen Eisenbahn.

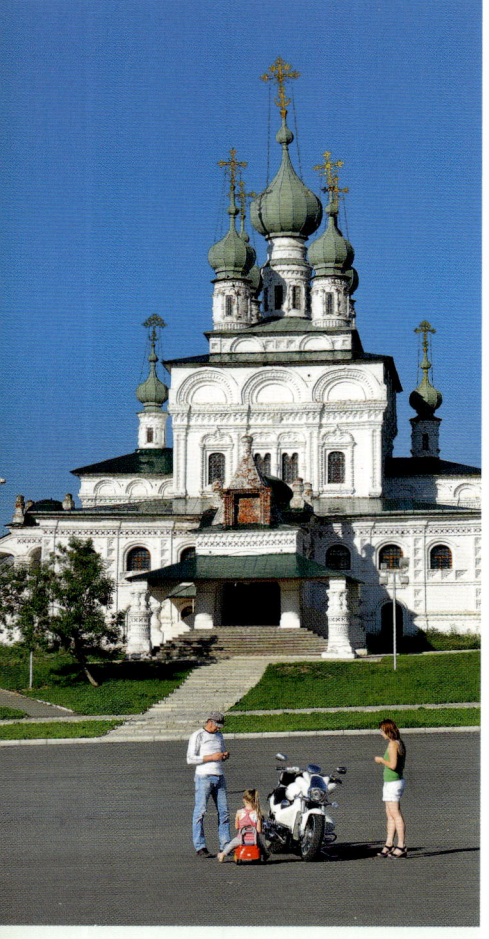

Europäischer Osten – westlicher Ural

47 Solikamsk

Russlands Salzfass

Sie ist eine der ältesten Städte im Ural und außerhalb Russlands in Europa fast gänzlich unbekannt. Und das, obwohl sie der größte Salzproduzent im alten Russland war. Sie steht auf einem der mächtigsten Salz- und Kalistöcke der Welt und erstreckt sich am größten Nebenfluss der Wolga. In ihrem Namen steckt, was sie ist und wo sie liegt: Solikamsk, »Salz an der Kama«.

Solikamsk liegt im westlichen Ural, in der Region (Kraj) Perm, rund 350 Kilometer nördlich von der Hauptstadt Perm. Bis Solikamsk fährt die Eisenbahn, bis hierher führen recht gute Straßen, aber weiter nach Norden verliert sich die Zivilisation langsam bis zum polaren Ural, mit dem höchsten Gipfel des Gebirges, dem 1854 Meter hohen Narodnaja. Wegen der Lage an der Kama und deren Verbindung mit der Wolga war diese Gegend vor den Russen von finnougrischen Stämmen und Komi-Permjaken besiedelt. Diese trieben Fischfang, lebten von der Jagd nach Pelztieren und vom Salzhandel. Nördlich von Solikamsk gibt es noch einen autonomen Bezirk dieses Volkes.

Kurort der Reichen

Bereits 1430 wurde die heutige Stadt als Siedlung Usolje na Kamskom im Zusammenhang mit riesigen Salzvorkommen erwähnt. Der Salzhandel zog Kaufleute an, die sich an der Kama niederließen, und 1573 erhielt Usolje Stadtrecht. Seit dem 17. Jahrhundert heißt die Stadt Solikamsk und wird auch »Salzhauptstadt« oder auch »Salzfass« Russlands genannt. Von 1636 bis 1738 war Solikamsk die Hauptstadt des westlichen Ural bis an die Wolga. Über die Kama und die Wolga wurde der Salzhandel abgewickelt. Mehr als die Hälfte der gesamten Salzproduktion Russlands kam bis zur Oktoberrevolution aus Solikamsk. Mitglieder der Zarenfamilie, Adelige und reiche Kaufleute, die an Lungenkrankheiten litten, ließen sich aus Moskau und anderen Städten über die Wolga und die Kama hinauf in die Stadt treideln, um in den Salinen Linderung ihrer Beschwerden zu finden. 1925 entdeckte man unter der Stadt das weltgrößte Kali- und Magnesiumsalzvorkommen. Ab 1928 entstanden zwei

Die Dreifaltigkeits-Kathedrale im Zentrum von Solikamsk ist ein Zeichen des einstigen Reichtums der Stadt (oben). Auferstehungs-Kirche in der Nähe des Kamaufers (rechts). Kleine Personenfähre auf der Kama bei Solikamsk (rechte Seite unten). Abraumhalden der Kaliindustrie zwischen Beresniki und Solikamsk (rechte Seite oben).

Solikamsk

große Kombinate für die Kali- und Magnesiumproduktion, die bis heute existieren. Der Abbau dieser Bodenschätze hat in der malerischen Landschaft diverse Wunden hinterlassen.

In Solikamsk erinnern zahlreiche Sehenswürdigkeiten an die goldenen Zeiten des Salzhandels, wie das Haus des Wojwoden, eine Mischung aus städtischem Palais und kleiner Festung. Hufeisenförmig stehen gleich mehrere Kirchen und Kathedralen wie eine Kirchenburg nebeneinander, die bemerkenswerteste ist die Dreifaltigkeis-Kathedrale (1685 bis 1697), die wie eine steinerne Pyramide, gekrönt von fünf Kuppeln, die Altstadt architektonisch prägt. Im Inneren wird die Schenkung von Iwan dem Schrecklichen an die Stadt bewahrt, die Ikone des heiligen Nikolai. Neben der Kathedrale steht der 60 Meter hohe Glockenturm. In der Nähe findet man auch die Kirche der Erscheinung der Gottesmutter mit Ikonen der Stroganow-Schule, die Kathedrale der Kreuzerrichtung und die Auferstehungskirche. Im Stadtensemble gibt es noch einige typische Holzhäuser des Ural, mit Schnitzereien und reichen Verzierungen.

Die Kama

Die Kama, mit 1805 Kilometern Länge der größte Nebenfluss der Wolga, entspringt westlich von Perm, fließt zuerst nach Westen, dann nach Norden, um schließlich über Tscherdyn, Solikamsk und Beresniki nach Perm zu gelangen. Sie hat zahlreiche Zuflüsse aus dem westlichen Ural und wird vor den Toren von Perm das erste Mal aufgestaut. Auf dem Kamastausee mit Wasserkraftwerk sind im Sommer Ausflugsfahrten bis nach Beresniki und Solikamsk möglich. Hinter Perm flussabwärts folgen zwei weitere Stauseen, bevor die Kama südlich von Kasan in den Wolga-Stausee mündet. Die Kama ist schiffbar bis Perm, für kleinere Schiffe bis Beresniki. Im Sommer sind Kreuzfahrten von Sankt Petersburg bis Perm möglich. Die Reise dauert rund drei Wochen und bietet unvergessliche Bilder des alten und neuen Russland.

WIE WIRD SALZ GEWONNEN?

Die historische *Ust-Borowsker Saline* in Solikamsk ist ein technisches Denkmal aus gut erhaltenen Holzbauten. Hier wird die traditionelle Salzförderung und Salzherstellung in allen Etappen gezeigt, von der Förderung der Sole über das Sieden, Aufbewahren im Salzspeicher bis zum Abtransport. Auch Wohnhäuser der Salzsieder sowie Werkstätten und Schmieden können besichtigt werden. Den Höhepunkt eines Besuchs bildet die Einfahrt ins Salzbergwerk, tief hinunter in den Schacht, wo zum Teil der Abbau mit modernen Geräten verfolgt werden kann.

WEITERE INFORMATIONEN

Salzmuseum Ust-Borowsk: Solikamsk, Uliza Gasjety Swjesda 2, Tel. +7-34253-322 38.

Europäischer Osten – westlicher Ural

48 Kirow

Drei Namen, eine Stadt

Die Siedlung im Nordosten des europäischen Teils von Russland, gut 900 Kilometer von Moskau entfernt, war über Jahrhunderte »Außenposten« der Nischni Nowgoroder und Moskauer Fürsten. Die Ortschaft wurde zum Verbannungsort für Staatskritiker, entwickelte sich schließlich zum wichtigen Industriezentrum und ist heute Hauptstadt des gleichnamigen Gebietes.

Die Stadt ging aus einer Festung hervor, die von den Nischni Nowgoroder Fürsten um 1374 erstmals als Chlynow erwähnt wurde. Auf dem hohen Ufer über der Wjatka, einem Nebenfluss der Kama, war eine Festung zum Schutz der russischen Gebiete errichtet worden.

Verbannung und Spielzeug

1489 fiel Chlynow an das Großfürstentum Moskau. Der Handelsposten wurde zum wichtigen Etappenstopp am »Sibirischen Trakt«, hier wurden Pelze aus Sibirien, Holz, Honig und andere landwirtschaftliche Erzeugnisse gehandelt. Bereits im 17. Jahrhundert wurde Chlynow erstmals als Verbannungsort für politisch unliebsame Personen erwähnt. 1781 benannte man die mittlerweile größte Stadt im Nordosten Russlands offiziell in Wjatka um, und 1796 wurde Wjatka die Hauptstadt des gleichnamigen Gouvernements.

Ende des 19. Jahrhunderts bekam die Stadt Eisenbahnanschluss. Kirow liegt am Kreuzungspunkt zweier wichtiger Strecken: der Transsibirischen Eisenbahn und der Nord-Süd-Trasse von Sankt Petersburg über Kotlas nach Nischni Nowgorod. Zu Beginn des 20. Jahrhunderts war Wjatka wichtiger Standort für Maschinenbau, Holzverarbeitung und Spielzeugproduktion. Im Ortsteil Dymkovo werden seit dem 16. Jahrhundert kleine Tonspielzeuge und Pfeifen in Form von Fabelwesen aus der Tierwelt, Trachtenfiguren, Husaren und Musikanten zum Teil noch in Handarbeit hergestellt. Sie erfreuen sich großer Beliebtheit nicht nur bei Kindern, sondern auch bei Touristen und Sammlern aus aller Welt.

Vor dem Schauspielhaus von Kirow, Kutschfahrten sind bei Jung und Alt beliebt (oben). Nicht nur für Kinder – Tonfiguren aus Dymkovo: hier eine Meisterin beim Modellieren (unten). Strand und Ausflugsrestaurant an der Wjatka (rechts). Gläubige in der Erlöser-Kathedrale (rechte Seite unten). Die Namen ändern sich – aber Lenin bleibt (rechte Seite oben).

Kirow

Am 7. Dezember 1934 wurde Wjatka auf Befehl Stalins in Kirow umbenannt. Sergei Kirow (1886–1934), ein bedeutender Partei- und Staatsfunktionär an der Seite Stalins, kam in einer Stadt bei Wjatka zur Welt. Nur wenige Tage nach seiner Ermordung am 1. Dezember 1934 erfolgte die Umbenennung der Stadt, die bis heute gilt.

Das heutige Kirow

Die Hauptstadt des gleichnamigen Gebietes hat gegenwärtig rund 460 000 Einwohner. Kirow ist nach wie vor wichtiger Industriestandort sowie Knotenpunkt für den Straßen- und Eisenbahnverkehr zwischen Zentralrussland, dem Ural und Sibirien. Der Fluss Wjatka ist schiffbar und über die Kama mit der Wolga verbunden.

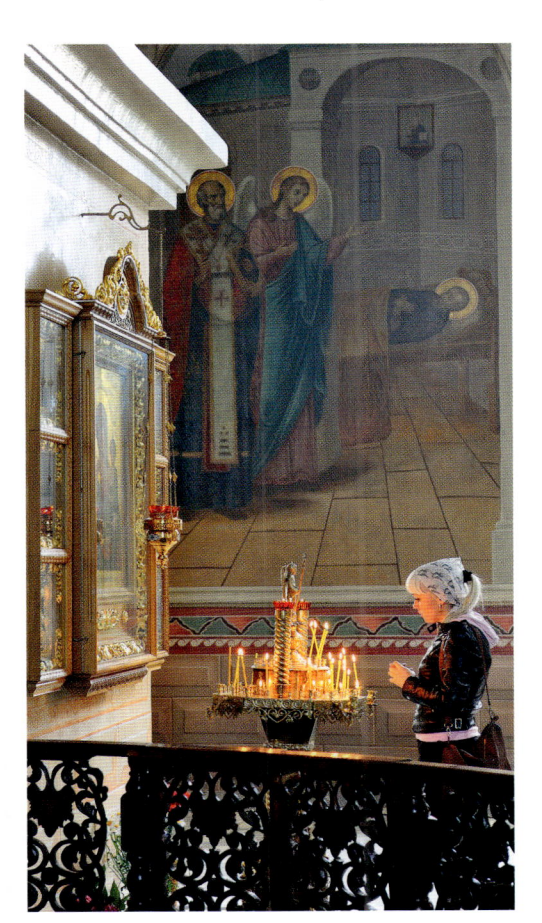

Die Stadt kann man vom Bahnhof (2001 restauriert) aus gut zu Fuß erkunden. Über die Komsomolskaja-Straße und die Karl-Marx-Straße gelangt man zur Leninstraße mit der Philharmonie und dem Saltykow-Schtschedrin-Museum. Letzteres widmet sich dem russischen Schriftsteller Michail Jewgrafowitsch Saltykow-Schtschedrin (1826 bis 1889), der von 1848 bis 1855 in Kirow in der Verbannung lebte und unter dem Pseudonym »N. Schtschedrin« schrieb. Über die Gorbatschow-Straße, die nichts mit dem Wodka oder dem Staatsmann zu tun hat, erreicht man das historische Zentrum mit dem einstigen Festungshügel, auf dem sich das Uspensky-Trifonow-Kloster aus dem 17. Jahrhundert befindet. Das Gelände dominiert die Erlöser-Kathedrale (1684–1689) mit ihrem gewaltigen Ikonostas im Inneren. Sehenswert sind auch die Mariä-Himmelfahrts-Kathedrale und die Dreifaltigkeitskirche.

In der Nähe befinden sich das Volkskunstmuseum mit einer Ausstellung über die berühmten Wjatkaer Spitzen und Dymkover Spielwaren sowie das Heimatkundemuseum. Folgt man dem Weg auf der alten Festungshöhe, erreicht man das Jungfrauen-Kloster mit der Erlöser-Kirche und der Kirche Johannes des Täufers. Imposant ist der große Theaterplatz mit dem Schauspielhaus von 1877 und der Gemäldegalerie. Für Liebhaber der russischen romantischen Literatur empfiehlt sich das Grin-Museum, benannt nach dem Wjatkaer Schriftsteller Alexander Grin (1880–1932).

UMBENENNUNGEN VON RUSSISCHEN STÄDTEN

Viele Städte wurden in den letzten 90 Jahren gleich mehrmals umbenannt. Bestes Beispiel dafür ist Kirow, das einstige Wjatka und vorherige Chlynow. Die Umbenennung von Wjatka in Kirow erfolgte 1934 nur sechs Tage nach der Ermordung von Sergei Kirow in der Stadt Leningrad. Es ist mittlerweile bekannt, dass Stalin den Mord anordnete, weil Kirow inzwischen zum ernsthaften Konkurrenten des Machthabers geworden war. Sankt Petersburg wurde zu Beginn des Ersten Weltkrieges in Petrograd umbenannt, sodass der deutsche Wortstamm aus dem Namen verschwand. 1924, nach dem Tod Lenins, wurde aus Petrograd Leningrad und 1991 wieder Sankt Petersburg. Jekaterinburg erhielt ausgerechnet den Namen des Revolutionärs, der den Mord an der Zarenfamilie anordnete. So hieß die Stadt bis 1991 Swerdlowsk, dann wieder Jekaterinburg. Das einstige Perm hieß von 1940 bis 1957 Molotow, wurde dann wieder in Perm umbenannt. Nicht zu vergessen das alte Zaryzin, aus dem zuerst Stalingrad und dann Wolgograd wurde.

WEITERE INFORMATIONEN

www.8332.ru,
www.net.kirow.ru

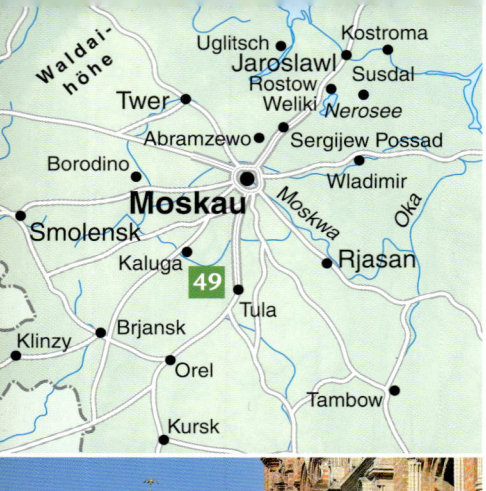

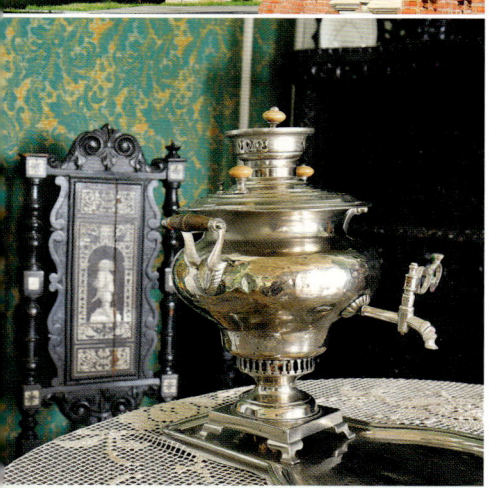

Europäischer Osten – westlicher Ural

49 Kaluga und Tula

Raumfahrt, Autos und Lebkuchen

Beide Ortschaften, Kaluga wie Tula, liegen südlich von Moskau und sind typisch russische Provinzstädte. Beide haben ihre Beiträge geleistet für die russische Geschichte – nicht nur in politischer und militärischer, sondern auch in wirtschaftlicher, religiöser und kulinarischer Hinsicht. Wirtschaftlich bedeutsam und sehenswert sind sie auch heute noch.

Kaluga ist die Hauptstadt des gleichnamigen Gebietes und liegt 190 Kilometer südlich von Moskau an der Fernbahn und Fernstraße nach Kiew. Tula ist ebenfalls Hauptstadt des namensgleichen Gebiets, das an Kaluga grenzt.

Kaluga – Raumfahrt und Weltkonzerne
Kaluga wurde erstmals 1371 als Festung und südlicher Vorposten des Moskauer Fürstentums erwähnt. Die Lage im Flusstal der Oka begünstigte den Handel, zudem lag die Stadt an der wichtigen Straßenverbindung nach Südrussland und Kiew. 1812 war Kaluga Sitz des Hauptquartiers von General Kutusow im Kampf gegen Napoleon. 1892 wurde in der Stadt ein Physik-Institut gegründet, an dem sein Gründer Konstantin Ziolkowski (1857–1935) lehrte und forschte. Er gilt als der »theoretische Vater« der russischen Raumfahrt, die allerdings technisch erst viel später möglich wurde. Ihm zu Ehren wurde 1967 das Ziolkowski-Raumfahrt-Museum eröffnet, nebenan im gleichnamigen Park steht sein Wohnhaus, heute ebenfalls Museum.

Einen schönen Blick auf die Stadt im Okatal hat man von der Beresujsk-Steinbrücke, die 1785 als bis heute höchste Steinbrücke des Landes erbaut wurde. Das Stadtbild wird dominiert von der Dreifaltigkeits-Kathedrale (1786–1819) und dem klassizistischen Säulenbau des Heimatmuseums.

Heute ist die Stadt mit 325 000 Einwohnern bei Weitem nicht die größte Gebietshauptstadt Russlands, hat aber durch ihre günstige Lage und überdurchschnittlich hoch qualifizierte Einwohner in den letzten zehn Jahren Weltkonzerne der Automobilbranche, die hier Lkw, Busse und Pkw in großen Stückzahlen produzieren, angelockt.

Tula – Samoware und Lebkuchen
Um 1146 wird Tula erstmals als Siedlung erwähnt. Während der Mongolenstürme fiel sie an die Goldene Horde. Nach der siegreichen Schlacht der Russen über die Mongolen auf dem »Schnepfenfeld« im Jahre 1380 unter Dmitri Donskoi (1350 bis 1389) fiel Tula ans Fürstentum Rjasan. Das Schnepfenfeld (Kulikowoje Polje)

Im Innenhof des Kreml von Tula (oben). Im Samowarmuseum in Tula – hier ein besonders schönes Exemplar (unten). Viele interessante Exponate der sowjetischen Kosmosforschung zeigt das Ziolkowski-Raumfahrt-Museum in Kaluga (rechte Seite unten). Jasnaja Poljana – Geburts-, Wirk- und letzte Ruhestätte von Leo Tolstoi (rechte Seite oben).

Kaluga und Tula

liegt 130 Kilometer südlich von Tula. Ab 1503 gehörte die Stadt zum Moskauer Großfürstentum. Ab 1509 wurde der Kreml von Tula erbaut, der mit seinen mächtigen Mauern und neun Wehrtürmen bis heute das architektonische Herz der Stadt ist.

Ende des 16. Jahrhunderts fasste aufgrund reicher Eisenerzvorkommen die Metallverarbeitung in der Stadt Fuß. Es entstanden Eisengießereien, die den Ruf der Stadt als Eisen- und Waffenschmiede begründeten. Die erste Lizenz für die Waffenherstellung erhielt der Gießereibesitzer Nikita Demidow von Zar Peter I. im Jahr 1702. Diese Bedeutung der Stadt als Rüstungsstandort ist bis in die Gegenwart geblieben. Auch zivile Gegenstände aus Metall wurden und werden in Tula produziert; seit 1778 kommen aus Tula die besten und schönsten Samoware Russlands. Seit 1870 werden hier Akkordeons produziert. Und auch eine leckere Besonderheit hat Tula aufzuweisen: Es ist die Hauptstadt der russischen Lebkuchen, der »Prjaniki«.

Die Altstadt ist trotz Bombardierung und Artilleriebeschuss im Zweiten Weltkrieg sehr gut erhalten, während andere Stadtteile stark zerstört und »sozialistisch« wiederaufgebaut wurden. Der Kreml birgt hinter seiner dicken, gut einen Kilometer langen Mauer einige interessante Kirchenbauten, wie die barocke Himmelfahrts-Kathedrale und die 1862 geweihte ehemalige Erscheinungs-Kathedrale, in der sich zur Zeit noch das Waffenmuseum befindet. Die Gottesmutter-Verkündigungs-Kirche von 1692 ist eines der ältesten Bauwerke der Stadt. In Tula gibt es mehr als 40 orthodoxe Kirchen und Klöster aus der Blütezeit der Stadt, dem 17. bis 19. Jahrhundert. Auch die recht originellen Museen lohnen den Besuch.

TULAS MUSEEN

Das *Museum zum Akkordeonbau* im ehemaligen Wohnhaus des Akkordeon-Entwicklers- und Bauers Nikolaj Beloborodow ist ebenso originell wie das *Waffenmuseum* im Kreml in der ehemaligen Erscheinungs-Kathedrale. Das *Lebkuchenmuseum* wurde 1996 eröffnet. Dazu gehört eine kleine Lebkuchenbäckerei, in der Original Tulaer Lebkuchen verkostet werden können, natürlich mit russischem Tee.

Das *Samowarmuseum* widmet sich der »dritten Tulaer Spezialität«, den Samowars. Zu sehen sind die ersten Samoware der Fabrik der Gebrüder Lissizyn aus dem Jahr 1770, die auf den Weltausstellungen in Paris 1889 und Chicago 1893 preisgekrönt wurden. *Jasnaja Poljana* ist das ehemalige Landgut der Familie Tolstoi am Stadtrand. Hier lebte und starb der Schriftsteller Leo Tolstoi.

WEITERE INFORMATIONEN

Kaluga: Ziolkowski-Raumfahrt-Museum, ul. Akademic Korolyova, 2, Tel. +7 4842 745004. www.gmik.ru/index_en.html
Tula: Lebkuchen-Museum, (Tulskij Prjanik), ul. Oktjabrskaja 45a, Tel. +7-4872-347070 (Voranmeldung erbeten!)
Samowar-Museum: ul. Mendelejewskaja 8. Tel. +7-48751-76118.

Europäischer Osten – westlicher Ural

50 Kaliningrad

Das ehemalige Königsberg

Der westlichste Vorposten Russlands, eine »Insel Moskaus« weitab vom Kernland, umgeben von Staaten der EU – so stellt sich die einstige ostpreußische Hauptstadt Königsberg heute dar. Das Erbe Preußens plus 45 Jahre Sowjetsozialismus plus 20 Jahre Neuzeit plus großes humanistisches Erbe und fast vergessene Traumszenerien wie die Kurische Nehrung – dieser Landstrich ist ein wunderbares Reiseziel.

Die neue orthodoxe Christi-Erlöser-Kathedrale im Zentrum von Kaliningrad (oben). Das Schiller-Denkmal am neuen Schauspielhaus hat alle Wirren der Geschichte überlebt (unten). »Alt Königsberg« oder »Neu Kaliningrad« – mit Häusern im hanseatischen Stil und Leuchtturm (rechts unten). Auf der Kurischen Nehrung (rechts oben).

Es ist auch heute noch nicht ganz einfach, in das ehemals gesperrte Gebiet einzureisen. Es gehört zu Russland, und für Russland benötigt der Besucher aus EU-Ländern ein Visum, hinzu kommen Einreisekontrollen und Wartezeiten vor dem Schlagbaum. Aber die Zeit und die Mühen lohnen sich, denn Kaliningrad durchläuft eine positive Entwicklung, die das Alte, das Preußische erhalten will und eigene russische Wege zu gehen bereit ist.

Stadt der Könige

Um 1255 eroberte der Deutsche Orden das Samland, mit dem Ziel der Christianisierung und Landnahme. Um 1300 stand am Ufer des Pregel bereits eine steinerne Burg, die zu Ehren des Königs Ottokar II. von Böhmen (um 1232–1278) Königsberg genannt wurde. Um die Burg herum entwickelten sich drei eigenständige Siedlungen, die sich im 14. Jahrhundert der Hanse und später dem Preußischen Bund anschlossen.

1544 wurde die Albertina-Universität gegründet, Wirkungsstätte vieler Humanisten, Philosophen und Naturwissenschaftler. 1701 krönte sich auf dem Königsberg Kurfürst Friedrich III. von Brandenburg (1657–1713) selbst als Friedrich I. zum König von Preußen, doch erst unter Friedrich Wilhelm I. (1688–1740) erfolgte 1724 der Zusammenschluss der drei Siedlungen zur Stadt Königsberg. Im gleichen Jahr wurde auch Immanuel Kant (1724–1804), der berühmteste Sohn der Stadt, geboren. Im Siebenjährigen Krieg war die Stadt fünf Jahre lang Teil Russlands, 1782 wurde sie Sitz der ostpreußischen Regierung. Die Stadt spielte 1812 eine wichtige Rolle im Befreiungskampf gegen Napoleon.

Ab dem 19. Jahrhundert war Königsberg eine der größten deutschen Städte, ab 1857 über die Preußische Ostbahn mit Berlin und ab 1867 mit Sankt Petersburg verbunden. Im August 1944 wurde es durch Bombenangriffe der Alliierten schwer getroffen, zusätzliche verheerende Schäden richtete im Februar 1945 der von der Roten Armee propagierte Sturm auf Ostpreußen an, den nur 20 000 der

Kaliningrad

400 000 Bewohner überlebten. Nach Kriegsende war Königsberg Teil der Sowjetunion und wurde nach dem Politiker Michail Kalinin (1875–1946) in Kaliningrad umbenannt. Heute ist Kaliningrad Teil der Russischen Föderation und Hauptstadt des gleichnamigen Gebietes und hat erneut über 400 000 Einwohner.

Kaliningrad heute

Vom alten Königsberg, der »Krone« Preußens, sind durch Kriegseinwirkungen, Verfall und Abriss nur noch Bruchstücke erhalten. Dazu gehören der renovierte Dom mit dem Grabmal Kants an der Mauer, das 1911 erbaute Museum für Geschichte und Kunst, Reste des Schlosses (Kellergewölbe), der Schlossplatz, die wieder aufgebaute Immanuel-Kant-Universität mit dem Kant-Denkmal, die 2005 zum 750-jährigen Stadtjubiläum geweihte orthodoxe Christi-Erlöser-Kathedrale, der neoklassizistische Nordbahnhof, der ehemalige Handelshof von 1923, jetzt Rathaus, das Schiller-Denkmal von 1910 sowie das ehemalige »Königin-Luise-Theater«, heute Schauspielhaus der Stadt. Von der alten Stadtbefestigung sind alle sechs Tore erhalten, darunter das Dohna-Tor mit dem Bernstein-Museum und das Friedländer Tor mit einem Museum, in dem Funde aus den Trümmern der Stadt gezeigt werden. Hier hat auch die Ostpreußen-Gesellschaft ihren Sitz, die u. a. alljährlich das Ritterfestival »Regiomons« organisiert. Sehenswert sind auch die Reste der Astronomischen Bastei, die Königin-Luise-Gedächtniskirche mit dem Baron-von-Münchhausen-Denkmal und die neue Evangelische Kirche von 1999. Die wiederaufgebaute »Alte Börse« gegenüber der Dominsel ist heute der »Kulturpalast der Seeleute«. Vor dem Hauptbahnhof grüßt das Denkmal des Namenspatrons der Stadt, Kalinin, die Reisenden.

DIE KURISCHE NEHRUNG

Die 98 Kilometer lange Landzunge nördlich von Kaliningrad, die Ostsee und Kurisches Haff trennt, wird als Kurische Nehrung bezeichnet. Die einzigartige Sanddünenlandschaft, die dichten Wälder, malerische Fischerdörfer und verträumte Seebäder teilen sich heute Russland und Litauen. Von Süden erreicht man die Nehrung über das alte Seebad Cranz, heute Selenogradsk. An der Kurpromenade wird eifrig am Aufpolieren des alten Glanzes gearbeitet. Weiter geht es in den Königswald mit guten Wanderwegen. Das nächste Dorf ist Lesnoje (Walddorf), ehemals Sarkau, wo man Boots- und Radtouren und Wanderungen buchen kann. Auf dem Weg nach Rybatschij (Fischerdorf) kommt man an der 1901 gegründeten Vogelstation Fringilla vorbei, in der Singvögel gefangen, gemessen, gewogen und beringt werden. In Rybatschij, früher Rossitten, geben Souvenirshops und Imbissbuden die neue Richtung vor. Der letzte Ort vor der litauischen Grenze ist Morskoje (Meerdorf), das preußische Pillkoppen. In der Nähe kann man die höchste Sanddüne der Nehrung, den 62 Meter hohen Petschberg erklettern.

WEITERE INFORMATIONEN

Touristeninformation Selenogradsk:
Tel. +7-40150-310 94. www.rybachy.com

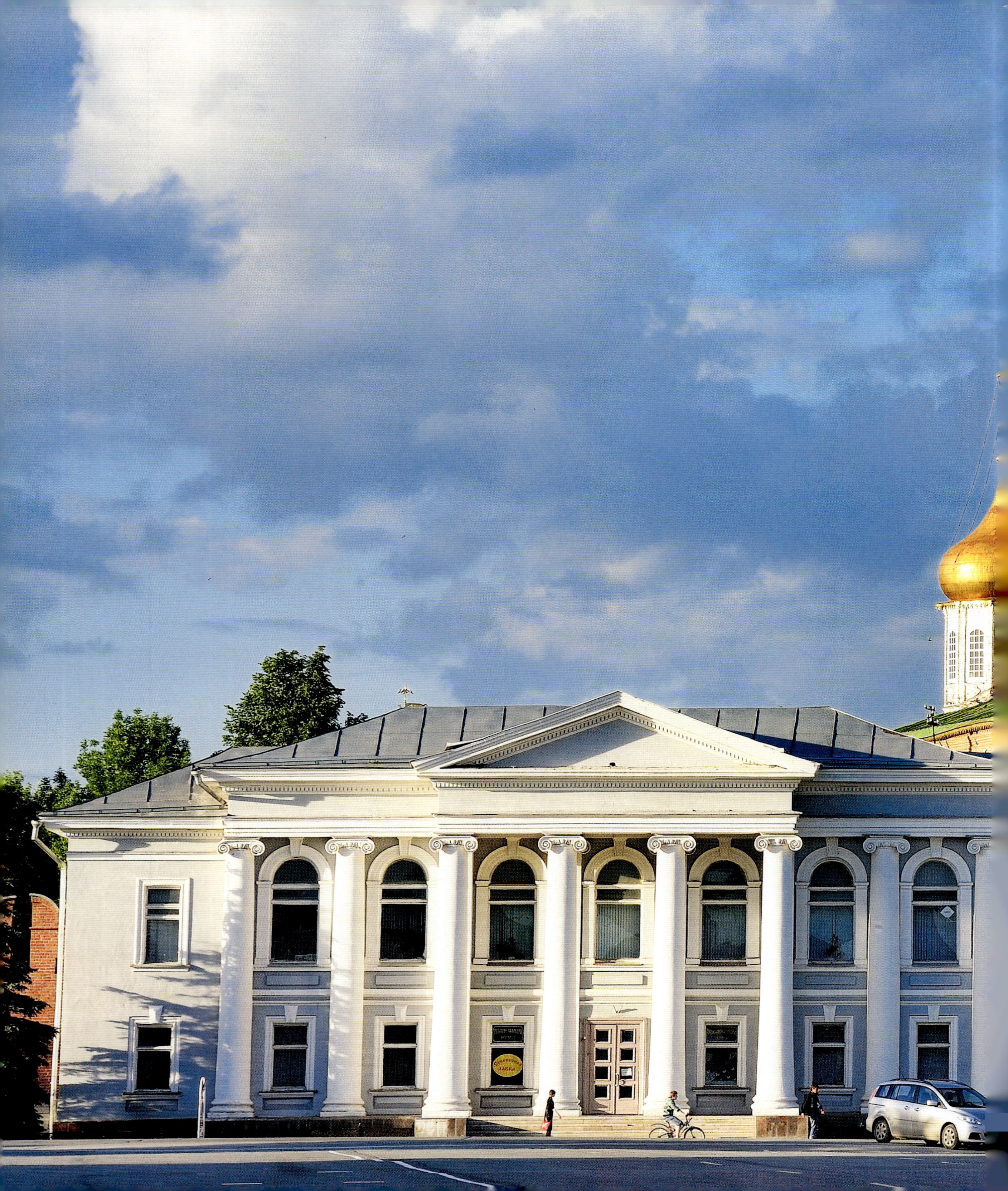

Der Kreml in Tula, mit der Himmelfahrts-Kathedrale, dem Iwan-Torturm und dem Samowarmuseum.

Register

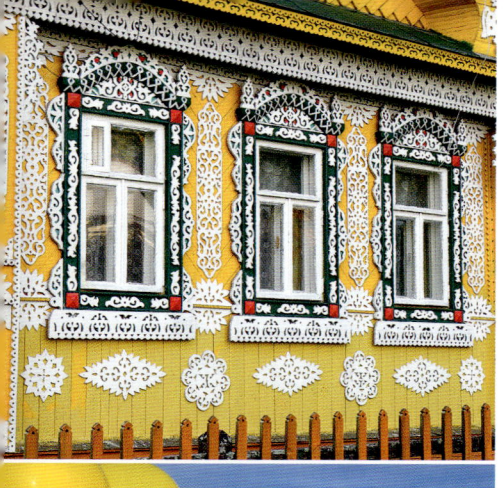

Detail einer reich verzierten Hausfassade in Pljos an der Wolga (oben). Ballonverkäuferin in Sankt Petersburg auf dem Schlossplatz (Mitte). Schloss Peterhof bei Sankt Petersburg, oberer Garten (unten).

A
Abramzewo 44 f.
Achtuba 130
Aksakow, Sergej 45
Alexander I. 68, 78, 137
Alexander II. 71
Alexander-Newski-Kloster 70, 72
Alexander-Park 79
Alexej I. 40
Antonow 119
Archangelsk 84, 94 f.
Astrachan 128 f.
Autonome Sowjetrepublik der Wolgadeutschen 125

B
Bachtemir 130
Basiliuskathedrale 22, 24
Berlioz, Hector 71
Bernsteinzimmer 14, 78
Bogoljubowo Kloster 55
Bojaren 54
Bolschoi, Andrei 56
Bolschoi-Theater 34, 120
Borodino 42 f.
Braunstein, Johann Friedrich 74
Breschnjew, Leonid 12, 24, 25

C
Cameron, Charles 80
Chasaren 126
Chlynow 154
Christi-Erscheinen-Kloster 63
Christi-Verklärungs-Kathedrale 90, 107
Chruschtschow, Nikita S. 25, 29

D
Dagomy 143
Dekabristenaufstand 66, 86
Deutsche Straße 124
Deutscher Orden 101, 158
Dnjepr 102
Doktor Schiwago 148
Don 126, 128, 134
Donkosaken 134
Dostojewski, Fjodor M. 66, 71
Dreifaltigkeits-Kathedrale 46 f., 72
Dscherschinski, Feliks 24
Dwina 94

E
Edelsteine 146
Elbrus 136
Engels 125
Eremitage 68 f., 73, 79
Erlöser-Jewfimi-Kloster 53
Erzengel-Michael-Kirche 103

F
Fontanes, Theodor 43
Friedrich I. 158
Friedrich III. von Brandenburg 158
Friedrich, Wilhelm 158

G
Gagarin, Juri 24, 25
General Paulus 127
Godunow, Boris 26
Gogol, Nikolai 29, 45
Gold 146
Goldene Horde 124, 126
Goldener Ring 48 ff.
Goldenes Tor 55
Gontscharow, Iwan A. 118
Gorbatschow, Michail 12
Gorbatschowa, Raissa 29
Gorki, Maxim 24, 66, 112
Gorki-Literaturmuseum 113
Gorki-Museum 113
Gorki-Wohnhaus 113
Grin, Alexander 155
Gromyko, Andrej 29
Großer Kremlpalast 21
Großer Palast 74
GULAG 53, 84, 85, 91

H
Heilige Slawische Quellen 101
Himmelfahrts-Kathedrale 135

I
Iljuschin, Sergej 29, 119
Isaakskathedrale 70 f.
Itil 128
Iwan IV. 12, 24, 51
Iwanotwitsch, Fjodor 57

J
Jaroslawl 50 f.
Jekaterina I. 146
Jekaterinenburg 146 f.
Jekaterinenpalais 14
Jelzin, Boris 12, 29
Jermak, Ataman 135

K
Kabansee 115
Kalingrad 15, 158 f.
Kalinin, Michail 159
Kalita, Iwan 40
Kalmückien 131
Kaluga 156 f.
Kamenka 53
Kant, Immanuel 158
Karelien 12, 82 ff., 86
Karelo-Finnische Sozialistische Sowjetrepublik 87
Kasan 114 f.
Kasanka 114
Kaspische Flotte 128
Kaspisches Meer 12, 90
Katharina II. 12, 20, 41, 44, 62, 63, 75
Katharinenpalast 78
Katharinenpark 78
Katharinentor 63
Kaukasus 12, 36, 128, 136 f.
Kaviar 131
Kem 85
Kerenski, Alexander F. 119
Kerenski-Regierung 66
Kesselschlacht von Smolensk 103
Khan, Batu 106
Khanat 114
Kirow Prospekt 124
Kirow 154 f.
Kirow, Sergej 155
Kischi 86, 90 f.
Kisseljow, Alexander 141
Klenze, Leo von 68
Kljasma 54
Kolomenskoje 40 f.
Kolomna 28
Königsberg 15
Konina 125
Kosaken 135
Kosakenarmee 135
Kostroma 62 f.
Kotomin-Haus 71
Kreml 18 f.
Kremlmauer 36
Krim 73
Krutizy 28
Kurische Nehrung 158 f.
Kuskowo 44 f.

L
Lackminiaturen-Malerei 117
Ladogasee 88 f.
Lazarus-Friedhof 72
Lazarus-Kapelle 91
Lebed, Alexander 29
Leblond, Jean-Baptiste 74
Lenin 12, 20, 114
Leningrad 79, 81
Lenin-Mausoleum 22
Lermontow, Michail J. 71, 137
Lewitan, Isaak 117
Lewitan-Museum 117
Liszt, Franz 71
Literaturnoje Kafe 71
Lomonossow, Michail 95

M
Majakowskij, Wladimir 29
Mamajew-Hügel 127
Mariä-Entschlafen-Kathedrale 107
Mariä-Verkündungs-Kathedrale 18

Sach- und Personenregister

Marly 75
Masleniza-Fest 95
Matrjoschka-Puppen 12
Mazesta 143
Mehmed, Ulug 114
Merjanen 60
Metro 38
Mikojan 119
Mil 119
Mirosch-Erlöser-Kloster 101
Mongolen 54, 100, 116
Moskau 16 ff.
Moskwa 18, 26

N
Narodnaja 152
Nenzen 95
Nerosee 60
Neujungfrauenkloster 26
Newa 73, 88
Newski Prospekt 70
Newskij, Alexander 55, 72
Nikolaus II. 12, 79
Nikolaus-Kirche 85
Nishni Nowgorod 110
Nordische Kriege 66, 86
Nowgorod 60, 72, 86
Noworossijsk 140 f.

O
Oistrach, David 29
Oka 110
Oktoberrevolution 47
Olympische Winterspiele 142
Onegasee 28, 86, 88, 90 f.
Ottokar II. von Böhmen 158

P
Palladio 80
Pasternak, Boris 148
Pawlowsk 80 f.
Peipsi-See 100 f.
Perm 148 f,
Peter I. 12, 20, 28, 44, 66, 70, 72, 95, 128
Peterhof 74 f.
Peter-Pauls-Festung 66 f.
Petersburg 36
Petrosawodsk 86 f.
Pjatigorsk 137
Pljos 116 f.
Pokrowsk 125
Polikarpow 119
Poljana Asau 136
Polowzer 126
Potjomkin, Grigori A. 73
Prokovjew, Sergej 29
Prorokow, Boris 117
Pskow 100 f.
Puschkin 71

Puschkin, Alexander 43
Puschkin-Muesum 34, 78

R
Rastrelli 74, 78
Repin, Ilja 121
Rjasan 106 f.
Romanow, Michail 63
Romanows 63
Rossi-Pavillon 81
Rostow 60, 134 f.
Rostow Weliki 60 f.
Rostower Kreml 60
Rotari, Pietro 74
Roter Platz 18, 22, 24 f.
Roubaud, Franz 43
Rubljow, Andrej 46

S
Sacharow-Museum 113
Saltykow-Schtschedrin, Michail Jewgrafowitsch 155
Salz 152
Samara 120 f.
Samland 158
Samojeden 98
Sankt Petersburg 14, 64 ff.
Saratow 124 f.
Sawrassow, Alexej 117
Schaljapin, Fjodor 29
Schechtel, Fjodor 106, 124
Schlacht von Stalingrad 127
Schlosspalast Sankt Petersburg 68
Schlüsselburg 88
Schostakowitsch, Dmitri 29, 120
Schukow, Nikolai 117
Schwarzes Meer 73, 128, 140
Sergijew Possad 46 ff.
Shaljapin, Fjodor 115
Shiguli-Berge 121
Sibirien 38
Simbirsk 118
Skyther 126, 135
Smirnoff, Pjotr Arsenevich 57
Smolensk 102 f.
Smolny-Kloster 72
Solikamsk 152 f.
Solowezki 84
Solowezki-Inseln 84 f., 94
Solschenyzin, Alexander 84
Sotschi 142 f.
Sowjetunion 87
Spasskyturm 20
Spiegelsaal 78
Stalin, Josef 12, 24, 25, 47
Stalingrad 126
Stassow 78
Strauß, Johann 71
Stroganows 110
Susanin-Platz 63

Susdal 52 f.
Swerdlow, Jakow 146

T
Tabola 130
Tatarstan 114
Taurischer Palais 72
Tobolsk 57
Togliatti 121
Tolstoi, Lew 29, 43, 114, 157
Transibirische Eisenbahn 38, 50, 146
Tretjakow, Sergej 29
Tretjakow-Galerie 32
Trezzini, Domenico 67, 68, 72
Tschaikowsky, Peter 43, 71
Tschechow, Anton S.29
Tschernyschewski, Nikolai G. 71, 125
Tschornyj, Daniil 55
Tschugusch 143
Tula 156 f.
Tupoljew, Andrej 29, 119
Turgenjew, Iwan 45

U
Uglitsch 56 f.
Uljanow, Wladimir Iljitsch 118
Uljanowsk 118 f.
Ural 15, 38, 98, 146

V
Vaterländische Kriege 42

W
Wagner, Richard 71
Walaam 88
Waräger 98
Wassili III. 26
Wassiljew, Fjodor 117
Weißes Meer 84, 90
Weliki Nowgorod 98 f., 100
Winterpalais 68 f., 73
Wladimir 54 f.
Wladiwostok 38
Wobla 89
Wolga 12, 14, 50, 56, 63, 88, 90, 108 ff.
Wolgabulgaren 114
Wolgadelta 130 f.
Wolgadeutsche 124
Wolgograd 126 f.

Z
Zariza 126
Zarskoje Selo 78 f.
Zaryzino 44 f.
Zetkin, Clara 24
Ziolkowski, Konstantin 156
Ziolkowski-Raumfahrt-Museum 156

Spätsommer im Ural, die für Russland so typischen Birken haben ihr goldenes Kleid angelegt (oben). Gemüseverkäuferin auf dem Markt in Kislowodsk (Mitte). Motorbiker auf »halsbrecherischer« Tour im Kaukasus (unten).

Impressum

Produktmanagement: Dr. Birgit Kneip
Textlektorat: Linde Wiesner, München
Satz und Bildredaktion: VerlagsService
Gaby Herbrecht, Mindelheim
Repro: Repro Ludwig, Zell am See
Umschlaggestaltung:
Fuchs-Design, Sabine Fuchs, München
Kartografie: Astrid Fischer-Leitl, München
Herstellung: Bettina Schippel
Printed in Italy by Printer Trento

Alle Angaben dieses Werkes wurden von der Autorin sorgfältig recherchiert und auf den aktuellen Stand gebracht sowie vom Verlag geprüft. Für die Richtigkeit der Angaben kann jedoch keine Haftung übernommen werden.
Für Hinweise und Anregungen sind wir jederzeit dankbar. Bitte richten Sie diese an:
Bruckmann Verlag
Postfach 40 02 09
80702 München
E-Mail: lektorat@bruckmann.de

Unser komplettes Programm:
www.bruckmann.de

© 2012 Bruckmann Verlag GmbH, München
Alle Rechte vorbehalten.

ISBN 978-3-7654-5600-8

Bildnachweis:
Alle Bilder des Innenteils und des Umschlags stammen von Olaf Meinhardt, außer S. 35 r.o. picture alliance/Artcolor, Ivan Vdovin; S. 101 r.o. picture-alliance/dpa, Tass

Vorsatz:
Seite 2/3 Auferstehungs-Kirche in Sankt Petersburg, auch »Blutskirche« genannt.
Hintersatz:
Seite 166/167: Vogelflug im Wolgadelta, einem der größten Naturreservate Europas

Die Deutsche Nationalbibliothek verzeichnet diese Publikation in der Deutschen Nationalbibliografie; detaillierte bibliografische Daten sind im Internet über http://dnb.d-nb.de abrufbar.

Die Holzkirchen von Kischi gehören zum UNESCO-Welterbe (oben). Eine Spezialität im Wolgadelta: Schaschlyki (Schaschlik) vom Stör (Mitte). Beim Anblick eines Birkenwaldes wird die Sehnsucht nach Russland geweckt, man hört förmlich das Rauschen der Blätter, eine Melodie auf der Balalaika erklingt leise und man möchte dorthin – nach Russland (unten).

Russland-Reisen für Entdecker
Unterwegs auf Schienen und Schiffen

Lernidee Erlebnisreisen
25 Jahre ['lɛrnide:]
weltweit & naturnah

Lernidee Erlebnisreisen – Europas kreativster Veranstalter für Bahnreisen und Flusskreuzfahrten – gestaltet seit über 25 Jahren außergewöhnliche Reisen in überraschende Destinationen weltweit. Unsere anspruchsvollen Reisegäste erkunden unbekannte Regionen und lernen klassische Ziele von einer neuen Seite kennen.

In **Russland** bieten wir – schon seit Sowjetzeiten – ein breites Spektrum an abwechslungsreichen Entdeckungstouren. Diese führen Sie auf bequemste Weise zu überwältigenden Naturwundern, zu bedeutenden Kulturzeugnissen und mitten ins Leben der Menschen vor Ort.

Auf der **Transsibirischen Eisenbahn** sind wir mit mehr als 30.000 begeisterten Gästen Marktführer. Mit uns erfahren Sie die berühmteste Bahnstrecke der Welt entweder authentisch im **Linienzug** oder besonders komfortabel mit dem exklusiven **Zarengold-Sonderzug**, der durch die Mongolei bis nach Peking fährt.

An Bord **familiärer Kreuzfahrtschiffe** erkunden Sie die großen russischen Ströme Wolga, Lena, Ob und Irtysch. Sie fahren zu den Solowezki-Inseln im hohen Norden und zum Kaspischen Meer im Süden, erleben die Städte des Goldenen Rings, unberührte Ural-Landschaften oder den mythenumrankten Baikalsee in Sibirien.

Unsere Erlebnisreisen führen Sie in **kleiner Gruppe** oder ganz **individuell** in die russischen Metropolen und zu den schönsten Landschaften des Riesenreichs. Entdecken Sie mit uns den Zauber der Zarenzeit in Moskau und St. Petersburg! Bestaunen Sie die Schätze der Tretjakow-Galerie und das prächtige Bernsteinzimmer! Trinken Sie einen Tee auf Tolstois Landsitz und atmen Sie wohltuende Waldluft in der Taiga!

Profitieren Sie von unserer Russland-Erfahrung und begeben Sie sich auf eine kompetent organisierte Reise mit authentischen Entdeckungen und individueller Betreuung! Sehr gern arrangieren wir auch eine Reise nach Ihren ganz **persönlichen Wünschen**.

Ihr Kontakt: Lernidee Erlebnisreisen • Eisenacher Str. 11 • D-10777 Berlin • Tel.: 030 - 786 00 00 • E-Mail: team@lernidee.de • www.lernidee.de

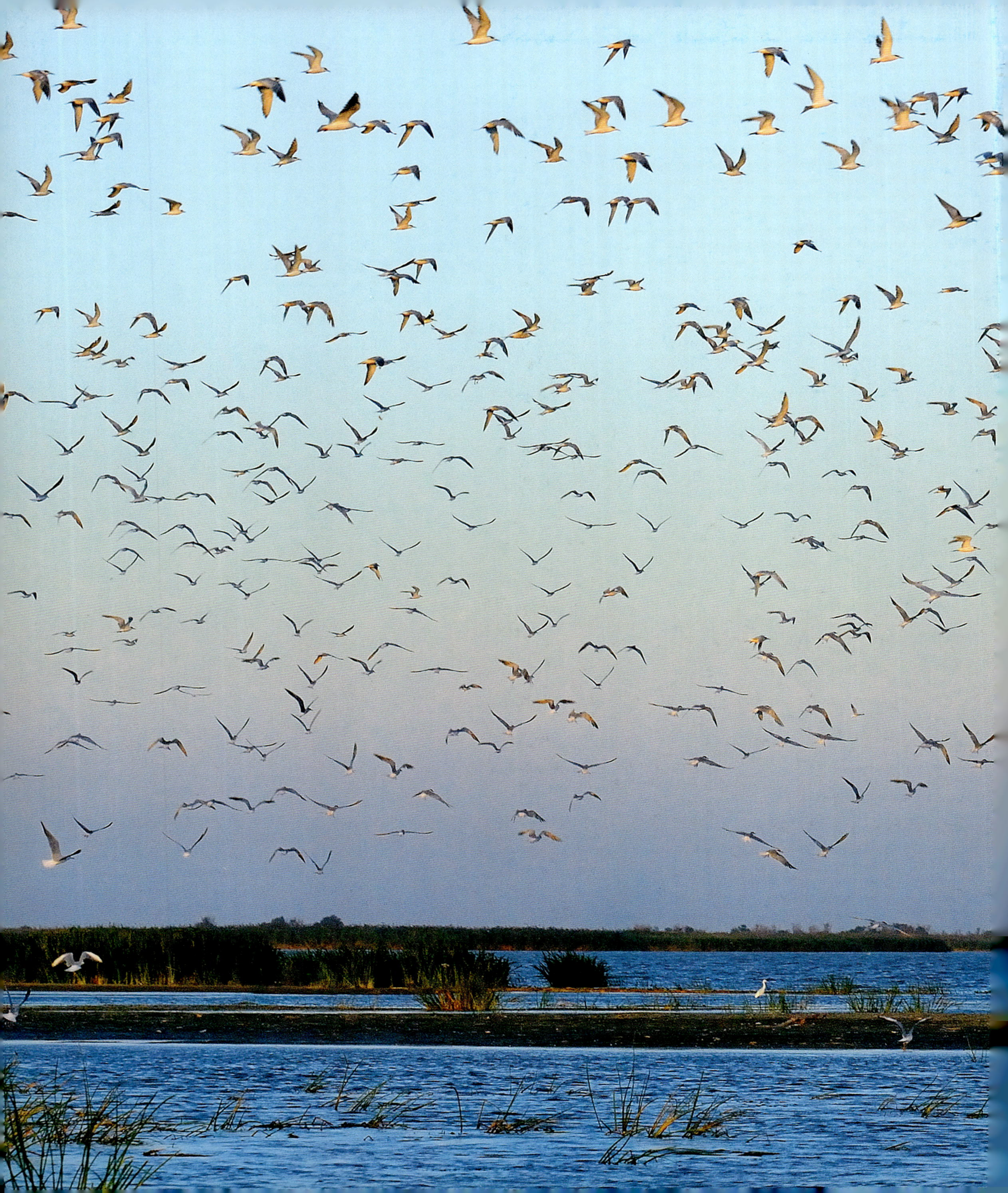